『건건록蹇蹇録』의 세계

『건건록蹇蹇録』의 세계

나카쓰카 아키라 지음 | 이용수 옮김

논형

차 례

범례(저자)

1. 인용한 서간·기록류의 표기에 대해
   (1) 서간은 특수한 것을 제외하고 가타카나는 모두 히라가나로 고쳤고, 적의 구두점을 붙였으며 한자는 원칙적으로 상용한자로 바꾸었다.
   (2) 기타 기록류는 『건々여록초고철』·『건건록』—외무성 제1차 간본(오두鼇頭서입원본)은 물론이고 다른 것도 모두 원본을 존중했다.
   (3) 서간·기록류 공히 명백한 오기, 탈자는 옆에 ()로 표시하든가 (ママ)를 붙였다.
2. 본문에서 경칭은 모두 생략했다.

일러두기(역자)

1. 이 번역본의 저본은 나카쓰카 아키라中塚明, 『蹇蹇録の世界』(東京: みすず書房), 1992년판이다.
2. 일본어의 한글표기는 국립국어원에서 정한 외래어 표기법에 따랐다.
3. 일본의 인명과 지명 표기는 모두 일본어 발음대로 했다. 중국의 경우는 우리말 발음대로의 한자 표기를 대원칙으로 했으나(예: 이홍장李鴻章 등) 단 현대에 상용되는 중국어 발음표기(예: 베이징北京)는 그것을 따랐다.
4. 인명 및 지명 뒤의 한자 부기는 일본어 원저인 만큼 모두 현대 일본식 한자표기법을 따랐다(예: 國->国)
5. 원서에서는 일청전쟁·일러전쟁·일청 등으로 표현했으나 모두 우리의 통상적 표현방식인 청일·러일전쟁·청일 등으로 바꾸었다. 단, 원서의 논문, 서명 등은 원저자의 표기 그대로 따랐다.
6. 가독성 편의를 고려하여, 원저 본문에 괄호로 처리한 설명은 따로 각주로 처리했고, 그 외 인물 등 설명이 더 필요한 부분은 역자의 '/역주'로 표기하여 저자주와 구별했다. 역자주에서 필요한 내용은 네이버 등 국내 포털사이트와 Yahoo Japan 및 https://ja.wikipedia.org 등에서 재인용했다.
7. 본문의 년도 표기와 관련하여, 메이지明治 쇼와昭和 등 일본 연호를 가급적 서력으로 환산했으며, 꼭 필요한 경우에만 일본 연호를 추기했다.

태평양전쟁과 무쓰陸奧 외교

일본 외무성 경내에는 무쓰 무네미쓰(1844~1897)의 동상이 서 있다. 역대 외무대신 중 외무성에 동상이 서 있는 것은 무쓰 뿐이다. 이는 무쓰의 근대 일본외교사에서 점하는 위치와 근·현대 일본에서의 무쓰의 역사적 평가를 상징한다.

「무쓰 무네미쓰 백작 70주년 기념법요」(1966)에서 동 기념회 명예회장 요시다 시게루吉田茂는[1] 축사에서 이렇게 말한다.

> 메이지 유신은 근세 일본의 대업으로 지금도 그 기반에 서 있다 해도 과언이 아니다. 성명聖名인 천황을 모시고 충성을 다투는 공신과, 이름 없이 사라진 지사열사도 모두 하나 같이 신시대 건설의 영예를 차지한다. 그 중 만록총중萬綠叢中의 이채로움이 우리 무쓰 무네미쓰 백작이다.
> 약관에 메이지 신정부에 출사하여 부임하는 곳마다 반드시 치적이 있었다. 자성資性이 혜민慧敏하고 재간이 뭇사람을 뛰어 넘었으나 화를 입고서는 자득自得한 바 있었다. 즉 유럽으로 건너가 각고연찬하고 돌아와 해외

---

1   1878~1967. 일본의 외교관, 정치가. 도쿄 태생(父는 도사土佐 번사 출신). 1945년 8월~1946년 10월 외무대신을 거쳐 내각총리대신(제45대, 제48대~51대/1948.10~1954.12) 역임. 뛰어난 정치 감각과 강력한 리더십으로 패전 후 혼란기의 일본을 안정시키고, 전후 일본을 구축한 인물로 평가받고 있다/역주.

사신이 되어 역시 공을 잘 거두었다. 다시 이토 내각에 외무대신의 중책을 맡아 유신 이래 거국 대망의 조약개정에 불멸의 큰 공을 세웠다. 이어 청일전쟁 및 삼국간섭에 혼신의 영지를 경주하여 국난을 없애고 대일본의 진로를 여는데 이 사이에서 백작의 고심경영은 이루 말로 다 할 수 없으니 실로 건건비궁蹇蹇匪躬이라 할 만하다. 무쓰 백작 사후 70년, 국로가 반드시 탄탄하지 않다 해도 선각이 알알이 다져 놓은 주춧돌은 더욱 명백하다. 이를 북돋아 다시 후세에 전하는 것이 우리 후진의 책무다. 판국이 더욱 다단해져 백작의 위업을 사모하는 마음이 점점 절실함을 깨닫는다. 70주년을 기념하여 이를 돌에 새겨 영전에 바친다. 바라건대 이 미충을 받아들여주시기를.[2]

무쓰에 대한 이와 같은 평가는 현재 일본에서 널리 받아들여지고 있다. 이른바 현대 일본의 무쓰 무네미쓰에 대한 '국가적 평가'라고 해야 할 정도로. 일본 외무성에 무쓰의 동상이 서 있는 이유이기도 하다.

무쓰에게는 "종횡으로 기략을 발휘한다"는 평가가 있다. 단지 '자성혜민資性慧敏' '두뇌명석'에 그치지 않는 '기략機略'이라는 단어가 갖는 뉘앙스가 그의 자성에 유달리 갖춰져 있다는 것이다. 그것이 청일전쟁의 외교 지도指導에 종횡으로 발휘되어 일본의 근대적 발전, 제국주의 국가로의 길을 확립하는 데 다른 사람으로 대체하기 어려운 공헌을 했다고 여겨지는 것이다.

무쓰는 주지하는 바와 같이 메이지 정계의 주류를 이룬 이른바 번벌藩閥 출신이 아니다. 와카야마和歌山 번사藩士로 주요 지위에 있던 다테 무네히로伊達宗広의 6남으로 태어났고, 게다가 어린 시절 아버지가 번의 정쟁

---

2   陸奥宗光伯七十周年紀念会編, 『陸奥宗光伯―小伝・年譜・附錄文集』, 同紀念会, 1966年, 171~2쪽.

에 휘말려 일가가 헤어지는 비운을 맛보았다. 이 불리한 사정을 등에 지고 있으면서 막말부터 메이지 유신의 혼란스러운 정계의 시류를 따라 마침내 국무대신으로서 권력의 정점까지 오르게 된다. "나는 항상 머리 위에 날이 시퍼런 칼을 이고 사람을 맞이해야 했다. 이는 번벌이 아닌 나로서는 정당방어의 수단이다"[3]라고 말한 그것이 무쓰의 습성이 되어 그의 자질을 키우는 데 큰 힘이 되었다.

게다가 그런 무쓰의 경우는 마치 구미 열강의 압력에 의해 근대 자본주의 세계로 편입되어 자칫 실수하면 '식민지'로 전락할지 모를 일본의 경우와 많이 닮았고, 무쓰의 몸에 배인 '기략'이 일본을 격랑 속에서 구하고 근대적 발전의 길로 '세계의 일본'으로 격상시키는 데 크게 공헌했다는 것이다.[4]

근대 일본의 외교, 아니 일본의 근대화 그 자체에 무쓰 무네미쓰의 자질이 크게 관련되어 있고, 그가 아니면 일본의 '성공'도 혹시 의심스러울지 모른다는 생각이 무쓰의 역사적 평가와 일치한다.

일본의 외교가 혼미하고 나라의 대외정책이 곤란해졌을 때, 외교당국자만이 아니라 국민들 가운데에서도 '면도칼 대신'이라 불리는 무쓰의 자질이 상기되어 '무쓰 대망'의 목소리가 자주 들린다. 1930년대 이후 일본이 새로이 중국 침략전쟁을 시작하고, 영미와의 대립도 해가 갈수록 심해졌고 나라의 내외정책에 군부 주도 색채가 농후해져, 일본의 외교정책=이른바 '가스미가세키霞ヶ関 외교'도 막다른 골목에 있었다. '무쓰 대망론'이라고도 해야 할 것이 특히 보이게 된 것은 이 시기 만주사변으로부터 태평양전쟁 발발 시기에 걸친 것이다.

---

3   「陸奥宗光伝を読む」, 『世界之日本』第15号, 1897年 5月 1日 발행, 3쪽.
4   하기하라 노부토시萩原延寿, 「陸奥宗光」, 가미시마 지로편神島二郎編, 『権力の思想』(『現代日本思想大系』10), 筑摩書房, 1965年 참조.

외교관 출신의 정치가 아시다 히토시芦田均[5]는 만주사변이 발발한 다음 해, 「日本外交の功罪일본외교의 공과 죄」(『中央公論』, 1932年 5月号)를 쓰며 다음과 같이 말한다.

> 만주사변은 청일, 러일 두 전쟁 못지않을 정도의 국난이라 일컬어짐에도 외교상 준비는 거의 없었다. 무쓰 무네미쓰와 고무라 쥬타로小村壽太郎[6]가 주도면밀한 외교적 준비로 국책을 수립한 것에 비하면 특히 더 조용하다는 느낌이다.(240쪽)

또 1942년 원단,—태평양 전쟁이 시작되고 아직 한 달도 채 안 된 시기 — 외무대신 도고 시게노리東郷茂徳[7]는 이례적으로 외무성 직원을 무쓰 동상[8] 앞에 모으고 다음과 같이 훈시했다.

> 내외 정세가 어찌할 수 없어 역부족으로 불행히 전쟁까지 이르게 되었으나, 이렇게 된 이상 우리는 이 전쟁을 일본에 가장 유리한 때, 일단락지어야 한다. 외무성 직원은 가령 다른 업무를 놓치더라도 한 뜻으로 이 일을 위해

---

5 1887~1959. 교토부京都府 출신의 외교관, 정치가. 도쿄제국대학 법학박사. 중의 원의원, 후생대신, 외무대신, 부총리, 내각총리대신 등을 역임했다/역주.

6 1855~1911. 규슈九州 휴가노구니日向国(지금의 미야자키현宮崎県) 번사藩士 출신의 외교관, 정치인, 외무대신, 귀족원의원 등 역임. 제1회 문부성 해외유학 장학생으로 하바드대 유학, 법학 전공. 영국, 미국, 러시아, 청국, 조선의 공사 및 대사 역임, 특히 2번째 외무대신 때는 일영동맹의 체결, 러일전쟁 후의 포츠담조약 체결, 관세자주권 완전회복을 위한 조약개정의 완성 등의 업적을 세워 근대 일본외교를 체현한 인물로 평가된다/역주.

7 1882~1950. 일본의 외교관, 정치가. 가고시마鹿児島 출신. 태평양전쟁 개전 및 종전 시 일본 외무대신. 임진왜란 포로인 조선 도공 박 씨의 후예. 태어날 때는 박덕무朴德茂라는 한국 이름이었다/역주.

8 이는 무쓰 몰후 10년을 기념하여 1907년 10월 24일 외무성 정면에 세워졌다. 후에 태평양전쟁 말인 1944년 12월, 금속 회수의 쓰라림을 당했다. 지금의 동상은 1966년에 재건된 것이다.

혼신을 다 해주기 바란다.……[9]

이 훈시를 들었던 한 사람, 구리하라 겐栗原健은

때마침 원단, 서전緖戰의 전과를 새삼스레 축하하는 사람들이 외무성과 마주한 해군성 사이의 가스미가세키 거리를 히노마루日の丸 손깃발을 흔들며 지나가고 있었다. 그때 도고 외상의 훈시와 문 앞의 광경이 아직도 뇌리에 실로 인상적으로 남아 있다. 나는 당시 말석에 있었다. 그러나 그 때 비로소 외상의 진의를 알고서 그 견식과 용기에 조용히 경의를 표하면서, 조약 개정 당시 이 문 앞에서 오쿠마大隈 외상이 습격당한 일, 뒤에 선 동상 무쓰 외상의 청일전쟁 당시의 고심, 또 러일전쟁 강화를 맺고 화공 사건이 일어난 도쿄로 돌아와 조속히 또 병든 몸을 이끌고 북경으로 부임한 고무라 외상 등의 일을 생각하고, 어느 것도 도고 외상은 지난 때에 배로 쌓인 고난에 직면했을 것이라 생각했다.……[10]

는 감상을 적고 있다.

도고 외상이 태평양전쟁이 개시된 지 얼마 안 된 원단에 무쓰의 동상 앞에서 왜 이례적인 훈시를 했는가. 아마도 도고는 뒤의 무쓰가 아직 살아 있다면 어떤 말을 했겠는가라는 생각을 두루 하면서 훈시한 것이 아닐까. 듣는 외무성 직원에게도 도고와 무쓰가 겹쳐 보여 근대 일본이 걸어온 방향에 감개무량했던 사람도 적지 않을 것이다.

1930년대가 되어 중국 침략전쟁이 새로 시작되고 이윽고 상황이 어쩔 수 없이 진흙탕 속으로 빠졌으며 게다가 영국과 미국을 적으로 돌려

---

9 구리하라 겐, 『天皇―昭和史覚書―』, 有信堂, 1955年, 195쪽. 또 도고 시게노리, 『東郷茂徳外交手記―時代の一面―』, 原書房, 1967年, 292쪽 참조.
10 구리하라, 위의 책, 195쪽.

전쟁에 이르게 되었을 때, 적지 않은 사람들이 청일전쟁의 외교에서 민완을 발휘했던 무쓰 무네미쓰 같은 외교지도자를 기다리고 바랐다 해도 무리는 아니라고 할 수 있다.

그러나 나는 여기에 일본 근대사의 총체에 대해 오늘날 깊이 검토해야할 문제가 잠재해 있다고 생각한다.

말할 것도 없이 1932년에 만주사변이 시작되고 1945년의 패전에 이르는 15년에 걸친 전쟁은 일본근대사는 물론이고 동아시아 나아가서는 세계 역사에 유례없는 대사건이었다. 일본인 사망자 310만 명, 그리고 일본이 시작한 이 침략전쟁으로 애석하게도 비명에 쓰러진 아시아 여러 나라 및 태평양 여러 도서 사람들이 2천만 명 이상이다. 참으로 역사상, 공전의 사건이었다.

15년에 걸친 이 전쟁을 어떻게 볼 것인가. 그것은 적어도 일본근대사의 총체를 되묻지 않고서는 해결될 수 없는 문제다.

외교관에서 전후 일본의 재상이 된 요시다 시게루는 전전의 일본과 전후의 '민주주의' 신시대의 명확한 연속을 강조하고, 태평양전쟁의 파탄은 메이지 유산의 결과가 아니고 그에 대한 배신이라는 흔들림 없는 확신을 갖고 있었다.[11] 그것은 글머리에 들었던 무쓰 무네미쓰 송덕사에도 분명하다. 요시다의 이 역사인식은 본래 그 개인의 것이 아니다. 많은 '가스미가세키' 관계자는 말할 것도 없고, 전후 일본에 아직도 널리 보인다. 그러나 일본 근대사에 관한 이런 인식이 과연 타당한가. ―무쓰 무네미쓰의 주저 『蹇蹇錄건건록』을 통해 그 답을 발견하고자 하는 것이 이 책의 과제다.

무쓰 무네미쓰가 『건건록』을 썼다는 것은 일찍이 알려져 있다. 이는

---

11 존 다워(ジョン·ダワ―), 『吉田茂とその時代』下, 오쿠보겐지(大窪愿二) 역, TBS ブリタニカ, 1981, 56쪽 참조.

삼국간섭의 대처를 포함한 청일전쟁 전 과정에 대해 그 외교 지도指導의 개요를 서술한 책이다. 일본의 외무대신이 자신이 직접 관련한 외교 문제에 대해 그 사건이 일단락된 직후 그 전말을 상술하여 출판한 것은 유례가 없다. 이러한 의미에서 『건건록』은 일본의 근대사상 이례적인 저작이다. 후술하겠지만 『건건록』은 1896년, 외무성에서 인쇄했으나 1929년 공간될 때까지 외교상 기밀과 관련된 기술이 들어있다 하여 장기간 '부외비部外秘'였다. 그것만으로 이른바 '무쓰외교'의 정수가 응축된 보기 드문 명저라고 평판 높았다.

나는 이 책에서 첫째, 무쓰 무네미쓰가 왜 이 『건건록』을 썼을까를, 특히 그 행간 사정과 관련하여 그가 퇴고에 퇴고를 거듭한 것을 포함하여 생각해 보고자 한다. 둘째, 『건건록』에 보이는 이른바 '무쓰외교'의 실태를 밝히고 그것이 근대 일본에서 갖는 역사적 의미에 대해 논하고자 한다. 그럼으로써 태평양전쟁에서의 일본의 파탄은 '메이지의 배신'의 결과인가 아니면 '메이지의 유산'에 의한 것인가를 짚어보고자 한다.

제1장

『건건록』 간행사정

1. 삼국간섭[1] 변명을 위한 책인가

무쓰 무네미쓰는 무엇 때문에 『건건록』을 썼는가. 이 문제를 어떻게 볼 것인가는 무쓰의 인물론과 그의 역사적 평가와 깊은 관계가 있다. 『건건록』의 저술 목적에 대해 무쓰 자신이 공개적으로 밝히고 있는 견해는 다음과 같다.

> 본래 내가 본 편을 기초起草하는 목적은, 작년 조선 내란 이래 연이어 청국 정벌 전쟁에 이르고 마침내 삼국간섭 사건이 있기까지의 분규와 지극히 복잡했던 외교의 전말을 개괄함으로써 훗날의 망각에 대비하고자 하는 것일 따름이다. 도도滔滔한 세상의 무리들과 함께 그 시비득실을 논변하고 쟁의하는 것은 본래 나의 뜻이 아니다. 그러나 정부가 이런 비상시기에 처하여 비상한 방침을 단행함에, 내외의 형세를 깊이 짐작하고 멀리 장래의 이해利害를 비교하고 헤아리며, 정밀하게 생각하고 심의하여[審議精慮] 적어도 시행할 수 있는 계책은 하나라도 시도해보지 않은 것이 없었다. 드디어 위기

---

1 삼국간섭은 청일전쟁에서 승리한 일본 제국이 1895년 4월 23일 강화조약인 시모노세키 조약 서명을 통해 요동반도를 차지하게 되자, 러시아, 독일, 프랑스가 외교적 개입을 통해 일본 제국의 철수를 요구하여 관철한 사건이다.

일발의 순간에 처하자 시국의 어려움을 널리 구제하고 국가의 안위와 국민의 이익을 온전하게 지켜 나갈 길이 여기에 있음을 자신함으로써 이를 단행하게 된 사유는, 내 또한 이를 덮어서 어둡게 할 수 없기 때문이다.[2]

병가를 얻어 요양 중이라 해도 현직 외무대신으로 자신이 직접 관여한 외교 문제에 대해 사건 직후에 그 전말을 기술하여 출판한 것은 근대 일본에서 전후 사례가 없이 이례적이다. 그러므로 무쓰 무네미쓰가 왜『건건록』을 썼는가에 대해, 무쓰를 예찬하는 자와 혹은 무쓰를 비판하는 자들 사이에서 지금까지 갖가지 의견이 있었다.

그 중 '삼국간섭의 변명'을 위해 썼다는 의견이 가장 많다.

제3자로서『건건록』의 저술 목적에 대해 처음 언급한 이는 와타나베 슈지로渡辺修二郎다. 그는 이미 무쓰 생전에『評伝 陸奥宗光평전 무쓰무네미쓰』(同文館, 1879年)을 써서 내 놓았다.『건건록』에 대해 그는 다음과 같이 서술한다.

숙환이 몸을 덮쳐 목숨이 경각에 달렸음에도 불구하고 무쓰의 본성은 여전히 정치적 야심[政慾]을 거둘 수 없었다. 혹은 은밀히 정객과 모의했고, 혹은 사람을 고용하여 기관신문을 발행하는 등 이미 외상 재직 중에『謇々錄건건록』(책에서 말하는『왕신건건 비궁지고王臣謇々匪躬之故』)의 제목으로 책을 펴내(외무성비판 秘版-대외비 출판물) 자기 재임 중의 공훈을 기록함으로써 후세에 전하고자 하는 의도(이를 읽는 자로 하여금 조약개정 및 청일전쟁은 대부분 그가 간여하여 나온 것임을 알도록 하는),……또한 노익老益의 공명심이 점점 왕성해짐을 살피기에 족하다.[3]

---

2   『건건록』, 364~5쪽(역서 366~7쪽). 이와나미 문고『신정 건건록』의 쪽수를 표시함. 이하 같음.

3   와타나베 슈지로,『評伝 陸奥宗光』, 同文館, 1897年, 116~7쪽.

와타나베는 『건건록』을 무쓰 무네미쓰가 '정치적 야심', '공명심'에서 쓴 것으로 본다. 그러나 이 때 그가 『건건록』을 읽었는지 의심스럽다. '謇'이 '謇'으로 되어 있는 것을 보면, 무쓰의 『건건록』이라는 저술이 쓰여진 것은 알고 있어도, 아직 읽지 않았던 것이 아닐까.

와타나베 슈지로가 『건건록』의 저술 목적에 대해 더 명확하게 의견을 진술한 것은 2년 후의 『陸奧宗光 著 無號外史 批評 外交始末 謇謇錄무쓰 무네미쓰 지음, 무호외사비평 외교시말 건건록』[4]에서다. 이 책은 외무성의 비본이었던 『건건록』을 어디선가 입수하고 그 전문을 와타나베가 여백에 비평을 적어 출판한 것이다. 책 마지막에 와타나베의 '총평'이 실려 있다. 출판 직후 '불법출판물'로 발매 금지 처분을 받았는데 항간에 조금 유포되었던 것 같다. 필자는 유이 마사오미由井正臣의 호의로 와세다 대학 도서관 서가에 보관되어 있는 이 책을 읽을 수 있었다. 그 '총평'의 첫머리는 다음과 같다.

> 이 책은 먼저 조선 사건부터 언급하기 시작하여 청국과의 시말 및 타국과의 관계에 미치지만 요컨대 요동 환부의 부득이함을 변명하는 것을 전편의 골자로 삼는 것 같다……

『건건록』이 삼국간섭에 대한 변명을 위한 책이라는 의견은 이 같이 무쓰가 사망한 다음부터 바로 나왔다.

1915년, 이비 자이키치衣裴釱吉가 편술한 『遼東還付の由来及真相요동 환부의 유래와 진상』이라는 책이 출판되었다(外交時報社). 해군병학교 생도였던 이비는 어느 날, 『건건록』 사본을 읽고

---

4   東陽堂支店, 1899年, 編輯 兼 發行人 세키요시쓰구関善次. '無號外史'는 와타나베 슈지로다.

……반복하여 정독, 싫증나는 것을 몰랐을 뿐 아니다. 치기어린 피가 용솟음치는 청년의 공상은, 저자 무쓰 백작의 사람됨을 흠모, 숭배, 동경하여 마침내 마음을 다해 조용히 그에게 사숙하는 바[5]

라고 적고 있다. 그 뒤 시험마다 백지 답안을 제출하고 결국은 해군병학교에서 방출되었다 한다. 그리고 제1차 세계대전의 일본 참전을 계기로 '삼국간섭의 구원'을 떠올려 이 책을 출판했다. 이『요동환부의 유래와 진상』은 서언 등 일부를 제외하고는 문자 그대로『건건록』의 번안에 불과하다. 지금 이 책에 대해 논할 필요는 없을 것 같다. 다만,『건건록』의 번안이 『요동환부의 유래와 진상』으로 된 것에 제1차 세계대전 무렵『건건록』이 수취된 정황이 나타나 있어 흥미를 끄는 것만을 지적하고자 한다.

제2차 세계대전 후, 하기하라 노부토시萩原延壽는 무쓰 무네미쓰 연구를 정력적으로 추진했다. 그는 1967년 6월 20일부터 1968년 12월 28일까지 약 1년 반에 걸쳐『每日新聞마이니치신문』에『日本人の記録 陸奥宗光일본인의 기록 무쓰 무네미쓰』를 연재했다. 특히 미야시로宮城 감옥에서 출옥할 때까지의 무쓰의 전기를 질적으로 높인 정밀한 노작이다. 지금 내가 고찰 대상으로 삼고 있는 청일전쟁 시기에 대해서는 아직 소묘 정도지만『건건록』저술 동기에 대해 이 책에서 다음과 같이 말한다.

그러나 요양생활에 들어간 무쓰의 귀를 압박한 것은 "전쟁의 승리는 외교의 실패다"(『건건록』)라고 의회, 신문, 국민 등이 격하게 들고 일어난 비난의 목소리였다. 간섭이 다가오는 것을 왜 저지할 수 없었는가, 왜 간섭의 위험이 큰 요동반도의 할양을 요구한 것인가—질책의 외침이 병상의 무쓰에게 휴식의 여유를 주지 않았다.

---

5   이비 자이키치,『遼東還付の由来及真相』自序, 1쪽.

이 비난과 힐문을 잠재우기 위해 무쓰가 변명서의 구술을 시작한 것은 그해 가을이다.[6]

1982년, 사우스캘리포니아 대학의 역사가, 고든 M. 버거Gordon M. Berger 에 의해 『건건록』 전문의 최초 영역이 국제교류기금에서 간행되었다(같은 체제와 내용의 책이 도쿄대학 출판회와 캘리포니아대학 출판부에서 시판되었다). 이 책의 서언은 버거의 「무쓰 무네미쓰론」이라고도 할 수 있다. 『건건록』 집필에 대해 버거는 다음과 같이 말한다.

> 『건건록』이 특히 흥미로운 것은, 저자 무쓰 무네미쓰가 청일전쟁 때의 일본 외무대신이며 게다가 전쟁 종결 직후 그가 아직 형식상 그 지위에 있었던 시기에 이 회상록을 썼기 때문이다. 『건건록』에서 무쓰의 의도가, 그 자신 및 이토 히로부미伊藤博文를 수상으로 하는 일본 정부는, 개전에 즈음해서도 어느 시기에 전쟁을 종결시키는 데 있어서도 나아가서는 일본이 시모노세키 조약에서 청국으로부터 요동반도를 할양한 다음 전략적으로 중요한 이 반도를 반환하도록 러시아, 독일, 프랑스로부터 굴욕적인 '충고'를 듣고 그것을 받아들일 즈음에도, 현명하게 또 일본으로서 가장 이익이 되도록 행동했다고 주장하는 것에 있었음은 명백하다. 요컨대 『건건록』은 이토 내각의 서툰 외교 때문에 일본군이 모처럼 조선과 중국 북부의 전장에서 거둔 승리를 교섭 과정에서 헛되이 날리게 되었다는 국내 비판세력으로부터 받은 비난에 대한 변명을 목적으로 쓴 것이다. (서언, 13쪽)

미국의 일본사 연구자로 알려진 프린스턴 대학의 역사가 마리우스 B. 얀센Marius B. Jansen도 『日本外交の旗手일본외교의 기수』『日本のリーダー④』, TBSブリタニカ, 1983年에 「陸奥宗光」를 집필하며 다음과 같이 서술한다.

---

6   하기하라, 『日本人の記録 陸奥宗光』 452회.

무쓰의 외교상의 실책에서, 일본은 메이지 대제大帝 적자들의 피로 샀던 남만주 영토를 내버리지 않으면 안 되었다는 격렬한 비난이 또 일었다는 것을 그는 알고 있었다. 『건건록』은 이런 의미에서 특별한 반박서이며, 특수한 목적을 위해 쓴 것이었고 동시에 그것을 넘는 의의를 가진 것이었다.(55쪽)

『건건록』의 저술 목적에 대해 이와 같이 '삼국간섭이 변명'을 위해 쓴 것이라는 견해 외에, 후지무라 미치오藤村道生는 스스로 청일전쟁을 연구하고 그에 근거하여 다른 의견을 주장한다. 잡지 『歷史と人物역사와 인물』은 1983년 7월호에 「日淸·日露戰役秘話일청·일러전쟁비화」 특집을 꾸리고 "승리 뒤에 무엇이 왔나"에 대해 오에 시노부大江志乃夫·하타 이쿠히코秦郁彦·후지무라 미치오의 대담을 실었다. 그 서두에 『건건록』을 놓고, 이야기를 시작하여 위 버거의 영역 『건건록』을 언급한 김에 후지무라는 다음과 같이 말한다.

유감스런 것은, 『건건록』에는 초고가 있고, 간본에 실려 있지 않은 재미난 부분이 있습니다만 이것이(버거의 영역본-나카쓰카) 수록되지 않은 것입니다. 이 간본에서 삭제된 부분은, 삼국간섭 단계의 것이 가장 많습니다. 가와카미 소로쿠川上操六[7], 가바야마 스케노리樺山資紀[8]가 청국에 거대한 요구를 한 것에 대해 무쓰가 곤혹스러워 하는 부분입니다. 그런데 무쓰가 『건건록』을 쓴 동기입니다만, 이는 우선 천황에게 제출된 것에서 알 수 있듯이 군부의 횡포를 포함하여 은밀히 천황에게 알려 군부를 제어하지 않으면 안 된다는

---

7 1848~1899. 사쓰마번薩摩藩 출신의 메이지기 육군군인. 관위는 참모총장, 육군대장. 가쓰라 다이로桂太郎·고다마 겐타로児玉源太郎와 함께 메이지육군 3걸로 꼽힌다/역주.

8 1837~1922. 사쓰마 번사 출신의 메이지 시대 육군 및 해군 군인(대장), 정치가. 경시총감과 해군대신, 해군 군령부장을 거쳐, 초대 대만총독, 추밀원고문, 내무대신, 문부대신 등을 역임했다/역주.

것. 또 하나는 정당이 책임내각제가 아니면 안 된다는 주장입니다. 외교정책이 독선적, 독재적이고 민중을 배경으로 한 외교가 되지 않은 것은 좋지 않다라고도 합니다. 이것이 후에 자신의 부하 호시 도오루星亨[9]와 하라 다카시原敬[10]에게 정우회政友会를[11] 결성케 한 복선이 된 것입니다.

이처럼 후지무라는 『건건록』 초고 등도 읽고 말하고 있다. 후지무라가 "이 간본에서 삭제된 부분은 삼국간섭 단계의 것이 가장 많다"고 한 것은 정확하다고는 하기 어려운데, 뒤에 삭제는 했으나 초고 단계에서 무쓰가 가와카미와 가바야마 등이 과대한 영토분할을 요구한 언동을 기록한 것은 확실하다.[12] 무쓰의 이런 서술에 대해, 뒤에 삭제한 것을 합하여 그것을 어떻게 해석하는가는 아주 흥미로운 문제다. 본서는 후지무라 주장에 대한 비판도 포함하여 당연히 이 문제를 논의한다.

또 사케다 마사토시酒田正敏는 외교와 국내 정국과의 관계를 주도면밀히 고찰하는 독자적 방법을 전개하여 『건건록』의 집필 목적도 청일전쟁 전후의 국내 정계의 움직임과 무쓰의 정치적 지향과 불가분이지 않을까라고 생각하여 새로운 관점을 제시했다.[13]

『건건록』을 '재직 중' 정치가의 '재직 중'의 담당 사건에 관한 사명 보고서

---

9 1850~1901. 메이지 시대 일본의 정치가, 변호사, 중의원의원. 청일전쟁 후 한국의 법률고문으로 취임한 경력이 있고, 이토 히로부미와 함께 입헌정우회를 결성한 것으로 유명하다/역주.

10 1856~1921. 무쓰노쿠니陸奥国 모리오카번盛岡藩(지금의 이와테현岩手県 모리오카시) 출신. 외교관, 언론인, 정치가. 제19대 내각총리대신 역임(1918~1921). 무쓰가 외무대신일 때 외무관으로 중용되었으나, 무쓰 사후 퇴임. 그 후 체신대신, 내무대신 등을 역임했다/역주.

11 후지무라 미치오, 「日清・日露戦役秘話」, 『歴史と人物』, 1983, 7月号, 33쪽.

12 본서 제2장, 1, 참조.

13 사케다 마사토시, 「『蹇蹇録』考」, 『日本歴史』, 446号, 1985年, 7月.

내지 공적 각서로서의 성격을 띤 것으로 이해하는 것도 하나의 방법이다. ……청일전쟁과 삼국간섭이라는 미증유의 사건을 담당한 외무대신으로서의 사명감과 책임감을 강하게 느껴 '사명보고서'로서의 『건건록』 작성에 정열을 쏟았다고 해석할 수도 있다.……

그렇다면 『건건록』은 그 성립 유래에서 볼 때, 관청 문서로서의 '사명보고서', 느슨한 의미에서는 '한 정치가의 사적私的 회상록'이라는 형태로 정리한 것인가 하면 그렇지도 않다. 『건건록』이 순전히 퇴직 정치가의 사적 회상록이라면 몰라도 현직 외무대신의 사명보고서로서의 성격도 띤 것으로는 너무나도 보고서 작성자의 자기변명과 자기주장으로 가득 차 있다.[14]

라고 사케다는 말한다. 적극적 주장으로서,

무쓰는 『건건록』을 통해 당시 민간여론, 대외강경파의 '무책임한' 요구와 함부로 말하는 것을 공격하고 아울러 일부 원로층의 '무책임한' 요구와 지껄임, 정책담당자로서의 '무능'을 폭로하여 삼국간섭이 그들의 오판과 무쓰외교의 간섭에 기인하고 있음을 주장하고자 했던 것이다. 즉 『건건록』은 무쓰가 향후 외교는 물론 정치 리더십도 가질 능력이 있고 또 취할 용의가 있다는 '정치적 전투선언'의 책이기도 하다라고 해야 할 것이다.[15]

라고 한다. 흥미 있는 자극적 견해다. 본서를 집필함에 사케다의 주장에서 배운 바가 많다.

---

14 사케다, 위의 논문, 58~9쪽.
15 위와 같음, 60쪽.

2.『건건록』의 저술과 간행

『건건록』의 저술 목적에 대한 논의를 심화시켜, 무쓰 무네미쓰가『건건록』을 왜 썼는가 하는 문제를 풀고자 할 때, 저술과 간행 사정을 소상하게 밝히는 것이 아무래도 필요하다. 왜냐하면 이 저술과 간행 과정은, 무쓰가 이 책을 왜 썼으며 마음에 결심한 바가 무엇이었는가를 들여다 보게 하는 흥미로운 사실이 적지 않기 때문이다. 이를 밝히는 것은 순전히『건건록』의 역사적 평가에도 관계되는 논의를 하기 위한 소재를 제공하는 것에도 필수적이라고 본다.

먼저『건건록』의 저술·간행 과정을 밝히는 것부터 시작한다.

『건건록』은 이미 잘 알려진 대로 "메이지 27[(1894)]년 4, 5월 무렵, 조선에서 동학당의 난(=동학농민운동/동학혁명)이 발생한 이래, 청나라 정벌[征清] 거사의 공을 상주하고 그 사이 러시아, 독일, 프랑스의 삼국간섭이 있었으나, 마침내 다음 해인 메이지 28년 5월 청일강화조약[清日講和條約]에 대한 비준교환이 이루어지기까지의 외교 정략의 개요를 서술[16]"한 저술이다.

뒤에서 상술하겠지만, 처음에 외무성에서 인쇄하여 1896년에 간행되었으나 오랫동안 '부외비'가 되어 1929년까지 공간[公刊]되지 않았다. 그러나 33년간의 '비본시대'에도 외무성에서 인쇄된 직후 한 부가 항간에 유포되었고 그 이후 여러 종의 간본이 몰래 인쇄되었다. 이에 대해서는 이미 이노 덴타로[稻生典太郎]가 「『蹇蹇錄』の諸版本について[건건록 제판본에 대해][17]」라는 논문을 썼다.

그런데『건건록』과 관련한 여러 기록을 포함하여, 무쓰 무네미쓰의

---

16 『건건록』서언, 1, 7쪽(역서 6쪽).

17 『石田幹之助博士頌寿記念東洋史論叢[이시다 미키노스케 박사 송수기념 동양사논총]』, 1965年, 수록. 後에 稻生『条約改正論の歴史的展開[조약개정론의 역사적 전개]』, 小峯書店, 1967年에 수록.

공사에 걸친 갖가지 문서는 그의 사후에 무쓰가家에도 전해졌다. 무쓰의 손자 무쓰 요노스케陸奧陽之助에 의하면 이들 문서는 2차 세계대전 중에는 도쿄 니혼바시日本橋 무로마치室町의 미쓰이三井 신탁은행 본점 지하 2층의 트렁크 룸에 보관되어 전화戰火를 피할 수 있었다.[18] 그리고 전후 1952년, 무쓰가가 국립국회도서관에 양도했다. 국회도서관 헌정자료실에서는 이 문서를 정리하고 이를 중심으로 하여 그 후 서점에서 구입한 사료들을 보태 1966년, 『陸奧宗光関係文書目錄무쓰무네미쓰 관계문서목록』을 작성하여 문서 전체가 공개되었다. 이리하여 당시까지 눈으로 확인할 수 없었던 『건건록』 초고인 『蹇々餘錄草稿綴건건여록초고철』을 시작으로 이 책의 성립, 간행 경위를 알게 된 뒤 중요한 사료를 우리가 직접 눈으로 볼 수 있게 된 것이다.

현재 국립국회도서관 헌정자료실 소장의 『무쓰 무네미쓰 관계문서』에는 『건건록』과 직접 관련 있는, 다음과 같은 사료들이 있다.

1. 건건蹇々여록초고철(묵서墨書) 상·하 2책
2. 건건蹇々록(활판) 오두서입鼇頭書込[19] 원본 1책(이것이 외무성 제1차 간본이다. 이하, 제1차 간본이라 한다).
3. 건건록(활판) 부附, 사이온지 긴모치西園寺公望[20] 발문跋文 1책(이것이 외무성에서 두 번째로 인쇄된 것이다. 이하, 제2차 간본 또는 양지洋紙 인쇄본이라 한다).

---

18 이는 1983년 4월 9일, 무쓰 요노스케로부터 들은 바에 의한 것임.

19 두주頭註. 일본책[和本]에서 본문 윗난欄에 써 넣은 주註나 그림/역주.

20 1849~1940. 교토 출신 구케公家. 교육자(리쓰메이칸立命館대학 창설자), 정치가로 제12, 14대 총리대신(1906~1908, 1911~1912)을 지냈다. 보신센소戊辰戰爭(1868~1869, 신정부군과 구막부군 사이에 벌어진 일본 내전) 참전 후 프랑스 유학을 거쳐 이토 히로부미의 심복이 된다. 이후 제2차 이토 내각(1892~1896) 때 문부대신 겸 외무대신으로 입각했으며, 제3, 4차 이토 내각 때에도 문부대신 등으로 활동했다. 이토의 뒤를 이어 입헌정우회 총재를 역임했으며 그 뒤 총리대신으로 취임한다/역주.

이 외에 건건록의 원고철·초고 단편斷片·영역초고 노트 등이 있다.[21]

(1)『건건여록초고철蹇々餘錄草稿綴』

무쓰 무네미쓰가 『건건록』을 저술하기 전에 『露,独,仏三国干渉概要로,독, 불삼국간섭개요』를 써서 외무성에서 인쇄, 간행했던 것은 이미 잘 알려져 있다. 『삼국간섭개요』는 공문서를 중심으로 한 것으로, 이미 1895년 5월 말에 간행되었다. 그것은 이를 열독했던 내각총리대신 이토 히로부미伊藤博文가 무쓰를 타이르는 다음과 같은 편지를 썼던 것이 그 해 6월 1일이었다는 점에서 분명하다.

> 그 후 병환은 어떠합니까. 가급적 정양되었기를 바랍니다. 말씀드리자면, 송부해 주신 삼국간섭의 개요는 반쯤 가늠하여 일독한 바, 이따금 내용에 온건하지 않은 곳이 있다고 생각되기 때문에 만약 보낸 사신에게 아직 배송하지 않았다면 보류해 두십시오. 뵙고 나서 차분히 의논하도록 하시지요. 언론이 눈치 챌 수 없도록 하는 것이 국가의 이익을 보호하는 데 매우 필요하다고 생각합니다. 만일 새 나가게 되면 아주 큰 일이기 때문에 특히 내지內地(=일본)에서는 지금 반드시 비밀로 해야 합니다. 이만 맺습니다.[22]

이토의 이 편지에 대해 무쓰는 다음날인 6월 2일, 속히 답장을 썼다.

> 화묵花墨, 배독拜読했습니다. 가벼운 병에 관심 가져주시어 감사하옵니다. 아직까지 변함은 없습니다. 다만 어젯밤 거듭 식은땀을 많이 흘렸고, 때문인지 오늘 아침은 피로가 조금 더 했습니다. 아울러, 심려 끼쳐드릴 정도는 절대로 아니옵니다. 저 삼국간섭의 개요에 대한 주의의 취지는 알겠습니

---

21 국립국회도서관, 헌정자료목록 제4, 『陸奥宗光関係文書目録』, 58쪽 참조.

22 후카야 히로하루深谷博治, 『日清戦争と陸奥外交』, 日本放送出版協会, 1940年, 60쪽 참조.

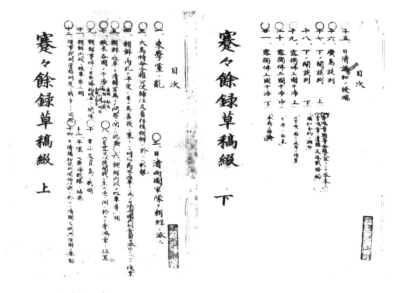

『건건여록초고철』 표지

다. 그러나 위는 전적으로 기왕의 사실을 적은 것으로서 추호도 그 사이의 의론을 끼워 넣은 것이 아닙니다. 내용 가운데 온건하지 못한 데 대해서는 몇 번 수정해도 지장은 없겠습니다만, 실은 해외 사신에게는 이미 송부한 것도 있고 해서, 지금 다시 할 방도가 없습니다. 아울러 누설되어 큰 일이 벌어지게 되는 일은 결코 없을 것으로 생각합니다. 만나 뵙고 높으신 가르침 받겠습니다.[23] (후략)

전면적으로 이토의 주의에 따르지 않고 오히려 "의론을 끼워 넣은" 새로운 저술에 대한 의욕조차 엿볼 수 있는 글이다.

이 편지에서도 볼 수 있는 것처럼 이 무렵의 무쓰는 유행성 감기로 인해 폐병이 재발했고 병세가 악화되어 오이소大磯에서 요양 중이었다. 6월 5일, 사이온지 긴모치 문부대신이 임시 외무대신 대리가 된다.

---

23 伊藤博文関係文書研究会編, 『伊藤博文関係文書』 7, 塙書房, 1979年, 325~6쪽.

그러면 무쓰는 언제부터『건건록』저술에 착수했는가. 무쓰는『건건록』서언에서 집필 기간에 대해 다음과 같이 적고 있다.

> 나는 금년 6월 이래 요양을 목적으로 휴가를 얻어 오이소에 있다. 10월 중순, 어쩔 수 없는 급무로 일시 귀경한 사이에 병세가 또 도졌고, 의사가 매우 엄중히 경고하여 다시 이 곳에서 요양하게 되었다. 이 글은 다시 온 다음, 병중에 초안을 잡고서 오늘 저녁에야 겨우 탈고한 것이다.[24] [25]

이대로라면 무쓰는 겨우 두 달 반만에『건건록』을 다 썼다는 것이다. 이 '두 달 반'은 사람들의 눈길을 끌기에 충분히 '짧은 기간'이다. 후카야 히로하루深谷博治는 여기에 주목하여 "그 정진과 상상에 지나친 데가 있다"[26]고 하고, 또 하기하라 노부토시가 "그러나 큰 줄기에서 무쓰는 청일전쟁의 외교 지도의 실정을 솔직한 붓에 맡겨 이야기하고 진실을 왜곡하지 않았다"[27]라고『건건록』의 사료적 가치와 관련된 견해를 피력하는 것도 이 '짧은 기간' 때문이다.

그러나 무쓰가 서언에서 말하는『건건록』의 기초·탈고 시기는 필자가 조사하여 확인한 사실과 상당히 다르다.

비서관이었던 나카타 다카노리中田敬義[28]에 의하면 "오이소의 별장에서

---

24 무쓰가 말하는 바로는 '메이지28년(1895) 제야'다.

25 『건건록』서언, 2. 7쪽(역서 6쪽).

26 후카야, 앞의 책, 62쪽.

27 하기하라,「陸奧宗光紀行」,『日本の名著·35·陸奧宗光』, 中央公論社, 1973年, 51쪽.

28 1858~1943. 가가쿠니加賀国(지금의 이시카와현石川県) 가나자와金沢 출신. 1876년 외무성에 들어간 뒤 베이징, 런던 등 재외근무를 거쳐 1891년부터 에노모토 다케아키榎本武揚 외무대신 비서관으로 발탁되었다. 후임 외상이 무쓰로 바뀐 뒤에도 계속 외무대신 비서관으로 있었다. 그 사이 나카타는 무쓰 외상을 수행, 청일강화회의에 출석하는 등 청일전쟁과 삼국간섭, 조약개정 등과 관련하여 두 외상을 보좌했다. 무쓰의 신임이 특히 두터웠던 나카타는 무쓰가 병상에서『건건록』을 집필하는 데 큰 도움을 주었다/역주.

『건건록』에 손을 댄 것은 마이코舞子에서 귀경한 다음의 일[29]"이라고 말하고 있다. 아마『삼국간섭개요』집필과 병행하여 자료를 수집하고 구체적인 저술 작업이 관련되기 시작했는지도 모른다.

그러나 7월 상순부터 중순에 걸쳐 무쓰의 병 상태는 결핵뿐만 아니라 복통과 이질로도 괴로워 극히 우려스러운 상태였다. 무쓰 외무대신에 딸린 비서관 고케이타吳啓太(이름 읽기는 외무성 인사과 기록에 의함)의 1985년 7월 8일부로 외무차관 하라 다카시에게 보낸 편지에 의하면

······몸 전체의 피로를 느낌. 양팔에 저림이 조금 발생함. 침상에서 나오거나 혹은 조금 걸으실 때에는 현기증이 나고, 오늘 아침에는 숙소 뒤의 송림松林까지 천천히 걸었으나(겨우 백 걸음 정도) 몇 발자욱 떨어진 대나무 담장 등을 보실 때에는 어쩐지 파도가 일렁이는 듯 보이기도 했음. 돌아오는 길은 다행히 마쓰시타松下 경부警部의 도움을 받아 돌아올 수 있게 됨.······이번 일주일간은 전에 비하면 전체적으로 특히 외적으로 쇠약해졌음.[30]······

과 같은 상태였다. 고케이타는 먼 곳으로 옮기는 것[轉地]과 내방객을 멀리하도록 청원했다. 고케이타가 7월 16일 하라 차관 앞으로 보낸 편지에도, 변통便通이 있어 다소 좋은 듯하지만,

······전체적으로는 여전히 쇠약한 모습이 확실히 드러나고, 예를 들면 오늘 아침에는 천천히 걷기 위해 마당 앞으로 몇 걸음 나왔으나 현기증이 여러 번 일어났고, 또 보는 것 모두가 녹색으로 보여서 바로 숙소로 돌아오게 되

---

29 나카타, 「陸奥宗光伯を憶ぶ」下, 週刊『外交』437号, 外交新聞社, 1940年, 4月 1日.
30 『原敬関係文書』第1卷, 書翰篇1, 日本放送出版会, 1984年, 543쪽.

었다.……[31]

라고 전하고 있다.

7월 16일에는 밸츠[32]가 진찰하러 왔다. 다음날 고케이타가 하라 앞으로 보낸 편지에 의하면 밸츠의 진단으로는, "병의 상태는 밖으로는 좋은 것 같으나, 자신은 지금 조금 위독하다고 생각하고 있는 까닭"이기도 했지만, "아무래도 몸 전체가 쇠약한 상태이므로 오로지 양생해야 한다고 말씀하심", 식사 양생과 방문객과의 장시간 담화를 피하는 것 두 가지가 겹치지 않도록 권하여 "적어도 올 여름 중에는 반드시 편안한 요양이 필요"하다고 무쓰에게 전했다.

무쓰는 이에 좀 질린 것 같았는데, 밸츠가 돌아간 뒤, "의사가 말하는 것을 일일이 지켜야 하는가"라고 했고, 고케이타는 "위 두 건의 실행 여부는 심히 신경쓰임[33]"이라 전하고 있다.

이 무렵 미국의 신문에도 '무쓰 위독'이라는 전보가 실렸을[34] 정도였다.

이런 상황에서는 아무래도 저술이라 할만한 이야기가 아니었다고 생각되는데, 8월이 되자 몇몇 증세가 호전되었던 것 같다. 8월 6일부로 고케이타가 하라에게 보낸 편지에는

　　……며칠 전 요청했던 사자생寫字生 한 명을 이 곳에 출장시켜 주실 것, 대신에게도 여쭈어 본 바, 반드시 지급至急으로 불러들이게 되도록 앙망하오니

31　위의 책, 544쪽.

32　1849~1913. 독일 의사(Erwin von Bälz). 1867년 도쿄의학교 교사로 일본에 초빙, 27여 년에 걸쳐 의학을 가르치며 의학계 발전에 기여했다. 피부용 화장수 밸츠스이ベルツ水를 고안하기도 했다/역주.

33　앞의 『原敬関係文書』, 545쪽.

34　위의 책, 第2卷, 書翰篇2, 580쪽(1895·明治28年 8月 3日付, 原敬 앞으로의 能勢辰五郞 書簡).

아무쪼록 배려해주시기를 바라고 있습니다.……[35]

라고 적혀 있다. '사자생'은 반드시 그렇다고 단정할 수 없으나 아마도 구술을 필기한 아오야마 아사지로靑山浅治郎(아오야마에 대해서는 후술함)가 아닌가 한다.

비서관의 이런 편지와, 그 후 『건건록』 저술 상황을 고려하면 무쓰는 중병을 앓으면서도 저술하겠다고 마음먹은 것을 포기할 수 없어 준비를 태만히 할 수 없었으며 부분적으로는 쓰기 시작한 것 같다.

그 증거로 그 해 8월 30일[36], 무쓰가 주청국 공사 하야시 다다스林董(청일전쟁 중 무쓰 아래에서 외무차관이었다) 앞으로 보낸 편지에 의하면,[37]

소생, 최근 병든 사이에, 작년 이래 일·청·한韓에 관한 외교사를 저술하고 있습니다. 최근 그 대부분을 탈고했고, 초고는 세트 예행제行(제는 刑인 듯)하여, 노형을 비롯한 관계자 몇 분의 평론 및 개정을 얻어 다시 고쳐야겠습니다. 이제 첫 부분은 최근 우송郵送해드렸습니다. 다만 이 역사는 결코 세상에 공표되어야 할 것이 아니고, 가급적 폐하 앞으로 올려드리는 것과 외무성

---

35 앞의 『原敬関係文書』, 547쪽.

36 이 8월 30일은 11월 4일로 고쳐야 옳다. 이에 대해서는 나카쓰카 아키라의 『건건록』 「해설」 참조(『新訂蹇蹇錄』, 岩波文庫(靑114-1) 岩波書店, 2018년판, 414쪽, 번역본, 382~3쪽)/역주.

37 1850~1913. 에도시대 말기 막신幕臣, 메이지 초기 외교관. 초대 육군군의총감. 시모우사노구니下總国(지금의 지바현) 출신. 난방의사 사토 다이젠佐藤泰然의 5남으로 막말에 영국에 유학했다. 공부대工部大学(현재 도쿄대 공학부 전신)를 설립했으며, 실형이 무쓰 무네미쓰를 소개하여 외무성에 입성한다. 이와쿠라 사절단의 일원으로 다시 외유. 2차 이토 내각 때 외무차관으로 삼국간섭 처리 후 청국 특명전권공사로 부임한다. 1899년 네덜란드 헤이그에서 개최된 만국평화회의 참석. 후에 주러시아 공사, 주영국 공사를 지냈으며 초대 주영 일본대사를 지냈다. 1905년 제2차 영일동맹을 체결한 뒤 1906년 귀국, 제1차 사이온지西園寺 내각(1906~1908) 때 외무대신으로 입각한다. 나중에 사토 도사부로佐藤東三郎로 개명한다. 『일청전쟁회고』를 지었다/역주.

건건록의 세계

기록과에 보존하는 것 외에는 소각할 결심이라는 말씀입니다. 이와 같으므로 사실을 매우 명백히 기재할 예정입니다. 이토伊藤와 사이온지西園寺도 대체로 찬성하고 있으므로, 요즈음은 매일의 과업으로 아오야마青山에게 속기시켜 대강 올해 중에는 전부 탈고할 예정입니다. 그러므로 마땅한 재료가 있다면 전해주시기 바랍니다.[38](후략)

라고 적혀 있다. 그리고 편지의 이 곳과 이어지는 부분에 고승호 격침시 이토 히로부미의 대응 등에 관해 문의하고 있는 바를 보면, '거의 탈고'까지는 아니지만, 현재 우리가 읽고 있는 『건건록』 제10장 「아산 및 풍도 전투」 부분까지 이미 접어들었던 것 같다.

그리고 위의 하야시 다다스에게 보낸 편지에 나오는 아오야마青山는 앞의 '사자생'으로, 당시 외무성 비서과에서 근무하고 있었던(전신과 겸무) 아오야마 아사지로青山浅治郎다.[39] 미야다 세쓰코宮田節子가 알려준 바에 의하면 전 메이지대학 교수 아오야마 고료青山公亮는 생전에 그의 부친 아사지로가 『건건록』 필기에 종사하고 있었다고 얘기했다 한다.

그런데 위 하야시 다다스 앞으로 보낸 편지로부터 약 1개월 후인 10월 1일 무쓰는 비서관 나카타 다카노리에게 다음의 편지를 보낸다.

예의 저술은 나날이 진척되어 병고病苦를 크게 위로하고 있습니다. 노형의 수중에 맡기겠다고 해둔 원고(오토리大鳥 공사 부임 운운)는 아직 정서되기 어렵다는 말씀인지요. 만약 아무도 필사할 수 없다면 일단 원고 그대로 돌려주시기 바랍니다. 실은 매일 매일의 참고에 필요하기 때문에 이렇게 말씀드리는 것입니다.[40](후략)

---

38 『図錄日本外交大観』, 朝日新聞社, 1936년, 127쪽.
39 『明治28年版職員錄』에는 浅次郎으로 되어 있는데, 浅治郎의 오식인 것 같다.
40 『도록 일본외교대관』, 149쪽.

"오토리 공사 부임 운운"은 『건건록』 제3장에 해당하는 부분으로, 이 부분의 정서淨書가 아직 끝나지 않았다면 앞서의 하야시 다다스에게 보낸 편지의 내용과 모순되는 것 같은데, 어쨌든 한 편으로 구술필기를 진행하면서 이를 손에 넣고, 다시 정서하고 또 퇴고하는 작업을 무쓰는 정성들여 계속했다.

열흘 후인 10월 11일, 무쓰는 나카타에게 또 편지를 쓴다.

작년부터 오늘까지 북경 주재 러시아[露国] 공사의 성명을 어떻게 부르는지 잊었음. 조사하셔서 가타가나로 그 성명 및 작위를 전해주시기 바람. ○그리고 작년 청일 교섭 시작에, 영국이 각국과 연합하여 간섭을 시도하려 하여, 첫 번째로 독일과 기타 나라들이 따라서 거부한 일이 있었음. 이때가 대략 몇 월경이었는지 조사해주시기 바람. 또 그 후 로즈베리 백작이 런던 지사知事 관사에서 했던 연설 중에도 영국이 청일 양국의 중재를 시도 운운한다고 말했던 적이 있는데, 연설 전체를 알 필요는 없지만 그 대강의 뜻만큼은 조사해주시기 바람. 만약 위 내용이 노형老兄의 기억에 없으시다면 '데니슨'에게 물어보아야 할 것임.

○이것은 노형(에게)만 (하는)말임. 최근의 일이 아니고, 내[小生]가 이제 와서 쓸 데 없는 말을 하는 것이 아니라, 오직 저술에만 신경을 쓰고 있어 (이게)병고를 위로할 것이라고 결심했음.[41]

10월 11일은 조선에서 일본 공사 미우라 고로三浦梧楼[42]의 계획 아래 왕

---

41 위의 책, 149쪽. *인용문 중의 ( )는 역자.

42 1847~1926. 죠슈번長州藩 출신 무사. 막말 유신기 각종 사건에 무관으로 활동. 1895년 재조선 특명전권공사로 부임, 아다치 겐죠安達謙蔵(당시 漢城新報 사장) 구니토모 시게아키国友重章 등을 교사하여 명성황후 시해 사건을 주동한 핵심 인물/역주.

비 민비를 학살한 사건이 일어났던(10월 8일) 직후다.[43] 그 제1보報는 이미 무쓰에게도 전해져 있었다. "……이것은 노형(에게)만 (하는)말임. 최근의 일이 아니고, 내[小生]가 이제 와서 쓸 데 없는 말을 하는 것이 아니라, 오직 저술에만 신경을 쓰고 있어 (이제)병고를 위로할 거라 결심했음. 운운"이라는 말이 무엇을 근거로 한 것인지는 정확하지 않으나, 민비 살해사건으로 일본 정부의 조선정책이 더 혼미해졌고 또 그에 따라 일어날 국내에서의 정치비판의 고조를 예견한 무쓰의 복잡한 심정을 나타내고 있는 것인지도 모른다. 이 사건 후 무쓰는 일단 귀경하여 그 사건 처리에 관여하고 있었으나 이 와중에서도 무쓰는 오직 『건건록』 저술에 전념하겠다고 생각하고 있었던 것이다.

주베이징 러시아 공사는 카시니 백작으로, 그의 이름이 『건건록』에 처음 등장하는 것은 제7장, 「구미 각국의 간섭」 안의 「러시아의 권고」 부분이다. 위에서 언급한 하야시 다다스 앞으로(8월 30일) 보낸 편지에는 '거의 탈고'라 적고 있는데, 이 무렵에 아직 이렇게 묻고 있는 것은 앞뒤가 맞지 않는 것 같지만 무쓰는 오로지 퇴고를 거듭하고 있었던 것 같다. 또 영국 내각 총리대신 로즈베리의 연설 운운은 아마 제14장에 보이는 1894년 12월 24일의 연설[44]을 가리키는 것으로 생각된다. 그렇다면 이 10월 중순 제14장의 해당까지 구술 작업이 진행되고 있었을 것이다.

그리고 11월 5일, 무쓰가 나카타 다카노리에게 보낸 편지에는 이미 인쇄를 재촉하고 있다.

전략前略. 예例의 인쇄 건은 어떻게 되고 있는지요. 물론 외무성이 경황이 없을 것이기 때문에 그대를 방해할 리는 어렵겠지만, 좀 빨리 완성되었으면 하

---

43 이 사건에 대해서는 본서 제3장, 3, 참조.
44 『건건록』, 212~3쪽 참조.(역서 218쪽).

는 말씀입니다. 초고草稿도 이제 어지간히 완성되었으므로 형편에 따라 언제든지 내줄 수 있습니다. 이는 아무쪼록 노형의 직무로 삼지 말고 자신의 일로 생각하고 노력해주기 바랍니다. 만약 인쇄 상 뭔가 기타 비용이 든다면(예컨대 직공 증원 같은 것), 하라原 차관과 상담한 뒤 기밀금에서 지출하겠습니다. 대충 언제쯤 완성될 것으로 보시는지요. 소식 좀 주시기 바랍니다. 형편에 따라 다시 속고續稿를 보내드리겠습니다. 바빠서 이만 맺습니다. 돈수頓首.[45]

이미 이 무렵 외무성에서의 본격적인 제1차 간본의 인쇄가 시작되었던 것, 그것은 완성 원고를 전부 건네 일거에 진행시킨 것이 아니고 원고를 차차 보내 인쇄되었던 것이었다. 그리고 반드시 무쓰의 생각대로 인쇄가 진행되지 않았던 상황도 알 수 있다.

이 편지에 대해 나카타로부터 뭔가 답장이 있었던 것 같다. 다음날, 무쓰는 나카타에게 다시 편지를 쓴다.

보내주신 편지[貴書] 배독拜讀했습니다. 인쇄물 건은 결코 재촉하는 것이 아닙니다. 다망多忙하신 중에도 잊어버리지 않으시게끔 말씀드리는 것입니다. 노력해 주신다고 하니 욕보시겠습니다. 속고는 2, 3일 중 안전하게 갖고 나갈 것이라는 말씀드립니다.[46]

그런데 무쓰 무네미쓰는 초고 말미에, "메이지 28년(1895) 제야除夜 탈고 백작 무쓰 무네미쓰 씀"이라 적고, 또한 서언緒言을 써, "메이지 28년 제야 오이소 별서別墅에서 무쓰 무네미쓰 추기追記"라고 적고 있다.

그러나 『건건록』 저술 과정을 조사해보면 날짜를 그렇게 적은 것에도 의문이 든다.

---

45 앞의 『도록 일본외교대관』, 149쪽.
46 위의 책, 140쪽.

예를 들면,「제20장, 러·독·불 삼국간섭(중)」『건건록』, 347쪽/역서 350쪽)의 기술 중, 삼국간섭에 대해 요동반도를 환부하겠다고 러·독·불 3국에 최종적으로 통고한 것이 1895년 5월 5일이고, 그 직후 5월 8일 발신의 주러시아 공사 니시 도쿠지로西德二郎[47]의 서면에 대해 무쓰가 언급했을 때, 이를 "이 서면은 작년 5월 5일, 우리 정부가 러·독·불 3국 정부에 최종 회답을 한 후 겨우 2, 3일 사이에 니시 공사가 우송한 것인데,……"(강조 저자)라는 곳이 있는 것. 여기는『건건搴々여록초고철』수정 전의 원문에는 "이는 니시 공사가 5월 5일……"이라 되어 있는데, 그것을 붉은 색 글씨[朱書]로 "위 니시 공사의 서면은 작년 5월 5일……"로 수정되고, 틀린 것을 모르고 그대로 제1차 간본·제2차 간본 모두 다 '작년……'으로 잘못 인쇄된 것이다. 이는 1896년이 되어서도 초고의 퇴고가 여전히 진행 중이었고, 그 때 무쓰 자신 혹은 부하의 손에 의해 그만 무심코 '작년'이라 적고 말았던 것을 보여준다.

또,『건건여록초고철』의「제17, 시모노세키 담판(상)」의 난외欄外(=본문의 바깥 여백 부분/역주)에는 "1월 24일 보냄"이라는 붉은 색 글씨[朱書]가 있다. 이는 무쓰가 정서淨書로 보낸 날인지 정서한 것을 무쓰에게 반송한 날짜인지는 분명하지 않지만 어느 것이든 간에 '메이지 29년(1896)'에 들어서서도 아직 퇴고와 정서의 과정이 진행되고 있었음을 보여주는 것이다.

나는 이런 의문으로—특히 '메이지 28년 제야 탈고'라는 점에서—『건건록』성립 사정을 조사했는데, 의외로 무쓰 무네미쓰의 편지가 새로이 발견됨으로써 그 의문이 풀렸다.

---

47 1847~1912. 사쓰마번 출신 외교관, 추밀원고문, 남작. 어릴 때 러시아 상트페테르부르크에 유학, 그 후 러시아와 청나라 사이에 낀 중앙아시아를 조사한 경력이 있다. 오랜 기간(1886~1896) 주러시아 공사를 역임한 러시아 전문가. 제13대 외무대신(1897.11~1898.1) 역임. 이 사이에 대한제국을 둘러싼 러·일 간 갈등 조정에 노력했다/역주.

※ 무쓰 무네미쓰의 미발견 서간을 접하기까지

여기서 잠시 지금까지 몰랐던 무쓰의 서간을 발견하기까지의 경위를 서술한다. 그리고 그 편지가 어째서 공표되지 않고 있었는가를 아울러 검토한다.

무쓰가『건건록』을 기초하고 이를 인쇄에 넘기는 과정에서 비서관 나카타 다카노리의 예사롭지 않은 도움을 받은 것은 지금까지의 기술만으로도 분명하다.

1892년 8월, 무쓰가 외무대신이 되었을 때, 전 외상 에노모토 다케아키榎本武揚[48]의 비서관이었던 나카타 다카노리는 계속 외상 비서관으로서 그림자처럼 무쓰를 따랐고 무쓰가『건건록』저술에 몰두할 무렵에는 요직인 정무국장도 겸하고 있었다.

1936년, 아사히朝日 신문사에서 발행한『도록 일본외교대관図録日本外交大観』에는「中田敬義氏 所蔵나카타 다카노리 씨 소장」이라 하여 무쓰 무네미쓰가 나카타 앞으로 보낸 편지 열네 통이 수록되어 있다. 그 속에『건건록』과 관계된 것은 이미 앞에서 소개한 것을 포함하여 다섯 통이다. 또 나카타 다카노리 소장『건건록(稿本)』이 1937년 도쿄니치니치東京日日·오사카마이니치大阪毎日 양 신문사가 주최한 정치박람회에 전시되었고, 이 박람회의 도록『秘錄 維新七十年図鑑비록 유신칠십년도감』(東京日々新聞社, 1937年)에 그 표지 사진이 실려 있다. 이 모두는『건건록』간행에 나카타가 깊이 관여했음을 보여준다.

이와나미 문고岩波文庫의『건건록』의 판版을 고칠 때, 나는 1982년부

---

48 1836~1908. 에도 말기부터 메이지 초기에 걸친 무사, 막신幕臣, 외교관, 정치가. 메이지시대 화학자. 네덜란드 유학 후 막말 해군 지도자. 최종 계급은 해군 중장. 메이지 초기 이토 1, 2차 내각, 마쓰카타 내각에서 체신, 문부, 외무, 농상무 대신 등을 역임했다. 주러시아 특명전권공사로 러시아와의 국경을 확정하는 조약(樺太·千島交換条約)을 체결한 것으로 유명하다/역주.

건건록의 세계

터 다음 해까지 교주 작업을 진행함과 동시에『건건록』간행사정을 다시 조사했다. 당연하지만 그 때 나카타 다카노리의 유족과 만났더라면 그가 소장하고 있었을 무쓰 무네미쓰 관련 사료를 틀림없이 직접 볼 수 있었을 것이라고 줄곧 생각했다. 국립국회도서관 헌정자료실 소장의 『陸奧宗光關係文書무쓰 무네미쓰 관계문서』를 다 보아도 잘 모르는 데가 있었고, 나카타 다카노리가 소장하고 있는『건건록(稿本)』도 보고 싶었으며, 그 외에도『건건록』과 관계있는 사료를 나카타라면 틀림없이 잘 보관하고 있을 것이라 생각했기 때문이다.

국립국회도서관 헌정자료실에 근무하고 있던 구와바라 노부스케桑原伸介는 일찍이 노바타 게지로野畑啓次郎(무쓰 무네미쓰 장남 히로키치広吉의 비서. 고인)로부터 "호쿠리쿠北陸 근처에 나카타 다카노리의 유족이 있다"는 소문을 들었다. 구와바라가 가르쳐 준대로 나는 외무성에서 나카타 다카노리의 경력을 조사하여 가나자와金沢 출신임을 확인한 뒤, 가나자와의 『홋코쿠北国신문』에 조회 기사를 실었다. 또 무쓰가家 당주 무쓰 요노스케를 귀찮게 하여 여기 저기 알아봐 주도록 했다.

그래도 소식은 잘 들어오지 않았다. 외무성 OB를 자세히 알고 있는 가스미가세키회霞関会에도 나가 보았지만, 나카타 다카노리의 부인도 1952년에 작고했고 소식을 모른다는 것이다.

포기하고 있을 즈음에 하기하라 노부토시萩原延寿로부터,『週刊新潮슈칸신쵸』의「게시판」란에 실어보는 게 어떻겠느냐는 권유를 받았다. 이와나미 문고岩波文庫 편집부를 통해『슈칸신쵸』의 1983년 2월 3일호에 조회 문장이 게재되었다.

하기하라의 직관력이 뛰어났던 것일까. 반응은 의외로 빨랐다. 2월 11일부로 나카타 다카노리의 손자 히라바야시 도미코平林富子로부터 『슈칸신쵸』에 편지가 도착했다. 히라바야시 도미코는 나가노켄長野県

오마치시大町市에 살고 있고, 나카타 다카노리의 장남 나카타 가쓰히코中田勝彦(고인)의 세 명의 딸 중 차녀다. 히라바야시의 편지에 의하면, 나카타가家가 본래 살고 있었던 도쿄 아오야마青山에 지금도 유족이 있는데, 전쟁으로 모든 서적이 잿더미가 되었다는 것이다. 바로 옆에 『陸奥宗光伯―小伝・年譜・付録文集무쓰 무네미쓰백―소전·연보·부록문서』제목의 책이 있었으나 기타 사료는 어디 있는지 모른다고 했다.

나카타 다카노리의 유족 소식을 알게 되어 마음이 놓인 한편 전쟁이 원망스러웠고, 그렇다면 기출 자료로『건건록』간행사정을 쓸 수밖에 없다고 생각하고 최종 원고를 마무리했다. 그러나 아무래도 미련이 남아, 원고를 건네기 전날 밤 다시 한 번 더 히라바야시 댁에 전화를 걸었다. 그러자, 이리 저리 찾아보니 무쓰 무네미쓰의 편지가 두루마리로 된 것이 집에 있었고「건건록蹇々録」이라는 글자도 여기 저기 보인다고 한다. 의외의 낭보였다.

속히 히라야바시 댁을 방문하여 무쓰 무네미쓰의 편지[書簡]를 볼 수 있었다.

히라야바시 댁이 소장하고 있는 무쓰 무네미쓰의 편지는 모두 열여섯 통이었고 가표장된 두루마리로 된 것이었다. 전부 다 무쓰 무네미쓰가 나카타 다카노리에게 보낸 편지였다. 그 중 아홉 통은 앞의『도록 일본외교대관』에 수록되어 있으나 나머지 일곱 통은 사람들이 지금까지 전혀 몰랐던 것이었다. 열여섯 통 중 직접『건건록』과 관계있는 것은 일곱 통이고, 그 중 다섯 통은 이미『일본외교대관』에 실려 있는 원문이었다.

즉 공개되지 않은 서간 일곱 통에『건건록』과 직접 관계있는 것이 두 통이었던 것이다. 그 전문은, 원문 그대로 다음과 같다.

건건록의 세계

是ヲ最後ノ一篇トス

就而ハ御知才も無之

事ト存候得共出来

得ル限リハ早ク印刷

終了候様御骨折

被下度将又小生も多分

来ル廿日比迠ニ者帰京

之事ニナルベシ併

是ハ老兄限リ御含

置可有之候

　　　匆々頓首 宗光,

　　　紀元節 中田兄

(이를 마지막 편으로 함. 관련하여 빈틈없으실 것이라 생각하지만 가능한 한 빨리 인쇄되도록 노력해주시기 바람. 또 소생도 아마 오는 20일 경까지는 귀경할 것임. 아울러 이는 노형만 포함해두는 것입니다. 그럼 이만. 안녕히. 무네미쓰, 기원절, 나카타형)

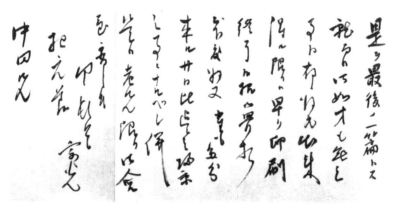

나카타 다카노리 앞으로 보낸 무쓰 무네미쓰 서간(1)

別紙 緒言及ヒ蹇々

録篇次ハ印刷ニ附シ

総テの艸稿ニ冠スベシ

但緒言行文頗ル不

出来ナリ老兄ニ於て

御遠慮なく御添

削アルベシ

　　紀元節夕 宗光,

　　中田老兄

별지 서언 및 건건록 편차는 인쇄에 넘기고 전부 초고라 할 것. 단 서언의 행문이 매우 볼 품 없음. 노형이 괘념치 말고 첨삭하실 것.

기원절 저녁 무네미쓰,

나카타 노형

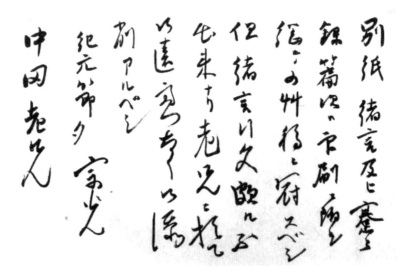

나카타 다카노리 앞으로 보낸 무쓰 무네미쓰 서간(2)

건건록의 세계

언뜻 보아도 알 수 있는 것처럼 무쓰가 『건건록』을 완전히 탈고한 것이 언제인지를 보여주는 귀중한 편지다.

'기원절'은 당연히 '메이지 29년$^{(1896)}$'의 기원절이다. '메이지 28년 제야 탈고'라고 무쓰가 적었던 것에 의문을 품고 있었는데, 그 의문이 이 두 통의 편지로 완전히 해소된 것이다.

한편, 무쓰의 이 편지가 어떻게 하여 히라야바시 댁에 있었던가. 1943년에 나카타 다카노리가 세상을 뜬 뒤에도 유족은 줄곧 도쿄도東京都 아카사카구赤坂区 아오야마미나미쵸青山南町 6-136$^{(지금의 미나토구港区)}$에 살고 있었다. 나카타 가쓰히코中田勝彦의 차녀 도미코富子는 1945년 1월 10일, 히라야바시 야스오平林康雄$^{(나가노현長野県 오마치시大町市 3205)}$와 결혼했다. 전쟁 상황의 귀추는 분명해졌다. 본토 공습도 격화되리라 예상되었다. 귀중한 것을 조금이라도 분산시키면……이라는 히라야바시가家의 권고로, 아버지 가쓰히코가 보자기에 쌀 정도의 것만 우선 들고, 2월, 오마치를 찾은 히라야바시가에 맡겼다.

나카타 가쓰히코가 오마치에 머물던 2월 19일 오후, B29의 도쿄 공습이 있었다. 오지王子·후카가와深川·교바시京橋·가쓰시카葛飾·에도가와江戸川·시부야渋谷 등의 여러 구区 외에 아카사카구에도 폭탄이 떨어졌다. 게다가 아카사카구에는 아오야마미나미쵸 6의 극히 일부에만 떨어졌고, 한 발이 공교롭게도 나카타가家 뒤뜰에 떨어졌다. 세 채였던 나카타가 건물 한 채는 전파되었고 나머지 두 채도 큰 피해를 입었다. 히라바야시 도미코의 말에 따르면, 폭탄이 떡갈나무에 맞았고 바로 벼락이 떨어진 것처럼 공중에서 폭발했기 때문에 피해가 한층 컸다고 한다. 나카타가는 서적류는 물론이고 가재도 들고 나올 수 없어서 우선 남은 건물에 못을 박아 두고 근처의 임시 거처에 기거했다.

그 뒤 3월 9일부터 10일까지 대공습을 시작으로 도쿄는 다시 공습으로 덮혔다. 5월 25일 밤, 또 다시 2백 수십 대의 B29에 의한 소이탄 공격으로 시내의 광범한 지역이 소실되었고 아카사카구 대부분도 잿더미가 되었다. 2월에는 화재만 피했던 나카타가도 이 때는 완전히 타버리고 말아 나카타 다카노리가 남긴 서적과 기록류는 몽땅 불타버렸다.

그러나 나카타 가쓰히코가 히라야바시가에 맡긴 얼마 안 되는 짐 속에 무쓰 무네미쓰의 편지를 비롯하여 나카타 다카노리 앞으로 보낸 이토 히로부미의 편지, 이홍장李鴻章의 글(족자) 등이 있었다 한다. 전쟁이 끝난 뒤 가쓰히코가 다시 오마치大町로 와서 맡긴 짐을 갖고 돌아왔는데, 그 때 다카노리가 심취해 있던 무쓰의 두루마리에 있던 편지의 한 권만 딸 도미코에게 주어 히라야바시가에 있게 된 것이다.

이리하여 무쓰 무네미쓰의 편지 한 권卷이 히라야바시가에 남겨진 것이다. 그런데 전후戰後, 히라야바시가에 의외의 불이 났고 그 편지도 잘못하면 소실될 뻔 했다. 불 속에서 간신히 꺼내 난을 피했으나 두루마리 겉면은 불이 번져 그 때문에 가표장된 편지 중 맨 첫 번째 편지는 반은 타버렸다. (그러나 다행스럽게도 이 '메이지 29년 4월 2일부 편지'는 전문, 사진으로 앞의 『도록 일본외교대관』, 154쪽에 수록되어 있다.)

『건건록』 성립과 관련된 귀중한 사료이면서, 세상이 모르고 있던 무쓰 무네미쓰의 편지는 이렇게 기구한 길을 거쳐 지금 빛을 보게 된 것이다.

히라야바시가에서 발견된 위의 무쓰 무네미쓰의 편지에 의해 『건건록』의 최종 탈고일은 '메이지 28년 제야'가 아닌 '메이지 29년 2월 11일'임이 분명해졌다.

위 두 통의 무쓰 무네미쓰 편지 중 후자는 서언과 목차에 해당하는 편차를 무쓰가 완성하여 비서관인 나카타 다카노리에게 보냈음을 적은 것

　　　　　　　　　　　　　　　　건건록의 세계

이다.

당시,『건건록』의 이른바 외무성 제1차 간본(화지和紙 인쇄본)의 인쇄가 진행되고 있었는데, 그 제1차 간본의 본문에는 각 장의 순번을 표시하는 숫자가 없고 각 장의 제목 위에 단지 ○이라는 표시가 붙어 있을 뿐이다. 그리고 목차에 해당하는 편차에만 (1) ~ (21)의 숫자가 붙여져 있고, 본문과 편차 사이에 통일성이 없어 보인다. 이는 서언과 편차가 본문 인쇄 중에 아직 완성되지 않았고 '메이지 29년 2월 11일' 저녁에 가까스로 무쓰의 손을 떠나 나카타에게 송부되어 급히 인쇄되어 각 책의 모두에 붙여진 것임을 나타내고 있다.

그런데 앞서 지적한 바와 같이 이 두 통의 편지는 다른 열네 통과 함께 가표장된 두루마리에 한꺼번에 모아져 있었다. 그 두루마리 중 14, 15번째에 해당하는 것이 위에 소개한 두 통이다. 그 두루마리의 첫 번째 편지는 '메이지 29년 4월 2일'부의 것이고, 이는 다른 두 통, 다섯 번째, 아홉 번째 편지와 함께 앞의『도록 일본외교대관』에 실려 있다.『도록 일본외교대관』은 "구로후네黑船 도래로 시작되는 최근 일본 외교사를 사진과 서간 비록으로 서술한 것"같은 책, 머리말이고, 나카타 다카노리 소장의 「무쓰 무네미쓰 서간」에 대해 언급하자면 나카타가 소장하고 있던 위 두루마리에서 제공된 것이 틀림없다.

또 위의 '메이지 29년 4월 2일'부의 편지는『도록 일본외교대관』출판 조금 뒤에 도쿄니치니치·오사카마이니치 신문사가 개최한 '정치박람회'에도 「陸奥伯書簡 卷物二무쓰백 서간 권물2」로 출품된 것 중의 하나다. 그 출품물을 수록한 앞의 도록『비록祕錄 유신 70년도감』에도 수록되어 있다. 따라서 이 박람회의 감수자였던 오사다케 다케키尾佐竹猛 등은 이 두루마리에 있는 무쓰 무네미쓰 편지 전부를 통람하고 있었을 가능성이 매우 크다. 그렇다면『건건록』탈고 날짜를 밝히고 있는 앞의 두 통의 편지는 주목할 만한 것이고, 공표된다면 그 나름의 논의를 불러일으킬 가능성이 있다.

그러나 위 '기원절'의 날짜가 있는 두 통의 편지는 『도록 일본외교대관』에도 또 '정치박람회'에서도 모두 공표되지 않았다. 히라야바시가의 호의로, 내가 열람하여 공표를 허락받기까지[49] 전혀 세상에 알려지지 않았던 것이다.

무쓰 무네미쓰의 충실한 비서관으로, 무쓰에 완전히 심취해 있던 나카타 다카노리가 무쓰 사후 40년이 지난 1936, 7년이 된 때에도, '기원절' 날짜의 이 두 통의 무쓰의 편지를 공표하려 하지 않았던 것은 어떤 사정 때문이었는지 흥미롭다. '메이지 28년 제야 탈고'에 대해 무쓰와 나카타 사이에 묵계 같은 것이 있지 않았을까. 그렇지 않으면 나카타 다카노리가 '메이지 28년 제야 탈고'라는 무쓰의 기재記載를 뒤집게 되는 서간을 공표하는 것을 꺼렸기 때문인가.

무엇이든 간에 『건건록』의 집필 시작과 최종 탈고일이 『건건록』에서 무쓰가 적고 있는 것과 큰 차이가 있음을 이제는 부정할 수 없다. 이는 과연 어떤 이유 때문인가. 일반적으로 책의 집필 시기 등은 집필자의 선호에 따라 반드시 사실과 일치하지 않는다고 말해 버리면 그 뿐이겠지만, 이 경우도 그런 것인가. 아니면 겨우 '2개월 반'만에 이 정도의 것을 완성했다는, 무쓰의 '작위'가 작동한 것인가. 이 사실을 어떻게 해석할 것인가는 후술할 여러 문제와 함께 생각해 보도록 하자.

(2) 『건건록』—제1차간본(화지和紙 인쇄본)

그런데 위에서 말한 무쓰 무네미쓰가 정성들인 퇴고와 나카타 다카노리

49　나카쓰카 아키라中塚明, 「新たに見つかった陸奥宗光の手紙」, 『図書』, 岩波書店, 1983年 7月号.

와의 면밀한 타협을 거쳐 제1차 간본인 화지에 인쇄된 『건건록』 견본 본이 나온 것은 1896년 3월말의 일이었다. 국회도서관 헌정자료실 소장 『건건蹇々록』활판活版 오두鼇頭기입 원본이 이 제1차 간본 중의 한 책이다.

1896년 4월 2일, 무쓰 무네미쓰는 나카타 다카노리에게 보낸 편지에 다음과 같이 적고 있다.

> ○건건蹇々록 견본을 보내주시어 일람한 바, 체재가 좀 재미없고 또 지면이 너무 크지 않은가 생각됩니다. 그래서 모레 귀경한 다음 일단 상의할 수 있을 것이므로 그 때까지는 착수를 보류함이 마땅할 것입니다. 위 지급至急을 요하는 건, 회답바랍니다.⁵⁰

미농지美濃紙(28.8cm×19.5cm), 표지 공히 560쪽 ―단 쪽수 인쇄 없음― 봉철縫綴/袋綴⁵¹인 임시 일본식 장정본[仮和装本] 『건건蹇々록』은 이노 덴타로도 지적하듯이, "당시 외무성에서 인쇄한 조약개정 관계 및 청일전쟁 관계의 일련의 비본류와 완전히 동일한 체재(용자활자장정用字活字装釘)의 대수롭지 않은 일본식 장정[和装]본"⁵²으로 그야말로 가장본이었다.

또, 목차는 「건건蹇々록편차」로서, 제2차 간본과 숫자는 동일하지만, 제 몇 장이라 되어 있지 않고, (1)~(21)의 숫자가 기재되어 있는 것만으로서, 본문 중의 제목에는 숫자도 없고 머리에 ○이 붙여져 있을 뿐이라는 것은 앞에서도 언급했다. 게다가 제2차 간본에는 본문의 상란上欄에 본문의 내용을 표시하기 위해 기입한 주석(鼇頭오두=頭注)을 붙이고 있는데, 이 제1차 간본에는 아직 그것은 없다.

---

50 앞의 『도록 일본외교대관』, 154쪽.
51 봉철/袋綴후쿠로토지, 종이를 반으로 접고 접히지 않은 쪽을 철하는 동양식 제책법/역주.
52 이노 덴타로, 앞의 논문, 678쪽.

견본 본에 만족하지 못했던 무쓰는 거듭 만족할 만한 체재로 판본을 고칠 의향이었다. 국립국회도서관 헌정자료실 소장 제1차 간본에는, 제2차 간본 이후의 판본에 보이는 두주가 각각 묵서墨書되어 있고(그 때문에 오두서입鼇頭書込 원본이라고 표지에 묵서되어 있다), 또 본문에 대해서도 문장 수정은 극히 한정되어 있으나 오식誤植의 교정까지 포함하면(문자·용어의 통일 등은 제외하고) 100군데 이상 수정이 기입되어 있

『건건々록』오두서입 원본 표지

다. 이는 무쓰가 판본을 개정하겠다는 의향이 강했음을 나타낸 것이다.

그 외에 본문의 내용 자체에도, 제1차 간본과 제2차 간본 사이에 거듭 대폭적 수정이 즉시 진행된다. 앞에 든 1985년 8월 23일부, 하야시 다다스 앞으로 보낸 편지에서 무쓰는 청일전쟁 외교사 저술에 대해 언급하며 "노형을 비롯한 관계자 몇 분의 평론 및 개정을 받아 다시 고쳐야 겠습니다"라고 적고 있는데, 무쓰도 그 때문에 이 제1차 간본은 가장본으로 할 것을 한 때는 생각하고 있어서 처음부터 가장본으로 계획된 것인지도 모른다. "한 때는 무쓰도 생각하고 있어서"라고 지금 쓰고 있지만 그것은 후술하듯이 "관계 제군의 평론 및 개정을 받아 다시 수식"한다는 것은, 결국 행해지지 않았기 때문이다.

더욱이 이노 덴타로는 이 제1차 간본을 서가에 간직하고 있어서 나도 빌려 볼 수 있었다. 이 사실로부터 제1차 간본도 그 시기가 언제인지는 모르지만 몇 부는 항간에 유포되었음을 알 수 있다.

건건록의 세계

(3) 『건건록』— 제2차 간본(양지洋紙인쇄본)

그런데 비본秘本 시대부터 오늘날 이 이와나미 문고에 이르기까지 세간에 돌고 있는 『건건록』의 저본은 모두 외무성 제2차 간본이다. 전술한 고든 M. 버거 교수가 영역한 『건건록』도, 제2차 간본을 저본으로 한 이와나미서점岩波書店에서 1941년 간행된 『건건록』에 의한 쥬오고론샤中央公論社, 1973년간年刊, 『日本の名著·35·蹇蹇錄일본의 명저·35·건건록』(하기하라 노부토시萩原延寿 책임편집)을 텍스트로 해서 영역된 것이다.

제2차 간본은 제1차 간본에 비해, 판형은 조금 작고(23.7cm×18.2cm), 양지洋紙에 인쇄된 서언 3쪽, 편차 7쪽, 본문 420쪽의 양가장본洋仮裝本이다.

그렇다면 이 제2차 간본은 어떻게 성립되었는가. 초고 작성 과정과 제1차 간본의 간행에 대해서는 그 경위를 들여다 볼 수 있는 무쓰와 제3자의 서한 등이 있는데 비해, 이 제2차 간본의 성립 과정을 헤아릴 사료는 지금으로서는 찾을 수 없다.

제1차 간본과 제2차 간본을 비교해 보면, 장章으로 되어 있으며 두주가 붙어 있는 것에 그치지 않고 양자의 문장에 상당한 차이가 있다는 것이 아주 흥미롭다. 종래 양자를 대조, 교합校合을 시도했던 연구는 없고 따라서 이 제2차 간본은 "앞의 제1차 간본의 자구를 약간 정정하고 동시에 책으로서의 체재를 전면적으로 정리, 아주 당당한 책의 모양을 보이고 있는" 것뿐이라고 논한 것도 있다.[53]

이런 의견에 대해 야마베 겐타로山辺健太郎는 생전에 양자의 차이에 주목하여 『건건록』의 성립 과정을 계통적으로 밝히는 연구를 공표할 계획이었으나 성취하지 못한 채 1977년 타계했다.

제1차 간본에서 제2차 간본까지의 수정 흔적을 크든 작든 간에 빠짐

---

[53] 이노, 위의 논문, 678쪽.

없이 세어보면 약 3,900군데가 넘
는다. 수정의 첫째 특징은 전권에
걸쳐 문자와 용어의 통일과 수사修
辭에 치밀한 손을 가한 것이며 둘째
는 내용상에서도 중요한 삭제, 개
변改變이 가해진 곳이 적지 않다는
것이다.

『건건록』 제2차 간본 표지

　첫째 특징과 관련해서는 무쓰가
문장에 뛰어난 누구에게 의뢰하여
퇴고한 것이라 생각된다. 외무성
의 외교사료관에서 오랫동안 외교

문서 편집 등에 종사했던 구리하라 겐栗原健[54]의 지적에 따르면, 시마다 다
카히코島田俊彦 전 무사시武蔵대학 교수는 생전에 구리하라에게 "자신의
조부가 『건건록』 문장에 손을 댔다고 들었다"고 몇 번인가 말했다는 것
이다. 시마다 다카히코의 조부는 메이지 한학계의 태두인 시마다 죠레이
고손島田重礼篁村[55]다. 메이지 유신 후, 도쿄사범학교, 도쿄여자사범학교, 도
쿄대학 문과대학 등에서 교편을 잡고, 1892년에는 도쿄학사회원学士会院
회원으로도 뽑힌 인물이다. 무쓰가 의뢰했는지 아니면 무쓰의 뜻을 받아
들여 나카타 다카노리가 인선했는지 어쨌든 간에 『건건록』 완성을 위해
최후의 문장 정리를 누군가에게 맡겼다면, 시마다 죠레이가 바로 그에 해
당하는 인물임에 틀림없다. 그리고 만약 시마다 죠레이가 손을 댔다면,

---

54 1911~2005. 위의 경력 외에 역사학자이면서 아키비스트archivist(=영구 보존할 가
　　치가 있는 정보를 조사하고 수집하여 이를 정리, 보존 및 관리하여 열람할 수 있도록 정비하는
　　전문직). 문학박사/역주.

55 1838~1898. 메이지 시대의 한학자. 특히 도쿄대학 교수 때 가토 히로유키加藤弘
　　之에 건의하여 도쿄대학 문학부에 고전강습과 한서과를 설치한 것으로 유명하다/
　　역주.

　　　　　　　　　　　　　　　　　　　　　건건록의 세계

그것은 순서에 따라 인쇄로 돌려진 초고의 단계가 아니라 이 제1차 간본에서 제2차 간본으로 수정할 때였을 것이다.

수정의 두 번째 특징은 내용과 관련된 것이기 때문에 당연히 무쓰 자신 및 무쓰의 지시에 의해 행해진 것이 분명할 터이다. 내용상, 어떤 변화가 있었는지에 대한 전부를 거론하는 것은 다음 장에서 논하지만, 우선 중요한 점을 요약하면 다음과 같다.

구체적 정책결정과 강화조건 등에 걸쳐 썼고, 정부와 군간부 중 삭제된 인명이 적지 않다는 것. 청일전쟁 과정에서 무쓰가 일본과 조선의 정세에 관한 감회를 서술한 부분에서 삭제된 곳이 있는 것. 한편 제1차 간본에는 없고, 그 뒤의 정보에 의해 제2차 간본에서 새로이 삽입된 내용도 있는 것. 또 주일 청국공사관과 일본에 온 청국 강화사절이 본국과 교신한 기밀전보가 일본 정부에 의해 해독되었기 때문인지 제1차 간본에서는 그 전보가 한문漢文 전문電文인 채로 게재되어 있는데 제2차 간본에는 모두 일본어로 의역되어 있는 것 등이 특징적인 변화다.

이렇게 문자·용어의 통일, 수사修辭와 내용을 대폭 수정하는 데 어느 정도의 시간이 걸렸는지 지금 확실히 하기는 어렵다. 게다가 이 수정과 함께 판형을 고치고 다시 새로 인쇄했기 때문에 제2차 간본의 완성까지는 상당한 시일이 걸린 것 같다.

그렇다면 제2차 간본은 언제 완성되었는가. 야마베 겐타로는 "유포본(제2차 간본)은 무쓰 이외의 사람이 손을 댄 것 같고, 출판된 것도 아마 그의 타계 이후일 것"이라고 느꼈다는 소견을 피력하고 있는데,[56] 이는 제1차 간본과 제2차 간본의 교합을 진행하여 그 변화의 크기에 주목하고 상당한 시일을 요한다고 추정한 결과일 것이다. 그러나 여러 가지 사실에서 생각해보면, 제2차 간본의 간행이 무쓰 사후에 이루어졌다는 것은 아

56 『山辺健太郎·回想と遺文』, みすず書房, 1980年, 290쪽.

니다.

그런데 『건건록』이 간행되고 무쓰 무네미쓰는 이를 재외 공사들에게 보냈는데, 그 때 첨부된 것으로 여겨지는 「발송통지기록発送通知書控」이라 해야 할 다음과 같은 사료가 국회도서관 헌정자료실 소장의 『陸奥宗光関係文書무쓰 무네미쓰 관계문서』에 있다.

니시西, 아오키青木[57], 소네曾祢[58], 다카히라高平, 가토加藤

구리노栗野, 하야시林 각 공사 앞

백작 무쓰 무네미쓰

인사드립니다.[拜啓]

말씀드리는 별책 건건록蹇々録은 소생이 작년 오이소에서 요양하던 중에 후일의 비망備忘을 위해 집필한 기사記事로, 이번에 우선 인쇄하게 되어 한 부[一部] 올려드립니다. 무엇보다 글 중에는 비밀로 해야 할 것도 기재했으므로 각하閣下만 보시기 바라며, 또한 이는 미완성 원고[未定稿]라 당연히 오류가 있을 것으로 생각됩니다. 관련하여 열람하시는 중에 생각나실 것도 있을 것이므로 교정 자료로 삼기 위해, 개의치 마시고 그 점을 들어서 써 보내주시기 바랍니다.

감사합니다.[敬具]

---

57 아오키 슈조青木周蔵(1844~1914). 메이지·다이쇼 시대 외교관, 정치가. 죠슈長州 출신. 의학 수업을 위해 번藩 유학생으로 1868년 독일에 유학했으나, 현지에서는 정치, 경제학을 전공했다. 구미 각국과의 조약 및 개정을 통해 근대 일본의 틀을 세우는 데 결정적 역할을 한 독일 전문 외교관. 독일 문화의 일본 전파에 많은 역할을 했다. 제1, 2차 아리토모 내각의 외무대신으로 아오키의 후임 외무대신이 무쓰 무네미쓰다/역주.

58 소네 아라스케曾祢荒助(1849~1910). 죠수번 출신의 사무라이(武士). 메이지 시대 정치가, 외교관. 메이지 역대 내각에서 각료 역임. 이토 히로부미 사후 제2대 조선 총독으로 취임하여 한일합방을 주도했다/역주.

5월 26일부

니시西 공사 앞으로만

이어서 별책 두 부[二部]를 올려드리옵니다만, 한 부는 본문대로 덧붙여 말
씀해 주시고 야마가타山縣 대신에게 전해주었으면 합니다.[59]

　육군대장 야마가타 아리토모山縣有朋[60]가 대사로서 러시아 황제 니콜라
이 2세 대관식 참석차 요코하마를 출발한 것이 1896년 3월 15일이고, 6
월 9일에는 로바노프 외상과 조선 문제에 관한 의정서를 조인했다. 따라
서 위의 사료가 '메이지 29년 5월 26일'의 것임은 틀림없다.

　1983년 이와나미 문고본『건건록』을 개정할 무렵, 필자는 「『건건록』
간행사정」을 해설로 썼는데, 그 때 위의 「발송통지기록」이라 해야 할 문
서는 제1차 간본에 첨부된 것으로 추측하고 있었다.

　이 편지가 제1차 간본에 첨부되었을 것이라는 이유로 첫째, 이 글의 내
용 즉 "이는 미완성 원고[未定稿]라 당연히 오류가 있을 것으로 생각됩니다.
관련하여 열람하시는 중에 생각나실 것도 있을 것이므로 교정 자료로 삼
기 위해, 개의치 마시고 그 점을 들어서 써 보내주시기 바랍니다"라는 내
용을 문자 그대로 내가 받아들였던 적이 있다. 앞서 서술한 바와 같이, 전
년前年 8월 무쓰가 하야시 다다스 앞으로 보낸 편지에『건건록』을 저술하

59　앞의『무쓰 무네미쓰 관계문서』66-5『건건록원고(육철)』꾸러미 중에 수록.

60　1838~1922. 죠슈번 출신 무사. 메이지 시대 일본 육군 군인(대장, 육군 제1군사령
　　관), 정치가. 초대 내무대신, 내각총리대신(제3대, 9대), 사법대신(제9대). 추밀원
　　의장(제5, 9, 11대)을 지냈다. 죠슈번의 하급무사의 아들로 태어나 학문수업을 위
　　해 쇼카손주쿠松下村塾에 들어갔다가 존왕양이론자가 된다. 다카스기 신사쿠高杉
　　晉作가 창설한 기병대의 제2인자가 되어 무진전쟁戊辰戰爭에 종군했다. 메이지 정
　　부에서 육군과 내무성의 최고위를 역임하면서 두 차례 수상을 지낸 뒤 이토 히로
　　부미에 필적하는 번벌의 최고 유력자가 된다. 이토 사후에는 최유력 원로 즉 '원로
　　중의 원로'로 불리는 사실상의 수상 선정자가 되어 군부·관계·추밀원·귀족원에
　　폭넓은 '야마가타벌山朋閥'을 구축, 메이지 시대 후기부터 다이쇼大正 시대 전기 일
　　본정계에 큰 영향을 끼쳤다/역주.

고 있음을 알렸을 때에도 "초고는 세트로 예행^{세行}(세는 뀐인 듯)했고, 노형을 비롯한 관계자 몇 분의 평론 및 개정을 받아 다시 고쳐야겠습니다"라고 적고 있다. 그것과 겹쳐 나는 그렇게 의심하지 않고 제1차 간본이 이른바 「초고」였고, 무쓰가 그것을 배포했으며, 더하여 수식·개정할 예정이었다고 순수하게 받아들이고 말았다.

둘째, 제1차 간본의 견본이 완성된 것이 '메이지 29년 3월말'이었고, 그리고 앞서 말한바와 같이 시마다 쵸레이가 작업한 문장의 수정과 통일, 무쓰 자신의 내용 수정, 판의 변경에 의한 새 인쇄와 제본 과정 등을 생각하면, 제2차 간본은 도저히 '5월 26일'에는 맞출 수 없다고 판단했기 때문이다.

그런데 이 이와나미 문고의 해설을 쓰고 문고본이 출판된 뒤, 주영 공사 가토 다카아키^{加藤高明}가 무쓰 무네미쓰에게 다음과 같은 편지를 보낸 것을 알게 되었다. '메이지 29⁽¹⁸⁹⁶⁾년 10월 2일'부의 편지다. 다소 긴 문장이나 관계 있는 부분을 아래에 게재한다.

……또 그 전에 은밀히 보여주신 건건록은 잘 받았습니다. 몇 번 반복하여 읽었습니다. 병중^{病中}의 저작으로서는 실로 극히 상세하여 당시 사태의 상황을 아는 데 대단히 유익하다고 생각합니다. 위의 보내주신 서면 중에 신경 쓰이는 점은 말씀드리게 되면 아시게 될 것이나, 특별히 신경 쓰이는 곳은 없습니다. 적어도 소생이 관계한 부분에 대해서도 대체로 합당하다고 생각됩니다. 다만 본 편의 주안^{主眼}은 아니지만 여파^{餘波}로 삽입한 제9장 '조선사건과 일영조약개정'이라 제목을 붙인 한 장^章 중, 각하의 전임 몇 대의 외무대신이 조약개정에 종사했다는 기사 중, 오쿠마^{大隈} 백작의 관계를 쓴 곳에서 조금 유감스런 것은, 동 백작이 종전에 제국 정부가 오해해 온 이른바 최혜국조관^(현행조약 중의) 해석을 결연히 고쳐서 비로소 국가별 담판의 길

을 발명한 것을 조금도 인정하고 있지 않은 듯한 것입니다. 동 백작이 이노우에#上 시대의 해석을 고치지 않고 그대로 조약 각국을 동시에 동의시키지 않을 수 없는 주의를 채택했다면, 결코 동 백작이 얻은 만큼의 성적을 거둘 수 없고, 또한 각하가 아무리 종횡의 재주를 떨쳐도 또한 성공하기는 혹 어렵지 않겠습니까. 소생이 보는 바로써 말하자면 위 국가별 담판법의 발명은 조약개정의 역사상 반드시 특필해야 할 커다란 공적이고 결코 말없이 끝낼 것이 아닙니다. 또 글 중에(百十七葉 117쪽) "오쿠마 백작 같은 분은 권변 종횡의 재주를 떨쳐 당시 여론의 역조에 저항하여 그 뜻을 이루려 했으나 결국 실패하고 말았다"라 운운하고 있고, 동 백작이 소신을 관철코자 하여 생명이 위태로운 액난을 만난 것을 적지 않았습니다. 오쿠마 백작이 조난당한 일은 여전히 세상 사람들의 기억에 워낙 생생하기 때문에, 별단의 기재를 요하지 않는다고 생각할 것으로는 여기지 않습니다만, 참으로 조약개정의 역사를 서술함에 있어서는 반드시 누락되어서는 안 될 중요 사건이라 생각합니다. 그 까닭은, 오쿠마 백작의 조난이 있었기에, 여러 외국에서도 대등 이하의 조약으로는 도저히 일본 인민을 만족시킬 수 없음을 깨달았고, 때문에 후일 각하가 새로운 안을 제시했을 때 의외로 용이하게 이를 받아들이는 결과가 된 것입니다. 즉 오쿠마 백작의 결심과 그 결과인 조난은 단적으로 말해서 후일 타인이 성공의 영예를 얻는 기초가 된 것이 됩니다. 이 일 하나는 소생이 확신하는 바이므로 감히 어르신에게 참고로 드립니다. 또 마침내 실패로 끝났다는 한 구절은 조금 어폐가 있는 것 같습니다. 왜냐하면 오쿠마 백작은 자동적으로 실패한 것이 아니라 조난 사건이 있은 후에도 여전히 그 소신을 관철할 결심을 바꿀 뜻이 없었고, 의사가 타인과의 응접을 금지시키고 있었던 사이에, 본인이 생각지도 않았던 때에 각료 중지가 결정되어 부득이 오쿠마 백작을 사직시키게 된 것입니다. 어르신의 뜻이 결코 오쿠마 백작의 당시의 공적을 없애려 하는 것이 아님은 소생도 충분히 알고 있는 바입니다만, 문장의 추세는 자연히 동 백작의 관계를 이노우에 백작, 아오키青木 자작과 동일시하여 동 백작이 당연히 향유해야 할 영예를 기록함에 매우 충분치 않은 것 같은 느낌이 듭니다. 당시 상당한 관계를 가졌던 소생으로서는 묵지할 수 없고, 따라서 기탄없이 비견卑見을 말씀드리오니 참고하실 자료가 된다면 망외望外의 다행스런 영광[幸榮]이겠습니다.[61]

가토의 주장에 대해 주석은 필요 없을 것 같다. "오쿠마大隈 같은 이는 종횡으로 일을 형편에 따라 잘 처리하는 재주[權變]를 발휘하여 당시 여론이 거꾸로 흐르는 것에 저항하여 그 뜻을 달성하고자 했으나 마침내 실패로 끝났다"라는 『건건록』의 이 부분에는 "조약개정의 역사는 거의 실패한 역사가 되었다"[62]라는 문장이 이어진다.

즉, 『건건록』의 조약개정 역사에 대한 기술에는 이전의 여러 외무대신의 사적에 대한 정당한 평가가 결여되어 있고, 그것이 오쿠마 외상의 비서관을 지냈던 가토에게는 큰 불만이었을 것이다. 바꾸어 말하면, 조약개정에 성공한 사람으로서의 무쓰가, 가토에게는 좀 '협량'하고 공평하지 않다고 보였던 것이다.

게다가 이 편지에서는 다음과 같은 점이 관심을 끈다. 이 편지로부터 볼 때, 가토가 처음 읽은 『건건록』이 외무성 제2차 간본이었음은 틀림없다. "……글 중에(百十七葉) '오쿠마 백작 같은……' 운운 하고 있고"라고 하는 것은 제2차 간본의 그것과 완전히 일치하기 때문이다. 그리고 이 2차 간본에 대해 "위의 보내주신 서면 중에 신경 쓰이는 점은 말씀드리게 되면 아시게 될 것"이라고 가토가 적고 있는 것처럼, 무쓰가 수정할 필요가 있는 곳이 있다면 말해 달라는 취지의 서면을 첨부하고 있기 때문에, 그

---

61 『무쓰 무네미쓰 관계문서』 14-2.
62 『건건록』, 119쪽(역서 123쪽).

서면이 앞서 들었던 「발송통지기록」과 똑같다는 것도 저절로 분명하다.

그래서 사케다 마사토시는 앞의 논문에서 내가 이와나미 문고본에 쓴 해설의 오류를 지적하여, 가토의 이 편지를 유력한 근거로서 "5월 26일부로 야마가타에게 부친 『건건록』이 '제2차 외무성본'이었던 것, 가토 다카아키 이외의 재외 사신에게 보낸 『건건록』도 같은 '제2차 외무성본'이었음은 거의 확실하다"[63]고 하고 "메이지 29년 5월 하순에는 이미 제2차 외무성본이 완성되어 있었다는 것이 맞다"[64]고 적고 있다.

위의 사실이 분명해짐으로써 내가 '메이지 29년 5월 26일부'의 「발송통지기록」이라 해야 할 문서를 근거로 재외 사신에게 보냈던 『건건록』이 「제1차 간본」이었다고 추정한 것이 오류였음이 확실해졌다. 그러나 『건건록』 제2차 간본의 성립이 과연 사케다가 말하는 대로 '메이지 29년 5월 하순'이었는지에 대해서는 여전히 의문이 남는다. 제1차 간본을 제2차 간본으로 개정하는 작업에 걸린 시간을 감안하면 의문이 쉽게 해소되지 않는다.

만약 '5월 26일부'까지 제2차 간본이 완성되어 있다면, 그건 그것대로 또 매우 흥미롭다.

왜냐하면 첫째, 전술한 제1차 간본부터 제2차 간본에의 공정이 매우 짧은 시일에 이루어졌다는 것이고, 무쓰가 제2차 간본의 간행에 그야말로 이상하다 할 정도의 강행적 수단을 사용한 것을 보여주기 때문이다.

둘째, 만약 '5월 26일부'의 「발송통지기록」이 제2차 간본에 첨부되었다면, 그 글 중의 '미정고未定稿'의 의미가 문제가 되며, 제2차 간본 자체는 여전히 '미정고'였고 무쓰는 게다가 개고改稿·개판改版을 고려하고 있었던 것이 된다. 그러나 이 때 이후의 무쓰의 생활에서 그런 흔적은 지금 발견할

---

63 사케다, 앞의 논문, 64쪽.
64 위의 논문, 63쪽.

수 없다. 그렇다면 무쓰는 제2차 간본을 여전히 '미정고'라고 말하면서도 스스로는 '정고'라 결정하고 "하여 열람하시는 중에 생각나실 것도 있을 것이므로 교정 자료로 삼기 위해, 개의치 마시고 그 점을 들어서 써 보내주시기 바랍니다"라고는 쓰고 있지만 전적으로 수정할 작정은 아니었던 것이다. 여기서도 『건건록』을 집필할 당시 다른 사람을 근접시키지 않으려 했던 무쓰의 속마음을 읽을 수 있다. 이것은 『건건록』이 왜 저술되었는가를 생각할 때 고려해야 할 중요한 포인트 중 하나라 할 수 있다.

3. 『건건록』의 유포

그런데 『건건록』을 왜 썼는가 하는 문제를 살필 때 고려해야 할 또 다른 하나는 그것의 유포 문제다.

1929년, 이와나미서점이 『백작 무쓰 무네미쓰 유고』를 출판하기 전에도 여러 형태의 『건건록』이 항간에 유포되어 있었던 것은 이미 서술한 대로다. 지금까지 『건건록』은 무쓰의 비서관이었던 나카타 다카노리가 민간에 유포했을 것이라는 견해가 일반적이었다. 그럴 수도 있겠지만 무쓰 자신에 의해서였던 것도 적지 않다고 생각한다.

무쓰는 앞서 언급한 1895년 11월 4일자의 하야시 다다스 앞으로 보낸 편지에서, 『건건록』이 완성되면 "폐하 곁에 올려두는 것과, 외무성 기록과에 보존하는 것 외에는 소각해버릴 결심입니다"라고 적고 있다. 그러나 실제로 완성되자 무쓰 자신의 손으로 여기 저기 유포한 것 같다. 예를 들어 재외 공사들이라 하지만 『건건록』을 배포한 것은 위의 하야시 다다스에게 보낸 편지에서 말한 것과는 크게 다르다.

1896년 3월 6일부, 가토 다카아키加藤高明가 무쓰에게 보낸 편지에는, "······귀저貴著 청일외교역사 목차를 내시內示해주시어 사례의 말씀을 드립니다. 혹시 사정이 허락하신다면 한 권 혜증해주시기를 간곡히 바랍니다"고 적혀 있다. 가토의 이 편지는 '1월 14일'부로 무쓰가 가토에게 보낸 편지의 답장이다. '1월 14일'부의 편지에서 무쓰는 '청일외교역사의 목차'를 적고, 작년 이래의 저술 작업이 거의 완성에 가까워졌음을 가토에게 알려주었던 것이다. 무쓰가 재외 공사들에게 『건건록』을 보내려는 생각을 일찍부터 하고 있었다고 봐도 좋다.

그리고 무쓰가 『건건록』을 유포한 것은 그것만이 아니다. 그는 '메이지 29년 10월 2일'부로 아들 히로키치広吉에게 다음과 같은 편지를 쓰고 있다.

> ……건건록 열 부 정도가 필요하다. 단, 결코 급하다는 말은 아니다. 다른 날 거기에서 여기로 올 때나 또는 기타 행편幸便으로 보내줄 수 있을 것이다."

물론 이 열 부 정도의 행선지가 어딘지는 알 수 없다. 그러나 앞의 하야시 다다스 앞으로 보낸 편지에 적었던 무쓰의 '결심'과는 달리 무쓰가 여러 사람들에게 『건건록』을 주려 했다는 것은 틀림없다. 이렇게 제2차 간본이 간행된 후 얼마 되지 않아 『건건록』이 민간에 나돌았던 흔적이 상당히 많다.

1898년, 무쓰에 대한 최초의 본격적인 전기로서 주목받은 사카자키 빈坂崎斌의 『陸奥宗光무쓰무네미쓰』(博文館)가 출판되었다. 사카자키는 이 책에서,

---

65 『무쓰 무네미쓰 관계문서』 68-13.

66 위의 책, 54-33쪽.

67 1853~1913. 메이지 시대의 언론인. 고단시講談師(=야담가), 소설가, 역사연구가. 사카자키 시란紫瀾이라고도 한다/역주.

각설하고 군君이 오이소에 있었는데, 올해 10월 중 부득이한 외교상의 일대 긴급 사건이 있어서 귀경했기 때문에 병세가 더욱 심해져, 다시 재차 오이소로 와 요양할 뿐 다른 일이 없었지만, 군은 무료無聊한 나머지 붓과 벼루를 베개 삼으면서, 작년 조선 동학당의 난부터 올해 5월 8일의 강화조약비준교환에 이르기까지의 실제 겪은 것을 쓰고, 제야除夜가 되어 간신히 그 원고를 끝낸 것이 쌓여 420페이지를 넘게 되었다. 군은 이를 『건건록蹇々錄』이라 이름 짓고 외무성의 비밀판[秘版]에 부쳤다 한다······"(293~4쪽)

라고 적고 있다. 이는 『건건록』 서언 문장에 따른 것이 명백하다. 또 '420페이지'라 한 것은 외무성 제2차 간본의 쪽수와 완전히 일치한다. 사카자키가 직접 무쓰로부터 받았는지의 여부는 어쨌든 간에 이미 이 전기를 집필할 때, 사카자키가 『건건록』 제2차 간본을 읽고 있었던 것은 틀림없다.

이리하여 『건건록』이 무쓰 무네미쓰의 손에 의해서도 유포되었음이 이미 분명해졌다.

그러나 무쓰에게는, 이 『건건록』이 외무성의 비본으로 간행되는 것에 여전히 일말의 불안감이 있었던 것 같다. 일본에서는 정치가가 어떤 사건을 담당했던 직후에 비망록을 간행한다는 습관은, 『건건록』 간행 이전에도 이후에도 일반적이지 않았다. 그것만으로 '외무대신 무쓰 무네미쓰'의 저작이라는 것은 실은 공식적이고, 실제로 외무성의 관리가 집필한 '정부간행물'의 하나로 볼지도 모른다는 불안이다. 이 불안을 미리 해소해두기 위해 1896년 5월 하순의 어느 날, 신뢰 깊은 사이온지 긴모치와 상담했던 것이다. 사이온지는 그 해 6월 5일자로 무쓰 앞으로 보낸 편지에 다음과 같이 적고 있다.

······별지別紙는 지난 날 말씀하신 귀저貴著에 소생이 인지해둔 것입니다. 이

　　　　　　　　　　　　　건건록의 세계

는 서문이나 비평 등이 아니고, 오직 각하 자신의 저술임을 확인해두기 위해 소지한 책에 적어 둔 것입니다. 본래 비서의 일은 타인에게 보여주기 위하는 것이 아니기 때문에, 심히 체재와 문장이 되지 않아 웃을 가치도 없다고 생각됩니다만, 위로 차원에서 드리오니 한번 보아 주십시오. 다만 소생이 귀서를 존중하고 있는 마음이라고 추찰해주시기 바랍니다.[68]

사이온지가 기록해둔 문장은 다음과 같다.

> 이는 복당福堂(무쓰를 말함-나카쓰카)이 친히 구수口授하여 속기사에게 필사시킨 것이다. 간결하고 명백하여 결코 다른 사람이 한 글자라도 대신 기록할수 있는 것이 아니다. 대저 책을 읽을 수 있는 눈이 있는 자 이를 한 번 보면알 것이다. 나의 후세 혹은 막료의 속리屬吏가 명을 받아 찬찬撰할 것을 우려하는 까닭에 기록한다.
>
> 메이지明治 29년 5월 29일 도암陶庵 수기手記[69]

무쓰는 사이온지의 이 기록을, 자기가 소장하고 있는 책에 첩부하여 보존했던 것이다.[70]

청일전쟁을 승리로 이끈 그 기록을 조목조목 기록하여 상재한 지금, 이례적으로 제3자의 '염서念書'로 '무쓰 무네미쓰 저작'임을 확인시키고, 그것을 자신의 소장본에 첩부하는 수고를 했던 것이다. 이것도 무쓰의 습성이라 해야 할까. 무쓰 무네미쓰가 『건건록』을 어떤 생각으로 썼는지를 고찰할 때 이것도 잊어서는 안 될 사항이다.

---

68 『무쓰 무네미쓰 관계문서』 27-22.
69 위의 책, 66-1, 『蹇蹇錄』 附, 西園寺公望跋文.
70 1929년에 간행된 『백작 무쓰 무네미쓰 유고』에는 「西園寺公爵念書」로서 이 사진이 실려있다.

제2장

『건건록』의 세계

1. 퇴고의 흔적

지금 우리가 읽는 『건건록』은 외무성에서 인쇄한 제2차 간본刊本이다. 초고부터 제1차 간본을 거쳐 제2차 간본에 이르기까지 여러 가감과 수정으로 같고 다름[同異]이 있는 것은 1장에서도 서술했다. 그 동이同異는 극히 여러 갈래다. 그 주된 내용은 이와나미문고의 『건건록』 교주校注에 게재했다. 또 히야마 유키오檜山幸夫는 『蹇々餘錄草稿건건여록초고』의 극명한 복각 작업도 수행했다.[1]

　『건건록』의 세계—를 문제 삼고자 함에 우선 이와나미문고『건건록』의 교주에 썼던 것 모두를 언급할 필요는 없겠다. 여기서는 무쓰 무네미쓰가 왜 『건건록』을 썼는지, 구술과 퇴고 과정에서 무쓰가 무엇을 생각했는지, 그것을 밝히는 소재로서, 또 '무쓰외교'라 불리는 것의 실태에 육박하는 데 있어서, 그것을 깊이 이해할 수 있다고 생각되는 한에서, 초고부터 제1차 간본과 제2차 간본의 같고 다름을 문제 삼는다.

1　『中京法学』 17-1, 1982년 이후 속고는 같은 학회지에 계속되고 있고 미완이다. 또 사케다의 앞의 논문은 이와나미문고의 『건건록』에 의해 퇴고 단계마다의 수정과 그 특징을 정리하고 있다. 참조 바람.

그 동이를 고찰할 때 대체로 다음의 세 가지 기준에 해당한다고 생각되는 것을 들고자 한다. 첫째, 청일전쟁 외교 지도指導에 얽힌 구체적 정책에 관계된 기술, 둘째, 다른 인물(정치가·군인 등)의 정책주의에 관한 기술, 셋째는 무쓰의 번벌 비판이라고도 읽힐 수 있는 기술이다.

우선, 먼저 '범례'에 해당하는 것을 적어둔다.

『건건록』 문장을 복원할 때 대상으로 삼은 『건건록』 관계 사료는 국립국회도서관 헌정자료실 소장의 『蹇々餘録草稿綴건건여록초고철』 상·하 및 화지和紙로 인쇄한 외무성 제1차 간본인 『蹇々録건건록』鼇頭書込原本이다. 즉, 이하의 서술은 『건건록』의 외무성 제2차 간본과 앞의 두 가지와의 동이를 밝힌 것이다.

서술에 앞서, 『건건여록초고철』의 수정 전의 원문은 〈草〉의 원문, 수정 후의 문장은 〈草〉, 외무성 제1차 간본의 문장은 〈和〉, 외무성 제2차 간본의 문장은 〈洋〉으로 각각 약기했다. 그리고,

(1) 〈洋〉에는 없고 〈和〉·〈草〉에 있는 것은 〈和〉의 문장을 가리키고,

(2) 〈洋〉에도 〈和〉에도 없고 〈草〉에 있는 것은 〈草〉의 문장을 가리키고,

(3) 〈洋〉·〈和〉에는 없고 〈草〉에도 수정·퇴고 과정에서 말소된 것은 수정 전의 〈草〉의 원문을 가리키는 것으로 한다.

또, 그 동이가 『건건록』의 대략 어느 부분에 해당하는지를 독자가 알 수 있도록, 『건건록』의 장章과 그 표제 및 무쓰가 '오두鼇頭'로 적어 넣어 지금은 본문 상란에 보이는 두주를 낫표인「」안에 표시하고, 그런 다음 이와나미문고판의 쪽수와 몇 행에 해당하는 부분인가를, 예를 들면 23쪽의 1행은 (23·1)로 표기했다. 또 맨 앞에 붙인 번호는 본서에서 소개하는 동이 부분의 순서를 표시할 뿐 특별한 의미는 없다.

1. 제1장 동학당의 난 「동학당의 난」(23·1)

〈洋〉에는, "······조선 주재 공사였던 오토리 게이스케大鳥圭介[2]는 휴가를 얻어 본국으로 돌아와 현지에 없었고, 임시 대리 공사 스기무라 후카시杉村濬[3]가 조선에 근무한 것이 전후 수년이 되어 조선 국정에 상당히 밝았기 때문에 정부는 어디까지나 그 보고를 꽤 신뢰하고 있었다"고 되어 있는데, 〈和〉에서는 강조 부분(이하 강조 부분은 특별한 이유가 없는 한 모두 나카쓰카가 표기한 것이다)이 "스기무라는 그 인물됨이 중후 치밀하고 또 조선에서는 전후 다년 근무하고"로 되어 있다.

『건건록』을 쓰는 도중에 조선에서 민비 살해사건이 일어났고 스기무라 후카시도 여기에 깊이 관여하고 있었다. 이를 고려할 때, 스기무라를 깊이 신뢰하고 있었던 무쓰가 스기무라에 대한 인물평가에 대한 이 부분을 삭제한 것은 무쓰의 민비 살해사건과 그것을 주도한 재조선 일본공사 관원에 대한 생각이 교착하고 있었는지도 모른다.

2. 제1장 동학당의 난 「동학당의 난」(24·9)

〈洋〉에는 1894년 6월 2일의 제국의회 해산과 조선에의 출병을 결정한 각의에 대해, "나는 그 날의 회의에 가서, 회의가 시작될 때 각료들에게 스기무라의 전신을 먼저 보여준 뒤,······"라고 되어 있으나, 〈和〉에는 이 부

---

[2] 1833~1911. 아코군赤穂郡(지금의 효고현兵庫県) 출신의 에도 시대 후기 막신幕臣, 의사, 난학자, 군사학자, 공학자, 사상가, 발명가. 메이지 시대의 교육자, 외교관, 정치가. 1889년 주駐청국 특명전권공사에 임명되고, 1893년에 조선 공사를 겸임하여 다음해에 조선에 부임한다. 대원군에게 조선의 근대화를 건의했으나 조선내 반일파로부터 총격당하는 등 청일전쟁 직전의 곤란한 외교적 상황을 맞기도 했다. 1895년 조선공사직 해임. 이토 히로부미伊藤博文의 사위/역주.

[3] 1848~1906. 메이지 시대의 외교관. 1895년 명성황후 시해 사건 주모자. 무쓰陸奥(지금의 이와테현岩手県) 출신. 1899년 통상국장이 되어 해외이민을 계획한다. 1906년 브라질 공사, 현지에서 병사한다/역주.

분에 "이 날은 의회 해산의 중요 사건을 의논하는 각의였으므로 야마가타山県 추밀원장도 동석해 있었다"는 할주割註가 들어가 있다.

「내각관제」(칙령 135호, 메이지 22년 12월 24일 공포) 제1조는 "내각은 국무대신으로 조직한다"고 되어 있다. 그러므로 추밀원 의장 야마가타 아리토모가 각의에 출석하는 것은 이례적이다. 그러나 도쿠토미 이이치로德富猪一郎편 『公爵山縣有朋伝공작 야마가타 아리토모전』(山縣有朋公記念事業会, 1933年)에는, 당시 이토 수상은 야마가타와 항상 연락하고 있었고, 야마가타는 의회의 정부 공격이 강력해지는 가운데, 5월 18일 수상관저에서 열린 추밀원 회의에도 이토의 요청으로 참석하고 있다. 야마가타가 6월 2일 각의에 출석한 것도 같은 사정에 의한 것이라 생각된다.

다만 야마가타가 각의에 출석한 것을 무쓰가 구태여 할주로 넣은 진의는 불분명하다. 그리고 그것을 〈洋〉에서 삭제한 것은 추밀원의장의 각의 출석이라는 이례적인 것을 일부러 적고, 각의는 비밀회의로 한다는 불문율[메이지 22년 12월 24일의 「내각관제 개혁에 관한 내각총리대신 각대신 주의奏議」에는, 각의는 추밀회의로 하고, 특히 공표할 것 외에는 그 의사를 타에 누설해서는 안 된다고 하여 이후 불문율로 되었다][4]을 범하게 되고, 야마가타 등이 저촉될 수도 있음을 무쓰가 고려한 결과인지도 모른다.

3. 제1장 동학당의 난 「조선국 파병의 묘의 결정」(26·14)

조선에의 출병에 즈음하여 〈洋〉에는, "……가급적이면 평화를 깨트리지 않고 국가의 영예를 보전하며 청일 양국의 권력 균형을 유지해야 한다. 또 우리는 될 수 있는 대로 피동자의 위치에 있도록 하고 항상 청국이 주동자가 되도록 하여야 한다. 그리고……사정이 만부득이 할 경우 이외에는 절

---

4   내각제도백년사편찬위원회편, 『內閣制度百年史』上, 1985年, 86쪽, 참조.

대로 일의 국면을 청일 양국 사이만의 것으로 한정하고, 무리하게 제삼국과의 관계가 생기는 것을 피해야한다는 것이 그 요령이었다"^(26쪽)라고 적고 있다. 청일전쟁의 개전 외교의 기본 방침으로서 잘 알려져 있는 바다.

그런데 〈洋〉에는 다음 단락의 처음에 "우리 정부의 결심은 이와 같았다. 그런데 상대편인 청국 정부가 과연 우리와 같은 결심을 하고 있는지 매우 의심스러웠다"고 적고 있는데, 〈和〉에는 이 강조 부분이 다음과 같이 되어 있다.

> 우리 정부는 일찍이 묘산廟算을 확정하고 어디까지나 평화의 수단을 다 한 다음 만부득이할 경우를 맞이하게 되면 간과干戈의 힘에 의지하는 것도 피할 수 없다고 결심했다.

청일전쟁의 개전외교에서 무쓰 외상의 입장을 어떻게 보는가는 '무쓰 외교'의 본질과도 관련된 중요한 논점의 하나다. 그 때, 이 〈和〉의 문장의 전반부와 "만부득이할……" 이후 부분의 일견 모순되는 입장을 어떻게 생각하는가는 중요한 포인트다. 후반 부분이 〈和〉에 있고, 〈洋〉에는 없는 것을 어떻게 이해할 것인가.

4. 제3장 오토리 특명전권공사의 귀임 및 그 취임 후의 조선의 형세
「오토리 특명전권공사의 귀임」(43·4)

오토리 공사가 조선에 귀임할 때, 무쓰가 내린 훈령의 개요를 적은 다음에, 〈洋〉에는 "……만약 시국이 아주 급박하여 본국 정부의 훈령을 요청할 틈이 없을 경우에는 동 공사가 적당하다고 생각하는 임기응변의 처분을 할 수 있다는 항목 하나를 추가했다*. 대체로 이 훈령 중에는 마치 표리부동한 두 개의 주의가 내포되어 있다는 시각이 없지 않겠지만, 이런 형세에 즈음하여 외국으로 보내는 사신에게 비상한 권력을 부여하는 것은 실로 부득이했다"고 되어 있다.

그러나 〈和〉에는 *부분에, "따라서 오토리 공사로 하여금 어떤 행위든 임기응변으로 집행할 수 있는 여지를 준 것이다"라는 문장이 들어가 있다.

이는 단순히 반복하여 해석할 수 있는 문장의 수정이기도 한 것 같으나, 개전開戰 외교에서의 일본 정부, 특히 무쓰 외상과 오토리 공사가 1894년 7월 23일의 조선왕궁(경복궁) 점령에 극히 주도적 역할을 한(본서 2 장, 2, 참조) 것의 복선이 되는 기술이기도 하다. 〈草〉로부터 〈和〉의 단계에서는, 외교가 청일전쟁의 개전을 주도했다는 것을 강조하는 내용이 〈洋〉보다 더 선명히 적혀 있는 것이 많은데, 이것도 그 하나다.

5. 제4장 조선국 내정개혁을 위한 청일양국 공동위원 파견 제안
「청일 공동위원 설립 제안에 대한 청국 정부의 이의」(53.10)

출병했으나 곧바로 청일이 교전하지 않았고, 조선에서는 농민 반란도 진정되어 청일 양군의 철수가 조선 정부와 청국 측으로부터 제기되었다. 이에 대해 일본 정부는 어디까지나 군대를 조선에 두고 그런 다음 조선의 내정개혁을 청일 양국이 추진하자고 청국 정부에 제안한다(1894·메이지27 년 6월 16일).

청국은 이를 거부했으나, 그 내용을 서술한 최초의 부분은 〈洋〉에는 "재도쿄 청국특명전권공사 왕봉조汪鳳藻는 그 본국 정부의 훈령에 의해 광서光緖 20년 5월 18일, 즉 우리의 메이지明治 27년 6월 21일부의 공문으로써 우리 제안에 회답했다. 그는 우리 제안에 동의할 수 없는 이유로 3개조의 제의를 했다"고 되어 있다. 그러나 이 부분은 〈草〉의 원문에는 다음과 같이 되어 있다.

광서 23년 5월 18일, 즉 우리 메이지 27년 6월 21일부로 청국 정부는 재도

쿄 동국同国특명전권공사 왕봉조로 하여금 우리 제안에 대해 회답하도록
했다. 그 취의는 과연 예상한 것처럼 우리 제안에 동의하지 않음에 있고 그가
말한 바……

즉, 조선 내정개혁을 청일 양국이 행하자는 일본 정부의 제안이 청국
정부로부터 거부될 것을 처음부터 예기하고 있었던 것이다. 그것을 무쓰
는 초고 구술 단계에서 명확히 말했다.

그런 다음, 〈洋〉에서는 "이 회답의 취지는, 본래 이홍장의 의견으로서
그로부터 총리아문을 거쳐 왕봉조에게 훈령하도록 한 것임은 거의 의심
할 여지가 없었다"(54쪽)라고 한 부분에도 〈草〉의 원문에는 "왕봉조에게
훈령토록 한 것은 물론 미루어 짐작하고도 남음이 있다. 어쨌든 우리 정
부가 처음부터 예상한 것처럼 청국은 우리의 제안을 거절했다"고 되어
있어, 일본 정부는 처음부터 이 제안을 청국이 받아들일 것이라고는 전혀
예상하지 않고 제안했음을 무쓰는 반복하여 고백하고 있다.

6. 제6장 조선내정개혁 제1기 「청장 섭지초葉志初가 원세개袁世凱에게
   보낸 전보」(67·9)

〈洋〉의 이 곳에서 무쓰는 "이 무렵 재도쿄 왕공사는, '일본이 조선국의 내
정에 간여하는 것은 조선 스스로 이를 개혁할 수 없다는 데 기인하므로,
지금 청국이 먼저 조선 국왕을 종용하여 속히 그 내정을 정리해둔다면 일
본이 어떻게든 청한 사이의불화의 단서[釁端]를 찾으려 해도 그 구실이 없을
것이다'는 의미의 전신을 이홍장에게 보냈다고 들었다"고 적고 있다.

강조 부분은 왕공사가 이홍장에게 보낸 전신을 알리면서 "이런 전보
를 친 것 같다"고 애매하게 표현하고 있는데, 실은 청일전쟁 중 주일 청국
공사관 및 나중에 일본으로 오는 청국 강화사절과 청국 본국 사이의 모든

교신 전보는 일본측이 해독하고 있었다.

청국 측의 전보 해독에 대해서는 나카타 다카노리中田敬義가 1938년에 그 내막을 밝히고 있다. 현재 국회도서관 헌정자료실에『憲政史編纂会収集文書헌정사편찬회수집문서』의 한 책으로 소장되어 있는 나카타 다카노리 저『日淸戰爭ノ前後일청전쟁의 전후』에서 그것을 읽을 수 있다. 그 부분을 소개해 둔다.

사토佐藤 전신과장의 공적

전쟁이 나면서 이는 공식적으로 남길 것은 아니지만 실로 큰 공로가 있는 사람은 이전의 외무대신이었던 사토 나오타케佐藤尙武의 아버지 아이마로 愛麿 군君이다. 당시 동 군은 전신과장이었는데 지나支那의 전신을 발견했다. 그것이 전쟁 중 우리에게 아주 큰 이익이 되었다.

메이지 19년에 지나의 어떤 수병이 나가사키에서 소동을 부린 사건이 있었는데, 그 때 구레 다이고로吳大五郎라는 사람이 지나의 전신을 발견한 적이 있었다. 지나는 알파벳이 없는 나라이므로, 자전字典에서 그다지 사용되지 않는 문자를 제외하고, 잘 사용되는 문자에 1, 2, 3, 4의 숫자를 방기傍記하여 이를 사용하는 것이다. 즉 자전이 작기는 하지만, 그것이 저쪽의 전신부電信簿였고, 그 책이 외무성에 있다. 메이지 27년 6월 22일, 무쓰 외상이 주일 공사 왕봉조에게 보낸 편지가 있는데, 그것은 처음에 데니슨이 영문으로 쓰고, 대신 관저에서 이토 미요지伊東巳代治가 일본어로 번역하고 다시 그것을 내가 한문으로 옮겨 왕에게 보냈던 것인데, 이것을 그 다음 날인 23일, 왕봉조가 상당한 장문의 전신을 총리아문으로 타전했다. 그래서 사토 전신과장은 이것이 바로 어제의 편지를 타전한 것임에 틀림없다고 보고 여러 가지 조사를 해 본 결과 마침내 그 키를 발견한 것이다. 지나 측에서는 그후 키를 전혀 변경하지 않았기 때문에, 상대방의 모든 전신을 이 쪽에서 읽을 수 있어서 매우 편했다…담판 때에도 극히 운이 좋은 편이었다. 이는 말로 전할 수 있을지 모르겠으나 기록으로는 남기지 않는다. 공표하기 좀 어렵지만, 이와 같은 것은 새겨두면 좋을 하나의 숨겨진 사실이라 생각된다.

6월 23일의 장문의 전신이란, 청일 양국에 의한 조선 내정개혁이라는 일본 정부의 제안을 청국 정부가 거부한 것에 대해, 그 전날 일본 정부가 청국 정부에게 보냈던, 무쓰가 「제1차 절교서」라고 하는 내용을 타전한 것이다.

나카타가 말하는 바이므로, 무쓰는 『건건록』을 집필할 때, 청국측 전보의 한문 전문을 앞에 두고 그 일언일구를 숙지하고 있었던 것이다. 『건건록』 제6장의 이 부분에서는 전문을 그대로 인용하지 않고 의역하여 애매하게 표현하고 있는데, 제8장 이후부터는 청국측 전문은 〈草〉·〈和〉에서는 전부다 독점読点 혹은 구점句点, 때로는 가에리텐返り点⁵을 붙인 한문의 전문電文 그대로 인용하고 있다. 〈洋〉에는 전문 전후에 "들은 바에 의하면"이라든가 "전훈했다고 하여" 등으로 적고 있는 것은 암호전보 해독 사실을 노출시키지 않기 위한 표현에 불과하다. 인용된 한문 전보는 〈洋〉에서는 모두 일문으로 고쳤다. 그것은 암호전보를 해독하고 있었던 것이, 그것이라고 알 수 있는 인용방법은 얼마만큼 부외비의 출판물에도 지장이 있다고 판단했기 때문일 것이다.

7. 제6장 조선 내정개혁 제1기 「조선 내정개혁에 관한 기밀훈령」(69·1)

그런데 「제1차 절교서」를 청국 정부에 보낸 뒤 각의에서 일본 정부의 조선 내정개혁안을 결정하고 6월 28일 기밀훈령으로 오토리 공사에게 송부했다. 〈洋〉에는, 그 개요를 서술한 뒤에 "또한 동 공사의 이해의 편의를

---

5   일본에서, 한문을 훈독할 때 한자 왼쪽에 붙여 아래에서 위로 올려 읽는 차례를 매기는 기호(レ, 一·二·三, 上·中·下) 따위. 주로 레텐レ点이라고도 한다/역주.

위해 위의 각 조에 대해 하나하나 상세한 주석을 부가했다"고만 적고 있다. 그러나 〈草〉의 원문에는 계속하여 다음의 문장이 들어가 있다.

나는 이 훈령을 오토리 공사에게 보내기 전에 당연히 이를 각의에 제출하고 각료들의 의견을 구했다. 내각은 누구든지 세상 일반의 여론인 의협적인 십자군을 일으켜야 한다는 식의 생각을 가진 사람이 없는 것은 물론이지만, 그 개혁 조항의 세목에 이르러서는 의견이 각각 달랐다. 그러므로 지금 앞 단에서 열거한 조항은 내가 처음 각의에 제출한 것에 다소 수정을 가한 것이다. 그러나 이를 조선 정부에 권고할 때 가장 신중한 방법으로 구미 각국의 시기를 초래하지 않도록 힘써야 했다. 또 위의 개혁 조항 중에는 전부 실행될 가망이 없어도 부산, 경성 및 인천 사이를 관통하는 전신과 철도 가설 등 실리적인 사업은 우리나라의 이익에 맞게 확정하도록 힘써야 한다는 데에 이르러서는 각료들의 의견이 거의 부합했다. 그러므로 나는 이른바 '교통을 편히 해야 함'이라는 조항의 주석으로 전신 및 철도건설의 사업을 십분 부연했다.

이 부분이 초고의 퇴고 단계에서 삭제된 것이다. 일본 정부가 제안한 조선 내정개혁의 목적이 어디에 있는지 〈洋〉보다도 훨씬 분명히 말하고 있다. 또 조선 정부에 '권고'함에 일본 정부가 가장 신경 쓴 것은 조선 관야官野의 반응 여하가 아니라 '구미 각국의 시기를 초래'할지 여부에 있었던 것도 이 부분에서 확실하다.

8. 제6장 조선 내정개혁 제1기
「오토리공사에 최종적 수단을 취하라는 전훈」(73·7)

6월 2일의 출병 결정, 6월 9일 오토리 공사는 420명의 해군 육전대를 편성하여 대포 4문을 이끌고 10일 서울에 들어갔다. 6월 16일에는 혼성여단장 육군소장 오시마 요시마사大島義昌[6]가 인솔하는 제1차 수송대 일본군이 인천~서울 사이에 포진했다. 약 80km(도쿄에서 오다와라小田原까지의 거리에 해당) 남쪽에는 청국군이 진을 치고 있었다. 무쓰 외상과 가와카미川上 참모차장의 출병 직전의 예상으로는, 임오사변(1882)·갑신정변(1884)의 두 차례에서 압도적으로 강력했던 청국군은 그 경험을 근거로 이번에도 일본군에게 당장이라도 덤벼들지 않을까라고 생각했다. 그러나 실제로는 그렇지 않고, 조선 정부는 농민 반란의 진정을 이유로 청일 양군의 철병을 주장했고 이홍장 또한 열심히 열국을 압박하여 피전책을 썼다. 6월 하순이 되자 일본 정부가 우려하고 있었던 구미 열강의 간섭 움직임이 시작되었다. 일본 정부는 구미 열강의 간섭을 배제하면서 개전 기회를 엿보고 있었으나(상세한 것은 본장, 2, 참조), 1894년 7월 12일, 무쓰 외상은 오토리 공사에게 최종 수단을 취하라고 전보로 훈령했다.

그 전후의 일을 〈洋〉에는 "그런데 이 무렵 마침 베이징 주재 영국 대표자의 중재를 청국 정부가 일단 거절했고, 다른 여러 강국도 잠시 사태의 추이를 방관하고 있는 듯한 자세를 보였다. 하여 나는 언제까지나 이 부정확한 상태가 지속되어서는 안 된다고 판단하고, 오히려 이 때에 어떻게 해서라도 청일 사이에 어떤 충돌을 촉발하는 것이 최선책이라고 느꼈다. 그리하여 7월 12일 오토리 공사에게 '베이징에서의 영국의 중재는 이미 실패했다. 지금은 단호한 처치를 해야 할 필요가 있다. 적어도 외부에서 심하게 비난하지 않는 한은 어떤 구실을 써도 상관없으니 속히 실제 행동을 시작하라'고 전신으로 훈령했다." 위의 강조 부분은 〈草〉의 원문에는 다음과 같이 되어 있다.

---

6   1850~1926. 죠슈번 번사 출신. 메이지·다이쇼 시대 일본 육군 군인. 화족華族. 군사참관, 3사단장을 거쳐 육군대장으로 승진한다. 아베 신조安倍晋三 전 일본총리가 그의 고손자다/역주.

언제까지나 이와 같은 부단부정不斷不定한 정세가 계속되는 것은 도저히 다시 제삼국의 간섭을 초래하는 사유가 된다고 생각했기 때문에 어떻게 해서라도……

구미 열국의 간섭을 어떻게 회피하여 개전으로 들어갈 것인가, '무쓰 외교'가 부심했던 최대의 문제가 '제삼국의 간섭'이었음을 구술 단계에서는 보다 명확히 보여주고 있다. 본서 제3장, 2에서 소개하겠지만, 사사키 요佐々木揚의 연구에 따르면, 7월 17일 경에는 그때까지 공동보조를 취하지 않았던 영국·러시아가 함께 하고 거기에 독일·프랑스·이탈리아도 가세하여 청일 양군을 떼어 놓고 개전을 피하고자 하는 움직임도 나타난다. 영국·러시아의 공동 간섭은 일본 정부가 가장 우려하고 있던 부분이었다. 7월 23일의 조선왕궁 점령에 관여한 무쓰·오토리의 행위도, 열강의 이런 움직임의 맥락에서 생각해야 한다.

9. 제7장 구미각국의 간섭 ―러시아의 권고―

「러시아 정부가 청일 양국 군대를 함께 철수하라는 권고」(82·4)

구미 열강의 간섭 중에도 일본 정부의 신경을 크게 자극한 것은 러시아의 움직임이었다. 1894년 6월, 주일 러시아 공사 히트로보는[7] 25일과 30일에 연달아 무쓰 외상을 방문하고, 조선으로부터 청일 양군의 철병을 요구하며 일본 정부가 이를 거절하면 스스로 중대한 책임을 져야 할 것이라며 '준엄한 공문'을 내밀었다. 무쓰는 내외 정세를 감안하여 "우리가 아무 것도 이루지 못한 채 우리 군을 철수하기는 어려운 입장이었다. 나는 이 두 가지 어려운 문제를 정리하기 위해 아주 고심을 거듭하여 마음속으로

---

7   1837~1896. Mikhail A. Khitrovo. 러시아제국 외교관. 1892~96년 사이 도쿄 주재 러시아 공사/역주.

는 거의 최종적 판단을 내렸지만, 이토 총리가 과연 이 문제를 어떻게 생각할지를 몰랐다"(80·14~81·2). 그리고 히트로보 공사와 헤어진 뒤 바로 곧장 이사라고伊皿子에 있는 이토 총리 사저를 방문하고 러시아 정부의 공문을 보였다.

무쓰는 이 때의 상황을 회고하며 『건건록』에 이렇게 적고 있다.

> 이토 총리는 읽고 난 뒤 가만히 오랫동안 생각한 다음 조용히 입을 열어, "우리가 이제 어떻게 러시아의 권고에 응하여 우리 군대를 조선에서 철수시킬수 있겠는가"라고 확실히 말했다.……아아, 나는 지금도 당시의 사정을 회상하면 온 몸에 여전히 소름이 돋는 느낌을 지울 수 없다. 확실히 당시 이토와 나의 사리 밝은 대화는 실로 두 마디 말로 결정되었다. 말없이 머리를 끄덕이는 사이에 피차 의견이 같음을 알았다. 그러나 시험 삼아 생각해보자. 만약 당시 나와 이토의 의견이 서로 달랐다든지 혹은 그 의견이 다르지 않았다 해도 만약 피차 공히 반대 방향으로 판단을 내렸다든지 했다면 당시 사태의 국면이 어떻게 변했겠는가. 오늘날 우리나라가 세계에 자랑할 만한 빛나는 업적과 영광을 더구나 얻을 수 있었겠는가.(81·4~6, 81·13~82·5)

〈草〉에는 여기에 이어 다음의 문장이 계속된다.

> 우리는 자화자찬을 꺼리는 편이지만 사실대로 말하면 소위 한 마디 말로 천하의 대사를 정함은 대개 이 같은 시기를 말하는 것이다.

개전을 실현한 자부심과 그것이 이토와 일체 하에 진행된 것을 강조하는 무쓰의 마음 속을 생생히 보여주고 있는 점에서 매우 흥미롭다.

---

8   지금의 도쿄도東京都 미나토구港區 다카나와高輪에 있던 지명/역주.

10. 제7장 구미 각국의 간섭 —영국의 중재—

「제국 정부, 고무라小村 대리공사에게 전훈하여 청국에게 일본 정부의 제2차 절교서를 선언하게 함」(89·6)

청국이 주청 영국 공사 오코너의[9] 조정을 거부한 것을 호기로 삼아, 무쓰 외상이 오토리 공사에게 "……지금은 단호한 조치를 취할 필요가 있다.……속히 실제의 움직임을 개시하라"고 전훈했던 것은 앞서 말한 대로다. 영국이 중재에 실패한 이 기회에, 무쓰 외상은 7월 12일 제2차 절교서를 고무라에게 전훈했고, 14일 청국 정부에 통고되었다.

그 직전의 상황을 〈洋〉에서는 "이 중재의 실패는 오히려 우리나라의 향후 행동이 점차 자유롭게 될 것이라 보고 좋게 여겼다. 또 최근 조선의 시국은 청일 양국이 협상을 위해 헛되이 시간을 끌 수 없을 정도로 절박했기 때문에, 이 기회에 편승하여 일단 청국과의 관계를 단절하는 것이 상책이라 확신하여 내각 동료들과 협의한 다음 바로 고무라에게 전신 훈령하여 청국 정부에게 다음의 뜻으로 선언하도록 했다……"고 되어 있다. 그러나 강조 부분의 〈草〉의 원문은 다음과 같다.

절박했기 때문에 이렇게 좋은 기회가 온 것을 놓치지 않고 이토 총리와 협의한 뒤 바로

퇴고한 다음, 이 문장은 〈草〉에서는 아래와 같이 바뀐다.

절박했기 때문에 이 기회를 틈 타 일단 청국과의 관계를 단절하는 것이 상책이라 확신하고 이토 총리와 협의한 뒤 바로

9　1843~1908. Sir Nicholas Roderick O'Conor. 청국 주재 영국 공사로 외교관 업무 시작, 1892년에는 경성 주재 영국 대사를 역임했다/역주.

건건록의 세계

영국의 조정 실패를 무쓰가 청일 개전으로 갖고 들어간 다음 어떻게 판단했는가, 그것은 〈草〉의 원문의 표현에 한층 선명하다. 그리고 〈草〉의 원문과 〈草〉의 기술에서, 무쓰가 이토와 협의한 다음 바로 「제2차 절교서」를 낸 것을 알 수 있다. 〈和〉에는 "내각 동료와 협의한 뒤"라고 표현을 달리한다.

11. 제7장 구미 각국의 간섭 —영국의 중재—
「영국정부의 2차 중재」(92·10)

영국의 중재를 거부한 청국 정부였지만 일본 정부에 대한 러시아의 간섭도 잘 추진될 것 같지 않음에 실망하고 이홍장은 재차 영국에 중재를 의뢰, 재도쿄 영국 임시대리공사 파젯[10]이 무쓰에게 면담을 요청하여 일본 정부가 아직 청국 정부와 협상할 여지가 있는지를 타진해왔다. 무쓰는 그 타진을 완곡하게 거절했으나 그 무렵 조선의 상황에 대해 〈洋〉에서는 "나는 이미 이 때 조선 사태의 국면이 매우 절박하여 오토리 공사가 한국 조정에 최종 공문을 제출하고 그 목적을 달성하기 위해서는 어쩌면 병력을 사용할 것이고, 따라서 조선에 있는 청일 양군이 어느 때 교전할지 헤아릴 수 없는 형세였으므로……"라고 적고 있다.

그러나 강조 부분은 〈草〉의 원문에는 다음과 같이 되어 있다.

> 경성에 있는 일본군이 혹시 진격하여 아산에 있는 청군을 공격하기에 이를 지도 헤아리기 어려운 형세임에……

---

10 1864~1940. Sir Ralph Spencer Paget. 주덴마크 영국 대사였던 부친의 영향으로 1888년부터 외교관으로 발탁되어 아프리카, 워싱턴을 거쳐 1893년 주일 공사(부대사)로 부임, 6년을 도쿄에서 근무한다. 이후 태국, 세르비아, 덴마크 대사를 거쳐 주브라질 초대 영국 대사를 역임했다/역주.

언뜻 보면 자세하게 수정한 것 같지만, 본장 2에서도 밝힌 것처럼 7월 23일 조선왕궁을 점령한 다음 일본군이 곧바로 아산으로 남하한 것은 사전에 계획된 것이었고 무쓰는 물론 그것을 잘 알고 있었다. 이 뉘앙스가 〈草〉의 원문에 선명히 표현되어 있다. 퇴고 과정에서 계획적인 그 청군 공격 표현이 애매한 표현으로 바뀐 것이다.

12. 제7장 구미 각국의 간섭 ―영국의 중재―
「영국 정부, 향후 청일 양국 간에 전쟁이 벌어져도 청국의 상해 및 그 근방에서 전쟁 활동을 하지 않겠다는 약속을 받아 두고 싶다는 공문 통보」(96·9)

7월 23일, 영국은 위와 같이 청일 양국이 개전하더라도 상하이에 전쟁의 불똥이 튀지 않을 것을 미리 약속하도록 일본 정부에 의사를 표시했다. 이는 영국이 청일 개전이 불가피하다고 판단하고 또 전쟁이 벌어지더라도 영국 정부는 우선 중립적 입장을 취할 것을 언외로 표명한 것이었다. 일본 정부는 즉각 영국의 이 의사 표시를 수용했다.

무쓰 무네미쓰는 〈洋〉에서 "이는 영국 정부가 철두철미하게 어떤 수단에 의해서라도 동양의 평화를 유지시키겠다는 결심을 갖고 있다고 하기 보다는, 오히려 청일 양국의 교전은 도저히 피할 수 없고, 또 이를 제지할 수 없다는 생각을 하고 있다는 하나의 증거라 하겠다. 이리하여 일본 정부는 흔쾌히 영국의 요구를 수락했다"(96쪽)고 적고 있다.

〈草〉의 원문에는 강조 부분이 다음과 같이 되어 있다.

하나의 증거로 보아야 함에 대해 나는 이 기회에 편승하여 영국의 청구를 받아들임은 곧 영국을 정면의 적으로 삼지 않는 이유라 생각했기 때문에 이토 수상과 기타 각료와 협의한 다음 바로 동 정부의 청구를 허락했다.

'상하이 중립화'라고도 할 영국의 제의에 무쓰를 비롯한 일본 정부 각료가 안심하고 이에 따랐던 모양이 〈草〉의 원문에는 보다 잘 표현되어 있다.

7월 23일은, 이날 새벽 조선에 있는 일본군이 조선왕궁을 점령했으며 또 일본 연합함대가 교전을 전제로 오전에 사세보佐世保를 출항한 날이다.

13. 제7장 구미 각국의 간섭 ─영국의 중재─
「영국 정부, 청일 양국 군대가 각각 조선을 점령하고 서서히 양국이 협의할 것을 권고」(97·14)

무쓰 무네미쓰는『건건록』제7장을,「러시아의 권고」,「영국의 중재」,「미국의 충고」,「기타 열국의 관계」등 4개의 절로 나누었다.「영국의 중재」부분 마지막에 일본에 대한 러시아·영국 양국의 간섭을 비교 정리하고 있는데, 그 결론은 다음과 같다.

> 러시아는 처음부터 끝가지 무대 한 귀퉁이에 숨어 있는 일개 연기자로서 활동했지만 영국은 무대 밖에서 연예에 대해 여러 비평을 하는 데 열심인 구경꾼[看客]에 불과했다(97쪽).

〈草〉에는 이 뒤에 행을 바꾸어 다음과 같은 긴 문장이 들어가 있다.

> 그러나 영국이 시종 일개 구경꾼으로서 비평하는 데 그치고 실제 연기자가 되어 무대에 출현하지 않는 것이 일본을 위해 요행인지 아니면 불행인지를 따졌을 때, 연기 진행에 각자의 이해를 중히 여기는 시절時節이 있기 때문에 이를 개략적으로 단정할 수 없지만, 나는 오히려 일본을 위해 요행이라고 말하는 데 주저하지 않았다. 왜냐하면 일본 정부는 가급적 사태의 국면을

청일 양국 사이로 한정하는 것이 당초의 정부 방침이었기 때문이다. 특히 청일평화조약 비준 후에 저 유명한 삼국간섭이 일어났을 때처럼 영국이 그 연기자로서가 아닌 고립 방관자였던 데는 삼국으로 하여금 다소 안을 돌보도록 하게 한 세력이 있었다고 볼 수 있다.

재차 말하지만, 일본 정부로서는 청일 전쟁에 즈음하여 영국·러시아 양국이 한 패가 되어 간섭하는 것을 우려하고 있었고, 간섭해도 양자의 간섭 정도를 헤아려 그 차이를 가능한 한 일본의 목적 완수에 적극적으로 이용했던 것이다. 그에 대해 무쓰의 〈草〉의 이 서술은 당사자로서의 감개를 피력한 것이라 할 수 있다.

14. 제8장 6월 22일 이후 개전까지의 이홍장의 위치
「이홍장의 외교 방책과 군사 계략」(106·5)

개전 전, 주일 청국 공사 왕봉조는 본국 정부의 훈령에 따라 청일 양국 군대를 조선에서 철수시키자며 자주 무쓰 외상과의 회담을 요구했을 뿐 아니라, 몸소 이토 수상의 관사까지 가서 담판을 계속했다. 그 한 구절을 적은 〈洋〉의 기술에,

> 그런데 이토 총리는 매번 그가 말하는 바를 듣고 대체로 너그럽게 큰 틀을 보여주었지만, 나는 직책상 그가 우리 정부의 의향을 오해하도록 해서는 안 될 책임이 있었기 때문에, 그의 제언에 대하여 적어도 우리 정부안과 서로 용납되지 않는 것은 하나하나 설파하여 추호도 가차 없이 하고……

라고 한 곳이 있다(106쪽). 강조 부분은 〈和〉에는 다음과 같이 되어 있다.

> 이토 총리는 그 지위 상 외국의 사신과 직접 최종적 이야기를 해야 할 입장이 아니므로 매번

이 부분은 총리대신과 외무대신의 직무의 차이를 적었음에 불과한 것으로서 〈洋〉에서는 삭제했다고 하면 그만이지만, 외교는 무쓰가 책임졌고 이토는 그 입장이 아니었다라고 받아들여질지도 모를 표현이기도 하다. 이토의 감촉을 손상시키지 않으려는 표현은 〈和〉에서 〈洋〉으로의 과정에서 신중히 삭제된 것이다.

15. 제10장 아산 및 풍도 전투(129·10)

무쓰 무네미쓰가 청국의 조선에 대한 종속관계를 문제 삼아 개전으로 몰고 간 데에서 적극적 역할을 한 것은 다음 절에서 상세하게 논한다. 조금 중복되지만 초고부터 〈洋〉으로의 동이同異 가운데 흥미 있는 사실이 많으므로 열거해둔다.

일본이 이미 조선 출병을 결정한 직후, 톈진 조약에 의거한 6월 7일의 청국 정부로부터의 통지에 '보호속방'이라는 글귀가 있었다. 〈洋〉에는 "나는 그 공문 중에 '보호속방'이라는 글귀가 있었으므로 즉시 이것을 쟁점의 하나로 삼으려 했다. 그러나 당시 내각의 **동료들은*** 이때 종속 문제를 청일 양국의 외교적 쟁의로 삼는 것에 동의하지 않았다"(129쪽)고 적혀 있다.

위 강조 부분의 *표시 부분에, 〈和〉에는, '특히 이토 총리'라는 글자가 들어가 있다. 그것이 〈洋〉에는 삭제되었다. 결과적으로는 청한 종속을 구실로 삼은 무쓰·오토리가 노린 정략이 개전의 돌파구를 열었던 것이기 때문에, 청한 종속 관계를 구실로 삼는 것에 반대하고 있던 이토 총리보다도 자신의 쪽이 "정당하지 않은가", 이토 총리도 여기서는 '판단미스'를 범했다고 하는 식으로도 받아들여져야 할 여섯 글자를 〈洋〉에는 삭제했던 것이다.

16. 제10장 아산 및 풍도전투 「거문도 사건」(133·1)

무쓰는 청한 종속관계에 대해 그 역사적 경위를, 영국·러시아 양국 특히 영국이 청국의 조선에 대한 이 관계를 오히려 자국의 이익으로 생각하고 있었음을 서술한 뒤, 〈洋〉에는 "이와 같은 사정이었으므로 지금 다시 청한 종속 문제를 제기하는 것은 참으로 진부하기 이를 데 없음이 틀림없었다. 그러나 바야흐로……"(133쪽)라고 되어 있다.

그러나 이것도 강조 부분은 〈草〉에는 "정말 이토 총리의 말처럼 참으로 진부하기 이를 데 없음에……"라고 되어 있다.

17. 제10장 아산 및 풍도전투 「거문도 사건」(133·14~134·1)

이토의 위와 같은 견해에도 불구하고 결국 청한 종속 문제를 구실로 개전으로 돌입하게 되었다. 개전으로 향했던 일본군의 최초의 구체적 행동이 1894년 7월 23일의 조선왕궁(=경복궁) 점령이었던 것은 다음 절에서 자세히 서술한다.

이에 대해 무쓰는 〈洋〉에서 "마침내 7월 23일 사변에 편승하여, 한국 조정으로부터 아산에 있는 청국 군대를 나라 밖으로 몰아내는 위탁을 강압적으로 받아내게 된 것이므로, 그 본원을 거슬러 올라가 살피면 필경 청일 양국의 교전은 청한 종속관계에 기인한 외교 문제에서 촉발되었고 마침내 포화로 최후의 비극이 전개되기에 이르렀다고 해도 결코 틀린 말이 아니다"(133~134쪽)라고 적고 있다.

위의 강조 부분은 〈草〉의 원문에는 "청국 군대를 그 국외로 몰아낼 것을 청구토록 한 것도……"라고 되어 있다. 7월 23일의 조선왕궁 점령은 우발적 사건이 아니고 일본이 계획적으로 일으켰다는 것은 다음 절에서 상술하겠지만, 〈洋〉의 강조 부분보다는 〈草〉의 원문 쪽이 일본측의 주체적인 관여를 잘 나타내주는 표현이다. 청국군대를 조선 국외로 몰아내는

82   건건록의 세계

것이, 조선 조정의 '위탁'에 의한 것인 것처럼 말하는 것은 '위탁'으로 꾸며 일본측의 '청구'라는 사실을 애매하게 한 것이었다.

18. 제10장 아산 및 풍도전투 「아산개전 전의 대한 정략」(135·7)

이런 고압적 수단으로 개전한 것에 대해서는 일본 정부에서도 여러 가지 의론을 불러, 주저하는 목소리가 적지 않았다. 그런 의론을 소개한 서술의 표현 중의 하나로, 〈洋〉에 "가혹하게 말하면 먼저 조선 국왕을 우리 수중에 두지 않으면 안 된다……"라는 것이 있다.

위 강조 부분은 〈和〉에서는 "조선 국왕을 먼저 우리 손 안에 잡아두어야 한다"고 되어 있다. 이런 노골적 표현이 당시 일본 정부 내에서 구사되었음을 보여주고 있다.

19. 제10장 아산 및 풍도전투 「아산개전 전의 대한 정략」(135·13)

여러 가지 의심스러운 생각에도 불구하고 "그렇다고 하여 이 절박한 사이에 다시 다른 좋은 대책을 고안하여 내놓는 이도 없었다. 또 나는 앞서 오토리 공사에게, '지금 단호한 조치를 취할 필요가 있다. 어떤 구실을 써도 지장 없다. 실제 움직임을 개시하라'고 전신으로 훈령했었다. 동 공사는 이제는 어떤 구실을 택하든 전혀 그의 자유 의지에 따른 것이므로 그가 이미 스스로 어지간하다고 믿는 방침을 실행했는지도 알 수 없었다……"(135~6쪽), 조선에서는 일본군에 의한 왕궁 점령이 실행되었던 것이다.

그런데 다음 절에서 상술하겠지만 위의 강조 부분은 〈草〉의 원문에는 다음과 같이 되어 있다.

동 공사가 이제 어떠한 구실을 택할 자유를 가진 다음에, 불행히도 이 때 마침 한국[韓地]의 전선이 단절되어 통신에 의하지 않았기 [가령 어떤 급속한 훈령을 요해도 또 한지의 통신은 경부선도 의주선도 오토리 공사가 병대를 인솔하여 왕성王城에 닥치기 수일 전부터 마침 단절되었는데, 아산 전투 승리 후 겨우 개통되었다] 때문에 좌상座上의 의론은 어쨌든 실지는 금후에 발생할 일에 상응하여 상당한 임기의 처분을 내리는 수밖에는 없어서 나는 이때에 오히려 이런 와중에 좀 한가함을 얻을 수 있을 것 같은 마음이었다.

[ ]속은 무쓰가 일부러 할주로 하여 [ ]의 기호를 붙인 것이다.

종래 『건건록』 서술에 사실과 서로 다른 곳이 적지 않다고 지적되고 있는 것은 제1장에서도 소개했던 바다. 그러나 이 부분은 후술하는 것처럼, 명백히 사실과 다르고, 이 전후의 일본과 조선 사이의 전보 교신에 대한 『건건록』의 기술은 〈洋〉에서도 사실과 서로 다르다.

청일 전쟁의 개전이라는 가장 중요한 장면에서 무쓰가 왜 이처럼 사실과 다른 기술을 했는지는 대단히 흥미롭다. 이에 대한 상술은 다음 장으로 미룬다.

20. 제10장 아산 및 풍도전투 「아산개전 전의 대한 정략」(138·4)

7월 23일의 조선왕궁 점령, 뒤를 이어 25일의 풍도 앞바다 해전, 육지에서 29일의 성환成歡 전투와 서전에서의 일본군의 승리. 바로 직전까지의 여러 가지 의심은 조금도 없었던 것처럼 듯이 구름 흩어지듯 사라져 버렸다. 이 모습은 〈洋〉에는 다음과 같이 적혀 있다.

앞서 강박 수단으로 한국 조정을 개혁할 것인가의 가부를 논하고, 우리 군이 먼저 청군을 공격하는 득실을 따지는 제반 의론議論도, 전국의 도시와 시골에 이르는 곳곳에 욱일승천기旭日昇天旗를 내걸고 제국의 전승을 축하하는 환성이 들끓는 듯한 가운데에 묻혀 또한 잠시 찌푸렸던 인상을 펼 수 있게 되었다."

　　　　　　　　　　　　　　　　　　　건건록의 세계

위의 강조 부분은 〈草〉에는 다음과 같이 되어 있다.

솥의 물끓듯 하는 환성[歡声鼎沸] 중에 매몰되어 공히 오랜만에 찌푸렸던 인상을 펼 수 있게 되었다. 그러나 이 때부터 우리나라와 청국의 관계는 외교가 선구이고 군대가 후원하는 국면이 일변하여 완전히 군대 독단의 무대로 되었다.

청일전쟁을 어쨌든 개전으로 끌고 감에 있어, 무쓰는 자신을 중심으로 한 외교 정략의 주동적 역할을 강조해두었던 것이다. 〈草〉의 표현은 무쓰의 이런 심정을 잘 보여주고 있다. 그와 동시에 "군대 독단의 무대가 되었다"고 한 표현에 '군부 비판'의 뉘앙스도 감지된다. 한편으로는 '자기현시', 다른 한편으로는 '군대비판'으로도 받아들여질 수 있는 이런 표현은 퇴고과정에서 신중히 삭제되었던 것이다.

21. 제10장 아산 및 풍도전투 「아산개전 전의 대한 정략」(139·4)

그런데 제10장은 풍도 앞바다 해전에 좀 더 많은 쪽수를 할애하고 있다. 영국 선적 고승호高陞号가 일본 군함에 격침되는 생각지도 못한 일이 벌어져 본장 3에서 서술하는 바와 같이 한 때는 무쓰도 크게 당황했다.

이에 앞선 7월 19일, 영국은 재차 일·청 간의 조정을 일본 정부에 제의했다. 그러나 무쓰 외상은 이미 영국에 무력간섭의 결의가 없고 또 청국과 영국이 공동으로 일본에 대항한다는 묵계도 없는 것을 간파하고 청국 측이 도저히 받아들일 수 없는 조건을 끼워 넣고 영국의 조정안을 수정하여 그것도 닷새 후라는 기한을 정해 청국 측의 회답을 요구하며 "차제에 청국에서 병력을 증원하여 파견하면 일본은 이를 위혁威嚇의 조치로 간주한다"고 부가했다.[11]

---

11 『일본외교문서』 제27권, 제3책, 605호 문서.

이 날 즉 7월 19일, 대본영은 재조선 일본군에게 청국이 군대를 증발增發했다면, 독자적 판단으로 개전할 것을 허락하고 연합함대에도 조선 서해안 제압을 명령했다. 외교와 군사가 일체화되어 청국과의 개전을 목표로 최후의 움직임을 앞당기고 있었던 것이다.

〈洋〉에는 이 무렵 "사이고西鄕[12] 해군대신은 나에게, 만약 일본 함대가 이 최종적 기한 후에 청국 함대와 마주친다든지 또는 청국이 다시 군대를 증파하는 사실이 있으면 즉시 전투를 개시해도 외교상 어떤 문제가 없겠는지를 질문해온 적이 있었다. 나는 외교상의 순서로서는 어떤 지장도 없다고 답했다"(139쪽)고 적혀 있다.

위 강조 부분의 〈草〉의 원문은 다음과 같다.

외교상의 순서로서는 하등의 지장이 없다고 하더라도, 나는 가능하면 저들로 하여금 먼저 싸움을 걸게끔 하는 위치를 점하는 것이 상책이라 답했다. 사이고 해군대신은 이 의미를 짐작하여 함대사령장관에게 훈령했다고 했다.

여기서도, 청일 전쟁의 개전에 이르러 표면적으로는 어디까지나 '피동자'의 위치를 취하고자 하는 일본 정부의 입장이 잘 드러난다. 또 무쓰가 군의 최고 간부에게도 중요한 시사를 한 것을 알 수 있다.

22. 제11장 조선 내정개혁 제2기 「일한공수동맹조약」(151·11)

한편 청일 전쟁이 시작된 뒤 일본 정부는 8월 20일 조선 정부에게 「한일

---

12 사쓰마번 번사 출신 사이고 쥬도/혹은 쓰구미치西鄕從道(1843~1902)를 말한다. 메이지 유신 삼걸의 하나인 사이고 다카모리西鄕隆盛(1828~1877)의 동생이다. 형 사이고 다카모리를 다이사이고大西鄕, 그를 고사이고小西鄕라 한다. 최종 계급은 원수해군대장元帥海軍大將. 문부경, 육군경을 거쳐, 초대, 4대 해군대신과 2대, 14대 내무대신을 지냈다/역주.

잠정합동조관」을 조인하게 하고 이어 8월 26일에는 「대일본대조선양국맹약」(공수동맹)에 조인하게 했다. 후자와 관련하여 무쓰는 〈洋〉에서 다음과 같이 쓰고 있다.

> 왜 일한공수동맹조약을 체결할 필요가 있었는가 하면, 본래 하나의 독립국으로서 평시와 전시에 세계 열강 사이에서 그 위치를 어디다 두어야 할지 조선 정부가 몰랐기 때문이다. 그래서 아산 전투 개전 이래 사실상 우리나라의 동맹임에도 불구하고, 아직도 은밀히 경성京城 주재 구미 강국 대표자들과 내담內談하여 청일 양국 군대를 국내에서 철수하도록 하는 주선을 구하는 등 장단이 맞지 않는 행위가 많아, 장래 만반의 장해가 이로부터 양산될 우려가 있었다. 이 때문에 지금 하나의 국제조약의 효력에 의거하여 한편으로는 조선이 하나의 독립국으로서 공연히 어떤 나라와도 공수동맹을 맺을 권리가 있음을 밝힘과 동시에 다른 한편으로는 그들을 굳게 우리 수중 안에 붙들어 매둠으로써 감히 다른 데를 돌아보지 못하게 한다는 일거양득의 방책에서 나온 것일 뿐이었다.

이 부분은 〈草〉의 원문에는 다음과 같이 되어 있다.

> 왜 일한공수동맹의 조약을 정결訂結할 필요가 있었는가 하면, 대저 이번의 청일의 분의紛議는 본래 조선 문제에 기인하고, 또 현재 청일 양군이 자국 영내에서 교전하고 있음에도 불구하고, 본래 한 독립국으로서 평시와 전시에서 어떻게 세계 국제 사이에 그 나라의 지위를 두어야 할 것인가를 알지 못하는 암흑시대에 살고 있는 사람들의 상성常性은 그렇다치고, 그들 목전에서 청일 양군이 교전하는 것을 보고, 오히려 진나라 사람 초나라 사람의 살찌고 마름에 대해 무관심한 것 같음에 머물지 않고, 왕왕 전후의 분별도 없이 몰래 재경성 구미 강국의 대표자와 은밀히 대화하여 청일 양국 군대를 그 나라 안에서 철퇴撤退시키려는 주선을 구하기에 이르러…… 중략 ……조

선으로 하여금 이런 애매한 위치에 존재하게 하는 것은 장래 만반의 장해를 양출釀出할 연원임으로 잠시 우리의 수중에 계류시켜 감히 다른 데를 돌아보지 못하도록 하고 아울러 표면상으로도 독립국가의 지위에 서게 하는 것을 목하의 상책으로 했다……

「대일본대조선양국맹약」(공수동맹)을 일본 정부가 어떤 의도에서 조선 정부와 조인했는가는 〈洋〉의 기술에서도 명백하다. 그러나 〈草〉의 원문의 기술은 훨씬 더 분명하여 '무쓰외교' 본질의 일면을 잘 나타내고 있다고 할 수 있다. 퇴고과정에서 다소 표현을 누그러뜨린 것이다.

23. 제11장 조선 내정개혁 제2기 「대원군의 복수정략」(153·7)

7월 23일의 일본군의 조선왕궁 점령과 동시에 일본은 조선에서 국왕의 아버지 대원군을 내세워 궁정 지배를 도모했고, 왕비 일족인 민씨는 일시적으로 세력이 실추되었다. 그 상황을 〈洋〉에는,

이로써 조정의 모든 실권은 대원군 한 사람에게 돌아갔다. 그러나 어떤 나라에서도 이 같은 혁명적 사변 뒤에는 먼저 국내의 인심을 수습하기 위하여 정면의 반대당을 제거하는 것 외에는 각종 당파들에 대해 다소의 만족감을 줄 필요가 생기는 것이 통상적이고 금일의 조선 역시 예외일 수 없었다.……"(153쪽)

고 되어 있다.

〈和〉에는 이 뒤에 다음의 할주가 붙여져 있다.

나는 또한 우리나라에 유신이 시작될 당시의 조정이 소위 좌막당佐幕党을

제거한 다음 여러 번藩의 유사有司 또는 민간의 지사들을 자주 등용하여 각 부의 관직을 내려주어 일시 인심을 수람收攬(거두어 잡음)했음에도 그 결과는 그 후 수년 사이에 이 무리를 떨쳐내기 위해 정부가 몇 번의 개혁을 단행하여 왕왕 반동의 소요를 일으킨 것을 기억한다.

조선 내정개혁의 열매가 열리지 않고(본래 무쓰 자신이 조선의 내정개혁에는 무게를 두지 않았으나) 조선 정계는 혼미를 더했는데, 그것과 무쓰 자신이 비번벌非藩閥 출신으로 바로 수년 전 맛보았던 허다한 쓰라림을 상기하여, 메이지 유신 때의 일본의 정계 상황을 여기에 할주로 끼워 넣은 것이다. 그러나 번벌 비판으로 받아들일 수도 있는 이런 기술은 〈洋〉으로 판을 고칠 때 삭제된다.

24. 제11장조선내정개혁제2기「조선국에서의철도및전신문제」(161·14)

일본 정부는 청일 전쟁에 즈음하여 조선에서 철도 이권을 손에 넣고자 하여, 일단 조약으로서는 앞서 언급한 한일잠정합동조관을 체결했다. 그러나 이는 조선 측의 저항과 일본 측의 사정으로 청일 전쟁 중에는 그 실현의 단서를 열 수 없었다. 무쓰는 〈洋〉에서 그 사정을 서술하고 있는데 그 중에 다음과 같은 부분이 있다.

……어떻게 실행에 옮길 것인가의 단계에 이르자, 제일 먼저 이 같은 하나의 큰 기업을 만드는 데 그 비용을 어디에서 구할 것인가 하는 문제가 발생했다. 또 비상시에 비상한 일로 대처하지 않으면 공을 거둘 수 없기 때문에 모든 비용은 국고에서 지출해야 한다는 논의가 있었으나, 국고의 공금으로 다른 나라의 철도를 건설하는 것은 앞뒤가 맞지 않는다는 흠결이 있었다……"(161~2쪽)

위의 강조 부분은 〈草〉의 원문에는 다음과 같이 되어 있다.

……일체의 비용을 국고에서 지출해야 한다는 의론이 일었다. 특히 첫째, 이 문제에 대해서는 당초 정부 부내郡內에서도 아주 열심히 이를 주장한 사람이 있었음에도 불구하고 이를 실행하려 함에 국고의 공금으로써……

'정부 내부'의 누구라고는 적고 있지 않지만, 무쓰는 "전체적으로 이 무렵의 조선 문제는 정치 차원이든 기업 차원을 막론하고 초창기에 의론이 분분하던 일도 실지로 이를 단행하기에 이르러서는 그 소리가 조용히 사라져, 오늘에 와서 보니 어느 한 가지도 제대로 이루어지지 못한 모양새가 되었다"(162쪽)고 실망하는 한편 실행이 수반되지 않는 논의에 대한 비판적인 심정이 강했다. 위의 〈草〉 원문의 서술은 이를 잘 보여준다. 그러나 여기서도 누군가라고는 특정할 수 없었어도 언급했던 '정부 내부' 인물의 반발을 살지도 모를 표현이므로 무쓰는 퇴고 과정에서 삭제했던 것 같다.

25. 제15장 청일 강화조약의 발단 「강화조건에 관한 우리나라 조야의 희망」

그런데 청일 전쟁의 양상은 일본군이 서전뿐만 아니고 9월에는 평양·황해 전투에서도 승리했고, 따라서 전쟁의 귀추에 대한 열강의 관점도 크게 바뀌었다. 10월에는 벌써 영국이, 11월에는 미국도 청일 양국의 강화를 타진하기 시작했다. 『건건록』은 제12장 「평양 및 황해 전승의 결과」, 제13장 「영사재판제도와 전쟁의 관계」, 제14장 「강화담판 개시전 청국 및 구주 여러 강국의 거동」, 제15장 「청일 강화의 발단」으로 이어진다. 『건건록』에서는 강화를 둘러싼 움직임과 강화로의 여러 준비의 서술과 함께 강화 조건에 대한 일본 국내의 여러 의견을 적고 있다. 특

건건록의 세계

히 무쓰가 '공망空望'이라 생각되는 의견을 비판적 뉘앙스로 엮어서 쓰고 있는 것이 눈에 띈다.

특히 제15장 「청일강화의 발단」의 「강화조건에 관한 우리나라 조야의 희망」에서는 구체적 인명을 들어 상세히 기술하고 있는데, 〈草〉의 원문과 대비해 보면 아주 흥미롭다.

여기서는 그 일부분인 〈洋〉의 문장을 보면서 그 때마다 퇴고 과정에서 삭제된 부분을 써 넣어 소개하고자 한다.(쪽수와 행수는 각각의 부분의 말미에 부기했다.)

우리나라가 일반적으로 주전主戰의 기염은 아직 조금도 식지 않았지만, 이 무렵 사회 일각에서 점차 강화설을 주창하는 자들이 나왔다. 그러나 이 설들은 관대, 엄격, 정밀, 거칢[寬嚴精粗] 등의 차이가 너무 많았고, 저 세간에서 도도하게 헛되이 호언장담하여 한 때의 쾌감을 거둔 것은 잠시 논외로 한다. 이에 정부 당국의 각부 책임자가 각자 그 직무에 충실한 나머지 서로 자신이 원하는 조건의 양여를 주로 하고 다른 쪽의 양여는 그 다음으로 하자는 경우도 다소 있었다. 예를 들면(이 강조 부분은 〈和〉에는, "정부 당국 각부의 책임자가 각자 희망하는 바를 분석해도, 혹자는 적국으로부터 모종의 조건부 양여를 주로 하고 기타 양여는 종從으로 하는 것 같은 흉중을 스스로 발택拔択하는 바가 없지 않았다. 예를 들면"이라 되어 있다. 223·10) 당초 해군 내부의 희망은 요동반도를 양여받기보다는 오히려 대만 전체의 양여가 필요하다고 했다(〈草〉의 원문에는 이 뒤에 [사이고 해군대신의 당초의 주장과 같다는 말은 이것을 의미한다]는 할주가 있다. 223·12). 또 다 같이 이 파에 속하는 사람들 중 전반前半의 조건을 약간 중요시하는 자는 만약 우리가 요동반도를 점령하는 것이 전혀 불가능하다면, 청국으로 하여금 일단 요동반도를 조선에 양여케 하고 우리나라가 다시 조선 정부로부터 이를 빌리는 것도 가능하겠지만, 대만 전체는 꼭 우리 판도에 귀속시키지 않으면 안 된다고 했다(〈草〉의 원문에는 이 뒤에 [가바야마樺山 해군 중장이 일찍이 이 주장을 했다고 들었다]는 할주가 있다. 224·2). 이에 반해 육군 내부의 견해는, 요동반도는 우리 군이 피땀 흘려 쟁취한 것인데 이를 우리 군의 족적이 아직 미치지 않은 대만과 비교할 수 없고, 또 요동반도는 조선의 배후를 쓰다듬고 베이징의 목을 쥐고 있는 곳이라 국가 장래의 장기적 계획상 반드시 이를 영유해야 한다고 주장했다.(《草》의 원문에는 이 뒤에 [야마가타山県 육군대신의 당초의 설은 이와 같았다]는 할주가 있다. 224·5).

위의 서술에 이어 〈洋〉에서는, 재정 당국은 영토의 분할보다도 거액의 배상금액을 절실히 바랐다고 하며 긴 할주를 넣고 그 첫머리에 "마쓰카타松方(正義)[13] 백작이 대장대신大蔵大臣에 재임된 후 주장한 배상금 십억 냥 설은 이에 기초한 것이다"라고 적고 있다(224쪽).

무쓰는 계속하여 이 할주에서, 독일 주재 공사 아오키 슈죠靑木周蔵가 터무니없는 거대한 강화조건을 정부에 건의해 온 것을 상세히 적고, 게다가 "유럽의 여론은 유럽의 이해 혹은 청국의 존망에 영향을 주지 않는 한에서는 어떤 조건에도 이의가 없다고 부언했다"고 적고 있다. 이어, 이 아오키에 대비하는 듯이 "또 러시아 주재 니시 공사는 당초부터 청일 전쟁에 관하여 러시아의 형세를 무엇보다 주의 깊게 관찰했는데, 요동반도의 양여 특히 그 조선 국경과 접하는 부분의 양여는 도저히 러시아가 묵과하지 않을 것임을 예측하고, 오히려 처음부터 청국에 거액의 배상을 요구하고 그 담보로 요동반도를 점령할 것을 약속하면 러시아도 이에 대해 구태여 간섭할 수 없을 것이라는 의견을 정부에 권고해 왔다"(224쪽)

---

13 마쓰카타 마사요시松方正義(1835~1924). 사쓰마薩摩 번사 출신의 메이지기 정치가. 메이지기 때 두 차례 내각총리대신(4, 6대)을 역임했다. 아울러 대장경大蔵卿과 대장대신(초대, 3, 5, 8대)으로 장기간 일하면서 일본은행을 설립했고, 금 본위제를 확립하는 등 재정통으로서 일본 경제계에 많은 업적을 남겼다/역주.

건건록의 세계

고 적고 있다.

아오키와 니시를 대비하여 쓰고, 사전에 삼국간섭에 대해 잘못된 판단을 했음에도 불구하고 그것을 보류하고 삼국간섭의 책임이 마치 일본의 외교정략에 있는 듯한 언사를 했던 그 아오키가, 다른 한편으로 터무니없는 강화조건을 주장하고 있는 것을 누구도 알 수 있도록 적고 있다. 아오키의 '무능'함을 단적으로 각인시키는 서투다.

정부 내에서조차 이처럼 주장이 서로 달라 얽히고, 또 민간에서의 강화조건은 적어도 큰 것을 구하여 각각 일치하지 않아, "일일이 이 모든 주장을 다 조화하여 각자 만족할 수 있는 성안을 얻고자 하면, 하나는 가벼이 되고 하나는 무거워지며 저것이 주가 되면 이것은 종이 되어 추호도 짐작하여 마땅함으로 돌아갈 수 없고, 헛되이 그 무거운 사안이 주가 되는 쪽으로 모여짐으로써 지나치게 큰 조건이 될 뿐이었다"(225쪽)라고 적고, 그 다음 할주에서 당시 민간 정당 각파의 과대한 요구를 열거하고 있다.

이 할주에서 주목되는 것은 〈草〉에도 없고, 〈和〉에도 별지로 인쇄되어 첨부되어 있는[14] 다니 다테키谷干城[15]의 의견을 소개한 다음의 서술이다.

이렇게 중론이 분분한 가운데 몇 사람의 식자는 강화조건이 너무 과대한 것만이 상책은 아니라고 했다. 예를 들어 다니谷 자작 같은 이는 당시 편지 한 통을 이토 총리에게 보내 그 뜻을 수많은 말로 적었는데, 특히 그 편지에 1866년의 보오普墺/프로이센-오스트리아 전쟁 역사를 인용하여, 할지割地의 요

---

14 이 뜻은 〈和〉의 원고 송부로부터 시간이 꽤 지나고 나서, 혹은 이미 인쇄된 후 무쓰가 다시 추기한 것을 말한다.

15 1837~1911. 막말에서 메이지 시대 말년까지 활약했던 도사土佐번 출신의 무사, 군인(육군 중장), 정치가. 메이지 유신 후 일본의 마지막 내전이었던 세이난 전쟁西南戰爭(1877/메이지 10년)에서 구마모토성 공격을 지휘한 것으로 유명하다/역주.

구는 장래 청일 양국의 친교를 저해할 것이라고까지 극언했다, 그 말의 타당성 여부는 논외로 치더라도 이런 중에 그 만의 독자적 견해를 발표한 것은 초록 일색 풀더미에서의 홍일점이라 하겠다. 그러나 다니 자작이더라도 아직은 사회의 역조逆潮에 항거하여 공적으로 그 지론을 공표하기까지의 용기는 없었고, 다만 이를 사적인 편지에 적어 미미한 뜻을 전하는데 그쳤다. 다니 자작이 이럴진대 하물며 기타 녹록한 무리들이야. 삼삼오오 모여 서로 속삭인들 뭔가 이런 사회의 광란을 만회할 효력이 있었겠는가. 그러나 가령 다니 자작의 설에서 취할 것이 있다 해도 당시의 대세에서 또 이를 어떻게 할 수 없었음은 물론이다.(225~6쪽)

이를 일부러 추기한 것은 무엇 때문인가. 과대한 요구에 대해 이런 의견도 있었음을 부기하지 않으면 공평성을 잃는다는 것뿐이었을까. 『건건록』 저술 당시 조선에서는 일본 공사 미우라 고로 등의 계획 하에 민비 살해사건[명성황후 시해사건]이 벌어졌다. 이 미우라를 조선 주재 공사로 추천한 이가 대외 강경파였던 다니 다케키였음을[16] 고려한다면, 무쓰가 이를 추기한 것이 의미하는 바는 훨씬 복잡한 것이었을지도 모른다. "강화조건에 대해서는 이런 말씀을 하셔도, 한편으로는 미우라 같은 인물을 조선 주재 공사로 추천받아, 당신의 판단도 그 정도네요"라는 일종의 비아냥을 넣어서 덧붙여 쓴 것으로 볼 수도 있다.

26. 제15장 청일 강화조약의 발단 「이토 내각총리대신의 주언奏言」(234·1)

한편 청국은 미국 정부의 중개로 강화사절로 장음환張蔭歡(상서함총리각국사

---

16   사케다 마사토시酒田正敏, 「日淸戰爭外交政策の拘束要因」, 近代日本硏究会編 『近代日本と東アジア』, 山川出版社, 1980年, 8쪽.

무대신호부좌시랑尚書衙総理各国事務大臣戶部左侍郎) · 소우렴邵又濂(두품정대서호남순무頭品
頂戴署湖南巡撫)[17]을 일본에 파견하게 되었다. 두 사람은 1895년 1월 31일, 고
베神戶를 거쳐 히로시마広島에 도착했다. 한편 그 직전 1월 27일에 대본영
에서, 히로시마에 체재하고 있던 각료와 대본영의 고등막료가 한 데 모여
강화조약에 대한 어전회의가 개최되었다. 무쓰 외상이 강화조약안의 대
요를 설명하고 이어 이토 총리대신이 청일강화에 즈음하여 일본 정부가
취해야 할 정략에 대해 설명했다.

이토는 "청국 강화 사절단과의 담판의 성패와는 별도로 일단 강화 조
건을 명언하게 되면 그로써 제3국의 참견과 간섭을 초래하지 않으리라
는 보장은 할 수 없고, 오히려 간섭을 면치 못하게 될 경우가 생길 것입니
다"(232쪽)라고 하여 정부·군부의 일치 결속을 호소했다.

〈洋〉에는 이토의 설명 ─천황에의 주언─ 의 개요를 기술한 뒤,

> 황상은 친히 내각총리대신이 상주한 바를 들으시고, 내가 봉정한 조약안을
> 열람하시는 한편, 참석한 문무 중신의 의견 모두 이의 없다는 뜻을 들으신
> 뒤 이 안을 강화조약의 기초로 삼을 것을 재가하셨다……(234쪽)

라고 쓰고 있다.

---

17 장음환: 1837~1900. 청나라 말의 관료, 외교관. 광동성広東省 남해南海 출신. 숙부
    의 후원으로 산동山東 순무巡撫 보좌로 관계 진출. 각 순무들에게 능력을 인정받아
    안찰사按察使로 승진한다. 베이징 중앙정부에 발탁되어 총리각국사무아문総理各
    國事務衙門에서 호부시랑戶部侍郎까지 승진했고, 1885년부터 미국, 스페인, 페루공
    사를 역임했다. 변법운동파였으며 강유위康有爲와 친했다. 1900년 의화단의 난 때
    처형.
    소우렴: 1840~1901. 청나라 말의 관료, 외교관. 절강성浙江省 여요余姚 출신. 총리각국
    사무아문에서 일하다 주러시아 공사로 부임. 그 후 하남河南 안찰사, 대만 포정사布政
    使, 호남 순무, 대만 순무 등을 거쳐 청일전쟁 강화를 위해 장음환과 함께 일본에 파견되
    나 이들의 자격 등을 문제 삼은 일본측 거부로 성과 없이 귀국한다. 장·소의 청일전쟁
    강화담판 관련 내용은 『건건록』 제15장 참조/역주.

그러나 〈草〉의 원문에는, 이토의 주언에 계속하여 다음의 할주가 붙어 있다.

> 본 조약안에 대해서는 참석한 문무 중신 누구도 이의가 없다는 뜻을 명언했다. 다만 가바야마 해군 중장은 그 바람으로 평화조약은 전쟁의 결과와 연행聯行해야 할 필요가 있기 때문에, 할지割地에 대해 본 조약이 규정하는 것 외에도 가능하므로 오히려 산동성 태반을 할양할 수 있기를 희망한다 했다. 그러나 이는 오직 가바야마 중장의 희망을 말한 데 그친다.

27. 제17장 시모노세키 담판(상) 「이홍장의 피습」(266·6)

일본 정부는 장음환·소우렴 2인의 강화사절이 전권위임장을 갖추지 않았음을 구실로 회담에 들어갈 수 없다고 거부했고, 청국 사절은 공허히 귀국해야 했다. 장·소가 일본에 왔을 때, 일본군은 대만은 말할 것도 없고 요동반도도 아직 완전히 제압하지 않았으며 위해위威海衛 작전도 한창이었다. 강화는 시기상조라는 판단이 전제되어 있었고, 게다가 장음환은 미국·스페인 주재 공사를 역임한 외교관이며 소우렴은 호남성의 지방관으로 공히 강화의 대사를 논의하기에는 역부족役不足으로 보였다. 일본 정부는 회의 전부터 이 인물들과 실질적으로 강화를 논의하되 만약 조인하지 못하게 되면 조약안이 누설되는 것만으로 어떤 예기치 못한 사태가 초래될 지도 모른다고 의심했다.

청국 강화사절이 히로시마 현청을 떠날 때 이토는 10년 전 톈진天津 조약 체결 당시 알게 된 오정방伍廷芳을 불러 멈춰 세우고, 공친왕 또는 이홍장이 일본에 올 것을 넌지시 재촉(245~7쪽)했다. 이는 언제까지나 전쟁을 계속할 수는 없고 조만간 최고 책임자가 방일하면 단숨에 강화조약을 체결하려고 생각하고 있었던 것을 말해준다.

청국 정부는 미국을 통해 이홍장의 방일을 알렸고, 이李가 1895년 3월 19일 시모노세키에 도착한 다음날부터 청일강화 담판이 슌판로春帆楼에서 시작되었다.

그러나 잘 알려진 것처럼, 강화조약이 실질적 논의에 들어가기 하루 전 3월 24일, 이홍장이 일본의 폭한暴漢에게 저격당해 중상을 입었다. 전혀 생각지도 않은 사건이 돌발한 것이다.

청국 강화사절단은 경악한 일본 정부의 상황과 일본 정부의 움직임을 베이징에도 보고했는데, 그 전문電文은 앞에서도 언급한 바와 같이 일본 측에서 하나하나 해독하고 있었다. 이홍장의 거취는 어떠한지, 그것이 열강에 미치는 영향은 어떤한지, 무쓰의 근심은 오직 그것에 집중되어 있었다.

〈洋〉에서 무쓰는 이렇게 쓰고 있다.

> 나는 내외 인심의 추세를 살피고 차제에 확실한 선후책을 마련하지 않으면 혹시라도 예기치 않은 위해가 생길지도 모른다고 생각했다. 내외의 형세는 이미 언제까지나 교전이 계속되는 것을 허용할 수 없는 시기로 치달았다.……"(266쪽)

〈草〉의 원문에는 위 강조 부분이 다음과 같이 되어 있다.

> 예측할 수 없는 재해가 생길지도 모른다고 생각했다. 우리가 가장 우려한 바는 유럽 강국이 이 기회에 편승하여 무언가의 구실로 간섭해오지 않을까 하는 데 있었다. 그리고 이홍장의 생사 여하는 이 일의 기틀을 재촉함에 상당한 완급이 있어야 한다고 생각했는데, 의사의 진단에 따르면 이李의 부상이 다행히 급소를 피했기 때문에 아마 생명에는 위험이 없을 것이라 했다. 그러므로 다음으로 우려하는 바는, 이홍장이 부상을 참지 못하고 혹은 부상을 참지 못하겠다는 핑계를 대서 급히 귀국하게 되는 데 있고, 내외의 형세를 보건대 지금은 이 이상 언제까지 청일전쟁을 계속 허용할 수 없는 시

기로……

이어 〈洋〉에서는 다음의 서술이 계속된다.

> 만약 이홍장이 단순히 부상당한 몸을 핑계로 강화사절 임무 도중에 귀국하
> 여, 일본 국민의 행위를 통렬히 비난하며 교묘히 구미 각국을 끌어들여 다
> 시 거중주선을 요구하게 되면 적어도 유럽 두세 강국의 동정을 사는 것도 어렵
> 지 않을 것이다. 그리고 이런 시기에 유럽 강국이 한 번 간섭하게 되면, 청국에
> 대한 우리의 요구 또한 크게 양보하지 않을 수 없는 상황에 처하게 될지도
> 모른다.……"(266쪽)

〈草〉의 원문에는 위 강조 부분은 다음과 같이 되어 있다.

> 유럽 두세 강국이 반드시 참견해올 것은 하나도 의심할 수 없었다. 그리고
> 이런 일에 있어서

무쓰가 받은 충격의 심각성은 〈草〉의 원문에 잘 드러나 있다.
이 때 어떻게 해야 할 것인가. 〈洋〉에서는 이렇게 말한다.

> 따라서 나는 그날 밤 즉시 이토 전권을 방문하여 이 사태에 대해 자세히 협
> 의했다.……"일찍이 그가 간청해 마지않았던 휴전을 차제에 우리가 무조
> 건 승낙하는 것이 상책이라 생각한다. 이렇게 되면 우리의 성의는 청국은
> 물론이고 다른 여러 외국에게도 사실상 알려지게 될 것이다. 또 우리나라
> 경찰이 용의주도하지 못해 그에게 중상을 입혔고 그 결과는 자연히 신속한
> 강화 타결을 방해하기에 이르렀기 때문에, 우리 군이 마음대로 청국을 공격하
> 는 것은 도의적으로도 결여되는 바가 없지 않다"고 누누이 설명했다(268쪽)

건건록의 세계

위 강조 부분은 〈草〉의 원문에 다음과 같이 되어 있다.

우리 군이 마음대로 청국을 유린하여 계속 공격하면 도의상 다소 결여되는 바가 없을 수 없다. 따라서 이에 휴전을 단행함과 동시에 어떻게 해서든 그의 귀국에 대한 생각[만약 있다면]을 잘라 속히 강화조약 담판을 계속하는 것이 상책이라는 뜻을 말했다.

〈草〉의 원문에서는 이토와 대좌하는 무쓰의 말이 보다 잘 전해진다.

휴전은 군사軍事와 관련된 것으로 당연히 이토와 무쓰만이 결정할 수 있는 것이 아니다. 천황도 있는 히로시마의 대본영과 전보가 교환된다. 그러나 히로시마로부터의 전보는, 이토·무쓰의 제안에 부정적이었다. 〈洋〉에는,

그러나 전문의 의미가 충분히 관철되지 못했는지 아니면 다른 어떤 이유가 있었는지, 히로시마의 각료들 및 대본영의 중신들 다수(마쓰카타松方 대장대신, 사이고西鄕 해군대신, 에노모토榎本 농상무대신, 가바야마樺山 해군군령부장, 가와카미 참모본부차장의 연명 회람)는 지금 휴전을 실행하는 것은 아무래도 우리나라가 불리한 쪽으로 기울게 되므로 다시 우리의 재고를 구한다는 뜻을 회신해 왔다(다만 야마가타 육군대신만은 전적으로 우리의 의견과 같다는 뜻의 전보 회신이 있었다).(268쪽)

고 되어 있다. 여기서 야마가타 아리토모만이 지지했다는 것을, 반대한 사람과 명백히 대비하여, 〈草〉의 원문에서부터 계속 써서 남기고 있는 것도 주목된다.

그래서 25일 이토가 급거 히로시마로 돌아가 논의한 끝에, 27일 한밤

중에 대만을 제외한 휴전의 칙허가 나왔다. 다음날인 28일, 무쓰는 병상의 이홍장을 방문하고 휴전에 응한다는 뜻을 전했다. 그 때 모습을 〈洋〉에는 다음과 같이 적고 있다.

> 다음날인 28일 직접 이홍장의 병상을 방문하여, '우선, 우리 황상皇上이 이달 24일의 사변을 들으시고 깊이 걱정하시면서 앞서 우리 정부가 승인하지 않았던 휴전을 일정 기간과 구역에서 윤허하겠다고 명했다. 이에 따라 나의 동료 이토 백작이 지금 부재 중이지만 휴전 조약 협상은 **청국 사신의 형편에 따라 언제라도 좋다'**고 했다. 이홍장의 얼굴의 반은 붕대로 감겨있었다. 그는 붕대 밖으로 겨우 드러난 한 쪽 눈으로 아주 기쁜 뜻을 나타내며 우리 황상의 인자한 성지聖旨에 감사했고, 또 나의 부상이 아직 치유되지 않았기 때문에 회담장에 나가 협상하기는 어렵지만 그의 병상에서 담판하는 것은 언제라도 괜찮다고 했다.(269쪽)

위 강조 부분은 〈草〉의 원문에는 다음과 같이 되어 있다.

> 청국 사신의 형편에 따라 언제라도 열 것이라 말했다. 또 이 구술한 순서를 하나의 각서로 만들어 교부하고, 차제에 나는 이홍장이 이에 대해 어떻게 회답할 것인가를 매우 주의 깊이 생각했다. 왜냐하면 만약 그가 과연 우리가 의심하듯이 조약 체결 업무[使事] 중도에 귀국하여 다시 외국의 강력한 원조를 구하는 등의 속뜻을 드러내고, 혹은 지금 다시 휴전 조약을 정결訂結함을 가장 급요한 일로 하지 않을 수 없기 때문에 스스로의 답변 중에 그 말투를 흘릴 것이라 생각했기 때문이다. 그는 부상이 아직 치유되지 않아 얼굴 절반을 붕대로……

한편 이홍장의 피습 직후, 이토는 가와카미 참모차장에게 히로시마에

건건록의 세계

체재 중인 이시구로 다다노리石黑忠悳(당시 육군 군의총감으로, 청일전쟁 때 야전위생관=[18]
전쟁에 관한 육군위생부의 수장인 요직에 임명되었다)와 사토 스스무佐藤進(당시 같은 군의총감.[19]
외과에서는 사토를 능가하는 자가 없었다고 한다)를 곧 시모노세키로 보내라는 전보를
쳤다. 이시구로의 『懷旧九十年회고90년』(岩波文庫, 1983年)에는 시모노세
키에서의 임무와 이홍장의 치료 전말이 아주 자세히 적혀 있어 흥미롭다.

이시구로는 25일 아침 시모노세키에 도착하여 곧바로 이토와 무쓰를
방문했다. 이 때 무쓰의 모습을 이시구로는 다음과 같이 술회하고 있다.

> ……이토 총리대신을 면회하고 무쓰 외무대신을 찾아갔을 때 그는 매우 우
> 려하는 기색으로, "이번 담판이 겨우 시작되었는데 이 흉변으로 아주 곤란
> 해졌다. 만약 이백李伯(=이홍장)이 죽는 것은 물론이고, 그렇지 않다 해도 귀
> 국하면 쉬운 일이 아니어서 아주 곤란하다. 외교상 이백을 어디까지나 이
> 곳에 붙들어 두지 않으면 안 된다"라고 들었기 때문에 "저도 그렇게 생각하
> 지만 만류는 좀 곤란합니다. 그러나 뭔가 궁리가 있을 거라 생각합니다. 힘
> 껏 노력하겠습니다"라고 말하고 물러났습니다.[20]

이홍장 측에는 임련휘林聯輝와 청국 주재 프랑스 공사관부 의관 데빠스
두 명의 의사가 있었으나 이시구로 등은 이홍장의 치료를 일본 측에서 맡
는 것에 큰 주안점을 두었다. 귀국시키지 않기 위해서다. 25일 오전과 오
후 두 차례의 진료에서 이홍장으로부터 치료를 부탁한다는 뜻의 말을 듣
고, 절대 안정을 진언하여 그의 귀국을 단념시키는 데 성공했다.[21]

---

18 1845~1941. 메이지 시대 일본육군 군의. 일본적십자사 사장, 다인茶人. 초창기 군
    의제도를 확립했다. 작위는 자작/역주.
19 1845~1921. 막말부터 메이지기의 의사, 의학자, 일본육군 군의(군의총감), 의학
    박사/역주.
20 이시구로, 『懷旧九十年』, 311쪽.
21 위의 책, 311~314 쪽에 이에 대해 상세히 묘사하고 있다.

물러나 숙소로 돌아오는 도중에 나는 무쓰 외무대신의 숙소에 들러, 이백李伯을 전적으로 우리가 치료하게 된 것, 그리고 귀국을 단념시킨 것, 또 사토佐藤의 기술을 이백에게 확신시킨 것 등을 보고했습니다. 그러자 무쓰 백작은 희색이 만면하여 "노고에 대단히 감사한다, 그대는 이제 돌아가도 좋다"는 인사말을 했습니다. 나는 평소 무쓰 백작과는 친한 사이가 아니어서 관서官署에서 가끔 얼굴을 대할 뿐이었습니다만, 이번의 한 마디는 지기知己의 말이라고 생각했습니다.[22]

무쓰가 안도하는 기색을 잘 알 수 있다. 28일, 휴전을 전하고, 한 번 더 자신이 그것을 확인했을 때의 심정이 앞의 〈草〉의 원문에 잘 나타나 있다고 할 수 있다.

28. 제19장 러·독·불 삼국간섭(상) 「러시아의 충고」(303·14)

이리하여 시모노세키 강화조약은 마침내 1895년 4월 17일 조인되었다. 일주일 후인 4월 23일에 러시아·독일·프랑스에 의한 이른바 '삼국간섭'이 일어난 것은 주지하는 바대로다. 무쓰는 한 발 앞서 반슈播州의 마이코舞子에 와서 병을 치료하는 중이었는데, 그날 하야시林 외무차관의 전보를 받는다.

〈洋〉에서는 다음과 같이 말한다.

이에 앞서 나는 러시아 주재 니시西 공사 및 독일 주재 아오키靑木 공사의 전보에 의해 유럽 강국 중에는 반드시 시모노세키 조약에 대해 무언가 간섭해 올 기미가 있음을 알아차렸다. 따라서 마이코에서 이토 총리에게 전신 공문으로, "아오키와 니시 두 공사의 전보에 따르면 구주 각 대국이 강력한 간섭을 해 올 것은 도저히 면하기 어려울 것 같음.……그러나 우리 정부는 이미 호랑

---

22 위의 책, 321쪽.

건건록의 세계

이 등에 올라탄 기세이므로 어떤 위험을 무릅쓰더라도 오늘의 위치를 유지하여 한 걸음도 양보할 수 없다는 결심을 보여주는 것 외에 다른 대책이 없을 것임. 총리대신의 생각은 어떠하신지 숨김 없이 보여주시기 바람"이라고 보낸 뒤, 그날 얼마 있지 않아 하야시 차관의 전신을 받고서 형세가 점점 쉽게 돌아가지 않음을 알았다.(303~4쪽)

위 강조 부분은 〈草〉의 원문에는,

시모노세키 조약에 대해 간섭해 올 모양임을 통찰했기 때문에 4월 23일에 나는 이토 총리에게 전신으로 보고하여,

로 되어 있고, 또 '4월 23일에'의 오른쪽 하단에 ["이는 아직 하야시 차관의 전신 품의에 접하기 전으로 안다"]는 붉은 글씨의 할주가 있다. 무쓰는 삼국간섭을 사전에 충분히 예측하고 있었음을 제시해두고 싶었던 것이다.

29. 제19장 러·독·불 삼국간섭(상)「교토 회의」(322·5)

삼국간섭에 대해 국제의회를 개최하고 일단 요동반도 건을 논의하자는 어전회의 결정에 무쓰는 동의하지 않았다. 마이코에 모인 이토 등의 각료도 무쓰의 견해에 따라 영국 등의 호의적인 움직임을 기대하여 백방으로 손을 썼다. 그러나 영국도 움직이지 않을 것으로 판명되자 결국 러시아·독일·프랑스의 제의를 수락할 수밖에 없다고 결정한다.

5월 4일, 교토의 무쓰 숙소에서 이토·마쓰카타·사이고·노무라野村[23]·가바야마가 회합, 최후의 결정을 내렸다. 〈洋〉에는 그때의 모습을 서술하여,

---

23　노무라 야스시野村靖(1842~1909). 죠슈번(지금의 야마구치현) 출신. 제2차 이토내각 내무대신(8代). 이토 히로부미의 처남. 즉 그의 여동생이 이토 히로부미의 첫 번째 부인이다/역주.

이런 중요한 문제를 의논하는 통상적 형태로서 대체적인 주의에 대해 이미 일치협동한 후라해도, 이에 부수되는 마지막 조항과 세목에 이르러서는 때때로 각자의 의견이 서로 부합하지 않는 바가 있었고, 때문에 회의는 거의 하루 종일 걸렸다. 일례로, "삼국간섭의 결과로 요동반도를 청국에 돌려주는 것은 실로 부득이한 일이다. 이를 반환하더라도 반환하는 조건으로 약간의 배상금을 요구할 것인가 아니면 무조건 은혜적으로 완전히 반환할 것인가, 만약 약간의 배상금을 필요로 한다면 미리 러시아는 물론이고 다른 두 나라에도 알려서 내락과 묵인을 받아두지 않으면 훗날 또 귀찮은 문제가 야기될 것이다"는 등의 의견이었다……(321쪽)

고 적혀 있다. 이런 논의에 대해 무쓰는,

그렇다면 오히려 일본 정부의 의도를 종종 의심하게 되어 결코 상책이 아니다, 그러므로 3국에 대한 회답은 깨끗하게 완전히 그 충고를 받아들이는 것으로 하고 요동반도 반환의 조건 유무를 언급하지 않음으로써 뒷날 외교상 자유스러운 여지를 남겨 두는 쪽이 좋지 않겠는가라고 했고, 이토 총리는 처음부터 나와 같은 생각을 갖고 있었기 때문에 다른 각료도 결국 이에 동의했다.(322쪽)

고 쓰고 있다.

위 강조 부분은 〈草〉의 원문에는 다음과 같이 되어 있다.

뒷날 외교상 자유스러운 여지를 남겨 두어야 하고, 또 오늘날 삼국 관계도 영구히 계속될 것이라 생각되지 않으므로 지금 일시 그들의 예기銳氣를 피해두는 것은 훗날 일의 조우에 따라 우리를 위한 편의의 운이 트이지 않는다고는 할 수 없다는 것에 이토 총리는……

건건록의 세계

30. 제20장 러·독·불 삼국간섭(중) — 삼국간섭의 유래—

「삼국간섭 전후 러시아의 형세」(328·3)

〈洋〉의 기술에 다음과 같은 곳이 있다. 그 곳의 동이同異를 살피면 '무쓰외교'를 고찰하는 데에 흥미롭다.

> 청일 사건의 전반기에 한 때 세간의 기이한 추측과 상상을 불러일으킨 영·러 연합이 혹시 이루어지지 않을까 하는 현상顯象이 있었던……. 작년 10월 8일, 영국 공사 트렌치가 각 강국이 조선의 독립을 담보하고 아울러 청국이 배상금을 지불하는 두 가지의 조건으로 전쟁을 종식시키는 것이 어떠한지를 권고해 왔을 때, 이 건에 대해서는 러시아 공사로부터도 같은 권고가 있을 것이라 분명히 말했다. 당시 러시아 정부는 그다지 열심히 영국의 제의에 찬동하지 않는 듯했지만 영국은 여전히 러시아가 서로 제휴하여 청일 사건에 간섭하기를 바라고 있음이 분명했다. 따라서 나는 당시 여러 차례 니시 공사에게 전보를 보내 러시아의 상황을 탐색하도록 했다. (327~8쪽)

위 강조 부분은 〈草〉의 원문에는 다음과 같이 되어 있다.

> 바라고 있음이 분명했다. 그래서 나는 원래 청일 교전의 결과에 따라 조만간 유럽 각국 중에서 다소의 간섭이 있을 것이라는 생각을 갖고 있었지만, 하루라도 동방의 국면에서 영·러 연합 간섭은 다만 현재의 전쟁 판국에 현저한 불편을 초래할 뿐 아니라, 실로 동방 장래의 대불행일 것이라는 의견을 갖고 있었음을 당시 누누이 니시 공사에게 전보를 보내……

무쓰는 영·러의 공동 간섭을 무엇보다 우려하여 양국의 이간을 꾀해, 영국과 가능한 한 접근을 기도하면서 일본의 조선·중국에의 침략을 용이하게 한다는 것인데, '무쓰외교'는 본래 근대 일본 외교 전략의 기축이었음은 말할 것도 없다. '동방 장래의 대불행'은 애매한 표현이지만, 이는 동아시아에서의 일본의 세력 확대라는 의미로 이해해도 좋다고 생각한다.

31. 제20장 러·독·불 삼국간섭(중) ― 삼국간섭의 유래 ―
「러시아 공사 히트로보가 재차 일·러 양국이 의견을 교환할 것을 제의함」(340·10)

무쓰는 이 장에서 삼국간섭의 배경을 러시아·독일·프랑스 삼국에 걸쳐 종종 검토하고 있다. 러시아에 대한 서술에서 〈洋〉에는 다음과 같은 부분이 있다.

> 유럽 각국 그 중에서도 러시아는 열심히 사태 국면이 어떻게 될지 주목하고 있었으며, 특히 러시아 같은 경우는 일본이 끝내 청국 대륙의 토지 할양 요구를 절대로 단념할 기색이 없음을 보고 내심 아주 불안해하고 있었다.(340쪽)

위 강조 부분은 〈和〉에는 다음과 같이 되어 있다.

> 러시아 같은 나라에서 군인 사단社團의 세력이 그 정부를 어떻게 움직일 수 있는가는 추찰하고도 남음이 있다. 그리하여 러시아 정부는 그 군인의 기염이 나날이 왕성하자 일본이 끝내……

이 부분이 〈洋〉으로 옮겨질 때 삭제된 것은 무슨 이유 때문일까. 러시아 군부에 대한 이런 기술이 일본 군부에의 에두른 비판으로도 받아들여질 수 있는 것이어서 삭제한 것일까.

또 〈洋〉에는 곧 이어 "이렇게 러시아 정부는 동방 국면의 정세에 위기적 상황이 닥쳐오고 있음을 보는 동시에 또한 유럽 강국의 관계 여하를 고려하지 않을 수 없었다"(341쪽)라고 적혀 있는데, 이 강조 부분도 〈和〉에는 다음과 같이 되어 있다.

이렇게 러시아 정부는 안으로 그 군인의 열렬한 움직임을 진정시키기 곤란했고 밖으로는 다만 동방 국면의 위세가 핍박하고 있음을 볼 뿐 아니라 또한 유럽 강국의 관계……

32. 제21장 러·독·불 삼국간섭(하) —결론—: 당시 내외의 형세(366·1)

『건건록』은 이 장에서 끝나며, 여기서 삼국간섭에 대해 무쓰 자신의 결론을 서술하고 있다. 그 중에, 일본 정부가 결국 삼국간섭을 수용하지 않을 수 없었던 배경에 삼국간섭 당시 일본 국내에는 맡길 병력이 바닥났다는 사정이 있었음을 상세히 말하고 있다. 이 부분은 무쓰가 퇴고에 퇴고를 거듭한 뒤라 그 동이가 흥미롭다. 장문이지만 소개해둔다.

먼저 〈洋〉에는, "요컨대 병력의 후원 없는 외교는 어떠한 올바른 도리에 근거해도 그 종국에는 실패를 면할 수 없게 된다. 본래 이번 삼국간섭이 갑자기 발생했을 당시 우리 외교의 배후에 어떤 믿을 만한 강력한 후원자가 있었던가를 생각해 보라"(365쪽)라고 적은 뒤, 다음과 같이 계속한다.

지금 시모노세키 담판의 진행이 이미 반이 지나 강화조약 조인도 이미 완성될 때에 이르렀고, 고마쓰미야小松宮 대총독은 휘하의 뛰어난 부하와 더불어 거의 전국의 정예를 거느리고 여순구旅順口로 진군하고 있었다. 군사 전략의 득실은 물론 여기에서 논할 범위가 아니다. 다만 당시 군인사회의 기염氣焰은, 자기 몸이 한 번 황해의 파도를 건너지 않고 다리가 한 번 아이신가쿠라愛親覺羅 씨의 땅(=청나라 땅)을 밟지 않으면 같은 동아리의 한 패로 거의 사귀지 못하는 것 같은 양상이었다. 이 기염은 아마 당시 그 누구도 억제할 수 없는 사정이었는데 이에 대해서는 한 마디 해 둘 필요가 있다. 육군은 이미 그러했고, 더하여 우리의 우수한 함대는 연해沿海의 수비는 거의 비워두고 수백 리 밖으로 출정해 있었기 때문이다. 4월 24일의 어전회의는 실로 이런 형세 아래 결정된 것으로, 오늘에 와서는 이를 그 누구의 과실로 돌릴 수 없다.(366쪽)

위 강조 부분은 〈和〉에는 다음과 같이 인쇄되어 있다.

고마쓰미야 대총독은 휘하의 뛰어난 부하와 함께 거의 전국의 정예를 거느리고 여순구로 진군하기에 이르렀다. 군기 전략의 득실은 물론 여기서 논할 바가 아니다. 다만 당시 군인 사회의 기염은 몸이 한 번 황해의 파도를 넘지 않고 다리가 한 번 아이신가쿠라 씨의 땅을 밟지 않으면 군인 사회에서 한 패로 취급받지 못하는 듯한 추세였다. 이 세력을 아마 그 누구도 억제할 수 없는 바임은 당시의 사정에서는 그렇다고 해도, 항차 이 시기에 이미 우리의 우세한 함대는 내해의 수비를 거의 비워두고 수백 천 리 밖으로 출정하고 있었음에랴. 이 형세는 4월 24일 어전회의의 묘모廟謨를 결정한 한 원인으로, 또한 이를 누구의 과실이라고 할 수 없다. 다만 시운이 아니라고 체념하는 수밖에 없다.

이 부분은 〈和〉에는 다시 묵서墨書(일부는 주서朱書)로 수정되어 있다. 수정 후의 문장은 다음과 같이 간략하게 되어 있다.

고마쓰미야는 휘하의 뛰어난 부하와 함께 여순구로 진군했다. 군기 전략의 득실은 물론 여기서 논할 한계에 있지 않다 해도(朱書) 육군은 이미 그 정예가 다 외정外征에 종사했고, 더하여 우리의 우세한 함대는 연해의 수비를 거의 비워두고 수백 리 밖으로 출정해 있었기 때문이었다, 즉(주서) 4월 24일의 어전회의는 실로 이 형세 하에서 결정된 것이고, 오늘에 와서는 이 과실을 누구에게도 돌릴 수 없다.

그리고 〈洋〉의 "수백 리 밖으로 출정해 있었기 때문이다"에 이어지는 부분은 〈草〉에는 다음과 같이 되어 있고, 또 [ ]안은 그 단계에서 지워져 있다.

……수백 리 밖으로 출정하고 있었음에랴[이토 총리가 시모노세키 체재 중에 특히 가와카미 중장을 불러 국내 수비의 필요를 협의하곤 했어도 기실 이

미 제어할 수 없는 형세는 또한 이 때문이었다. 그러나 고마쓰미야 진군 후 국내는 겨우 후비군 수단數團이 지킬 뿐] 이 형세는 4월 24일 어전회의의……

이처럼 이 부분의 첨삭 흔적은 분명한데, 〈和〉에는 군인사회의 모양을 구체적으로 적고 있는 것을, 일단 묵墨으로 수정하고 문장을 간략히 했으나. 결국 〈洋〉에서는 〈和〉의 수정 전의 기술을 기본적으로 살리고 있다. 이러한 복잡한 수정의 반복은, 군의 통수권을 쥐고 있던 천황을 포함한 군 및 군인의 동향에 대한 무쓰의 심정이 여러 가지로 복잡하게 얽혀 있어 결코 단순하지 않았음을 반영하고 있다고 할 수 있다.

33. 제21장 러·독·불 삼국간섭(하) —결론—: 당시 내외의 형세(368·2)

이토 총리대신과 무쓰 외상 등을 비롯한 일본 정부가, 청일전쟁을 통해 구주 강국의 간섭에 늘 신경을 쓰고 있었던 것은 이미 잘 알려져 있다. 『건건록』에서도 그것을 여러 번 언급하고 있다. 그럼에도 불구하고 삼국간섭을 받아들이게 된 데 대해, 전후戰後에 처음부터 알고 있었음에도 왜 장래 포기해야 될지도 모를 지역을 분할했는가, 그 책임을 추궁하는 목소리가 높았다. 『건건록』 마지막 장인 이 21장에서 무쓰는 그런 의견에 대한 반박을 당연히 적고 있다.

〈洋〉에서 말한다.

게다가 이(간섭·나카쓰카)를 추측할 수 있었던 이상, 무슨 까닭으로 장래 결국 포기하게 될지 모르는 토지 할양을 굳이 요구했는가라고 따지는 자도 있지 않았던가. 나는 이 점에서, 우리가 미리 외국의 기분을 살펴서 스스로 전후戰後의 권리를 접을 필요는 없다는 말을 하지 않을 수 없다. 왜냐하면 기분을 살핀다는 말은 어폐가 있을지 모르겠지만, 이제 열국이 각각 공명과 이익을 두고 다투는 경우, 예리한 눈과 귀로 서로 상대의 심중을 헤아리고 미리 피아가 할 수 있는 대로 교섭하여 그 시샘하고 미워[猜忌]할 것을 피함으로써 훗날의 분쟁을 면할 토대를 만드는 것 또한 외교상의 중요한 임기적 조치[權宜]이기 때문이다. 그러나 당시 우리 국내의 대세가 과연 우리로 하여금 아무 것도 고려하지 않고 이런 임기적 조치를 시도할 수 있도록 하게 하였는가라고 할 때, 내가 앞장(일청 강화의 발단)에서 언급한 바와 같이 당시 일반 국민은 말할 것도 없고 정부 부내部內에서조차 청국의 양여는 오직 거창한 것만 바라고 제국의 광휘는 다다익선으로 앙양될 것을 기대했다. 실제로 히로시마 어전회의에서 내가 제출했던 강화조약안을 보고 요동반도를 할양받는 것 외에 산동성 대부분을 추가할 것을 희망한다고 발언한 자가 있었을 정도였으므로 기타 토지 할양이 광대하기를 바라는 자는 적지 않았다. 하물며 큰 깃발[大纛대독]을 금주金州 반도로 나아가게 하여 황군이 베이징 성을 함락시킬 때까지는 결코 강화를 허락해서는 안 된다고 주장한 사람조차 있었던 것이다.……(367~8쪽)

그리고 덧붙여 말한다.

그러므로 이번 시모노세키 조약의 변경도 사후事後인 지금에 와서 볼 때 정부가 밖으로는 굴종한 모양이었지만, 그러나 사전事前의 대세로서는 사실상 내부적으로 고려할 바가 있었기 때문에 이렇게 되었다는 것이 오히려 사실의 참된 모습이라 하겠다. 요컨대 이번 삼국간섭의 돌발은 그야말로 청일강화조약 비준교환 기일이 이미 임박한 때였다. 그리고 정부는 삼국 및 청국에 대한 문제를 일시에 처리하기 위해 백방의 계획을 다 세운 다음, 마침내 난마처럼 얽힌 양쪽 끝을 과감히 잘라 피차가 각각 복잡하고 어지럽지 않을 방책을 취했다. 청국에 대해서는 전승의 결과를 온전히 거둠과 동시에 러시아·독일·프랑스 삼국의 간섭이 다시금 동양의 치평治平을 교란하지 않도록 하여, 궁극적으로 우리로서는 그 나아갈 곳으로 나아가고 그 멈추어야 할 곳에서 멈춘 것이다. 나는 당시에 누가 이 국면과 마주쳐도 결코 또 다른 대책이 없으리라 확신한다.……(370~1쪽)

무쓰가 심혈을 기울인 『건건록』의 결론이라고 할 만한 서술이다. 그리고 여기서도 위의 강조 부분은 〈草〉의 원문에는 다음과 같이 되어 있다.

정부 부내에서조차 청국의 양여는 다만 클 것을 생각하여 바라고, 제국의 광휘는 다다익선으로 앙양될 것만을 기대하여, 가바야마, 가와카미 두 중장은 어전회의에서 내가 제출한 강화조약안을 보고 그 요동반도 할지 외에 또한 산동성 대부분도 추가할 것을 희망한다고 말했을 정도가 아니었던가.

이러한 군의 최고간부·정치가 또 널리 국민의 동향, 즉 "내부적으로 고려할 바가 있었기 때문에 이렇게 되었다"고 무쓰가 적고 있는 바는, 사실의 반은 그렇다 해도, 무쓰 자신이 요동반도의 점령 분할에 적극적이었던 것은[24] 말하지 않고, 『건건록』에서는 두드러지게 변명 같이 서술했다.

이와 동시에 무쓰가 이렇게 썼을 때, 본장 3에서 상술할, 대본영을 여순반도 나아가 산해관山海關 근처까지 전진시켜 스스로 그 진두에 서겠다는 강한 의지를 표명한 천황의 언동도 무쓰의 뇌리를 스쳤던 것이 아닐까 생각한다. 왜냐하면 천황의 이런 언동은 "몸이 한 번 황해의 파도를 건너지 않고 다리가 한 번 아이신가쿠라 씨의 땅을 밟지 않으면 같은 동아리의 한 패로 거의 사귀지 못하는 것 같은 양상"[25]과 무쓰가 쓴 것과 그렇게 틀리지 않은 수준이고, 천황 또한 요동반도의 분할에 마음을 두고 있었기 때문이다.

---

24 이에 대해서는 본장, 4에서 논한다.
25 『건건록』, 366쪽(역서 367쪽).

2. 한국[韓地]의 전선電線이 단절되어 바쁜 중에 오히려 약간 한가하게 된 것 같은 마음— 청일전쟁 개전과 무쓰 무네미쓰

(1) 참모본부 합법 쿠데타인가

청일전쟁에서 정부, 특히 외무성, 그리고 그 정점에 있었던 무쓰 무네미쓰가 군부와 대립했고 군부에 끌려 다녔다는 설은 청일전쟁 직후부터 이미 있었다. 『건건록』이 「삼국간섭에 대한 변명의 글」이라는 주장에도 이런 사정은 어느 정도 포함되어 있다.

이런 주장을, 이른바 '이중외교'로 계통적으로 논한 이는 시노부 세자부로信夫淸三郎다. 시노부는 청일전쟁의 개전외교를 논하면서 외무성과 군부가 대립했고, 가와카미 소로쿠川上操六 참모차장을 리더로 하는 참모본부가 개전의 길을 억지로 이끌었으며 무쓰 외상 등은 '기호지세'에 끌려갔던 것이라 주장했다. 1930년대의 일이었다.[26] 관련하여 시노부가 논한 바는 본서 제3장 1에서 언급한다.

시노부의 '이중외교'에 기초한 청일전쟁론은, 관동군의 주도로 만주사변이 일어난 상황을 목전에서 직접 보고 작성한 것이다. 제2차 세계대전 후 시노부에게 배운 후지무라 미치오는 그 주장에 더 부연하여 청일전쟁 개전과 관련하여 다음과 같이 말한다.

> 5월 30일, 동학당 농민의 반란으로 전라도의 주읍 전주가 함락되고, ······ 일본은 톈진 조약의 규정에 따라 출병 구실을 얻었다. 정부는, 공사관과 거류민 보호를 위해 혼성 1여단 및 약간의 군함을 조선에 파견 ······, 6월 5일 지도指導를 목적으로 대본영을 동원했다. 어전회의의 개전 결정이 7월 1일이

---

26 시노부 세자부로, 『日淸戰爭』, 福田書房, 1934年. 1970년 南窓社가 복간. 『陸奧外交』, 叢文閣, 1935年 참조.

고 선전포고는 더 늦은 8월 1일이므로 그보다 훨씬 앞서 일본은 '전시戰時'로 돌입했다. 대본영 설치에 따라 '평시'라면 내각이 결정해야 할 해외파병은 참모총장의 전결사항으로 되었고, 수상도 정책결정 과정에서 배제되었다. 평시의 법 상황을 전시의 그것으로 바꾸는 대본영 설치를, 어전회의가 아닌 참모총장의 직권으로 결정한 것은 거류민 및 공사관 보호라는 한정된 출병 목적을 결의한 각의의 정신을 무시한 것이다. 그것은 정부의 협조 정책을 저지하기 위해 외교 대권에 속하는 해외출병의 결정권을 정부로부터 빼앗는 참모본부의 합법 쿠데타라고 해야 할 사건이었다.……이 강제 수단에 대해서는 메이지 천황조차 개전은 충분한 논의 없는 본의本意가 아니라고 언명하며 "이번 전쟁은 대신大臣의 전쟁이지 나의 전쟁이 아니다"라고 불만을 드러냈다. 천황의 불만을 듣고 참모본부의 독주에 대처하기 위해 이토 수상은 군사작전 상황을 상세히 하지 않으면 외교 정략의 목적을 달성할 수 없다고 천황에게 주청하여 7월 27일부터 대본영 상시 출석의 재가를 얻었다.[27]

그러나 청일전쟁의 개전에 이르는 과정이 과연 시노부와 후지무라가 말하는 대로였을까. 나는 큰 의문이라 생각한다. 시노부 세자부로의 논의에 대한 사견은 이미 내 놓은 바가 있으므로 여기서는 『건건록』의 퇴고의 흔적을 소개한 앞 절을 바탕으로,[28] 시노부와 후지무라의 논의의 옳고 그름을 더 깊이 검토해 보고자 한다. 앞 절에서 서술한『건건록』의 추가 및 삭제 그리고 수정의 흔적을 특히 청일전쟁의 개전에 초점을 맞추어 검토하여 개전 직전의 '무쓰외교'의 실태를 무쓰의 심경도 언급하면서 밝히고, 나아가 그것이 근대 일본의 역사적 전개에서 갖는 의미에 대해 고

27　후지무라 미치오, 『日本現代史』, 山川出版社, 1982年, 24~5쪽.
28　졸저, 『日淸戰爭の硏究』, 靑木書店, 1968年 참조.

찰해 보고자 한다.[29]

(2) 외교가 앞장서고 군대가 후원한 국면이 일변하여 군사독단의 무대가 됨

청일전쟁 개전 직전 일본 정부 내부 상황을 아는 데 특히 흥미로운 것은 『건건록』 제10장 「아산 및 풍도 전투」, 그 중에서도 그 전반인 아산 전투에 이르는 기술이다.

무쓰는 이 과정을 어떻게 보고 있었으며 그리고 어떻게 주체적으로 움직였던가. 앞절에서도 그간의 『건건록』의 같고 다른 부분을 일부 소개했지만 중복됨에도 불구하고 여기서 좀 더 상세히 초고의 문장 등을 들면서 논하고자 한다.

이미 알려진 대로, 무쓰는 출병 이래 40여 일 대치한 상태로 있던 청일 양군을, 청한 종속 문제를 구실로 삼아 마침내 개전에 이르게 하는 데 대단히 적극적으로 움직였다. 그러나 청한 종속 문제를 청일 교전의 쟁점으로 삼는 데에는 정부 내부에서도 망설이는 분위기가 강했다.

> ……당시 내각 동료, 특히 이토 총리는 이 종속 문제를 청일 양국의 외교상 쟁의로 삼는 것에 동의하지 않았다. 그 이유는, 청한 종속 문제는 그 역사가 아주 깊어 지금 새삼스럽게 이를 외교상 쟁점의 근거로 삼는 것은 다소 진부한[陳腐熟爛] 것이어서 속담의 이른바 촌뜨기의 푸념과 같은 것으로써 세상 사람들의 이목을 놀라게 하기에 충분하지 않다. 또한 이 쟁의 결과로서 청일 양국이 마침내 창칼을 서로 겨누게 되면, 제3자인 구미 각국은, 일본 정부가 지금 드러나는 생존 문제 때문에 청국과 쟁의爭議를 일으킨 것이 아니라, 일부러 오래된 옛 상처를 찾아 분란의 씨앗을 뿌린다는 비방을 면할 수 없다고 말할 것이다.

---

29 이하에서 인용하는 가타카나 혼용의 『蹇蹇錄』 문장은 『건건여록초고철』의 원칙으로서 수정 전의 문장이다. 한자는 상용한자로 고쳤다.

그러나 다른 개전의 구실을 발견하기는 어려웠다. 조선 주재 일본 공사 오토리 게이스케는 "……지금 실제로 나아가야 되며 물러서지 못할 위치에 있기 때문에, 종속 문제로 한 번 파탄을 촉진하는 것 외에 달리 청국과 다툼의 실마리를 열 좋은 제목을 얻을 수 없음을 계속 주장"했다.

무쓰는 이미, "본래 처음에 청국 정부로부터 조선 출병의 공문 통보를 접했을 때 나는 그 공문 중에 '보호속방'이라는 글귀가 있음을 보고 이를 하나의 쟁의로 삼아 제기하고자 했다"고 말했다. 그러므로 오토리 공사의 주장과는 기맥氣脈이 통하고 있었던 것이다.

그리고 결국, 청한 종속 문제를 이용하여 청국군에 대한 공격의 길을 열게 된 것이다.

> ……아직 내각의 논의가 확정되지 않았기 때문에 오토리 공사에게 전신 훈령하여, 청국 사신에게 이를(청한종속문제: 저자) 곧바로 제기하는 것을 당분간 미루도록 했다. 그러나 오토리 공사는 나의 최후의 훈령, 즉 "어떤 구실을 사용해서라도 실제의 움직임을 시작하라"는 전신을 접하고…… 앞서 내가 훈령함으로써 동 공사는 청국 사신에게 청국이 조선의 종주국인가를 추궁하지 않고 도리어 조선 정부에게 조선은 청국의 속방인가를 힐문하는 교활한 수단을 썼다…… 조선 정부로 하여금 아산에 진을 치고 있는 청국 군대를 나라 밖으로 몰아낼 것을 요구한 것도 그 본원을 거슬러 올라가면 필경 청한 종속 문제를 이용할 수밖에 없었다. 그러므로 청일 양국의 교전은 청한 종속 문제에 기인하는 외교 문제가 선구였다고 하는 것은 결코 틀린 말이 아니다.

개전開戰 경과에 대해 『건건록』의 구술 초고는 더 이어진다. "오늘에서 이를 보면, 전술한 결론도 좀 적당한 순서에 자리잡고 있는듯 하지만, 당시의 정태情態에 대해 이와 같은 외교 방침을 취함은 매우 곤란하다는 사정이 대다수였다. 즉 내각 동료들의 이미 청일 양국 사이에 한 바탕 파탄을 벌이지 않으면 선후책을 시행할 까닭이 없다는 의견은 나의 지론과 조금도 다를 바가 없지만 그 개전의 근거가 될 순서와 방법에 이르러서는 아직 의론이 분분함을 면치 못한다"는 상황이었다.

그 '의론 분분'의 내용을 무쓰는 다음과 같이 정리한다.

오토리 공사가 병력으로써 조선 조정[韓廷]을 압박하고 강제로 우리나라의 요구에 응하도록 해야 한다, 또는 보호 속방의 명분으로써 아산에 진을 치고 있는 청군淸軍은 일한조약의 명백한 조항과 모순되므로 조선 조정으로 하여금 이를 국외로 몰아내도록 한다는 고수적高手的 외교에 대해서는, (첫째) 이 같은 고수적 행위는 제삼자인 구미 강국에 대해 일본이 일부러 전쟁을 도발하는 위치를 취하는 것이라는 비난을 하게 할 뿐만 아니라, 일찍이 외무대신이 정부를 대표하여 러시아 공사에게 청국의 어떤 거동에도 일본 정부는 스스로 교전하지 않을 것이라고 했던 언질에 위배될 우려가 있다고 하며, (둘째) 청국이 대군을 증발增發한다는 확실한 통보가 없고, 또 아산에 진치고 있는 고군孤軍(=청군)도 경성에 있는 아군에게 아직 습격해 올 기미가 보이지 않는데 비교적 숫자가 많은 우리 군이 앞서 진격하는 것은 제삼자의 눈으로 볼 때 왜곡된 이름[曲名]이 결국 우리에게 돌아오게 된다고 하고, (셋째) 우리 군이 진격하여 아산에 있는 청군을 공격함에는 반드시 조선 조정의 의뢰를 기다려야 할 터인데, 그러나 조선 조정이 이 같은 의뢰를 하기 전에 우리가 먼저 강력한 힘으로 조선 조정을 압박하여 조선 조정을 우리에게 굴종시켜야 할 것이다. 가혹하게 말하면 조선 국왕을 먼저 우리 수중에 가두어 두지 않으면 이 방책을 실행할 수 없다. 이 같이 외형적으로 난폭한 행위는 우리나라가 조선의 자주독립을 확인한다는 평소의 지론과 너무 차이가 커서 도저히 누구의 동의도 얻을 수 없다고 했다. 이렇게 그 의론들 하나하나가 지당하여 나라고 해도 감히 이에 이의를 제기할 수 없었지만, 그렇다고 하여 이 절박한 때에 오토리 공사가 건의한 방책을 제외하고 다시 다른 좋은 대책을 낼 수도 없었다. 또 나는 이미 오토리 공사에게, "어떤 구실을 써서라도 실제의 움직임을 개시하라"고 전신으로 훈령한 뒤였기 때문에 동 공사는 이제는 어떤 구실을 택할 자유를 가져*……

　마침내 7월 23일, 일본군은 조선왕궁을 점령, 조선 국왕과 조선 정부는 군사적·정치적으로 일본에 종속되었고, 일본군은 아산의 청국군을 공격하러 남하한다.

　본래, 청일 전쟁의 개전에 대해서는 이 청한 종속 문제만이 아니라, 그 개전 구실을 어디서 찾아야 할 것인지 출병 직후부터 여러 가지 견해가 있었다. 그 논의에는 무쓰의 과거의 경력과도 관계되는 방향도 있고, 무쓰는 재삼 발목이 잡힌다는 생각을 했던 적도 있지 않았을까 상상된다. 그 무쓰의 경력과도 관계있는 의론이 어떤 것이었는지는 다음 절에서 상술한다. 무쓰는 그런 의론이 있는 것을 충분히 알고 있었을 것이나, 지금은 오토리 게이스케와 긴밀히 제휴하면서 청한 종속 문제를 구실로 삼고, 특히 7월 23일 조선왕궁을 점령하고 이에 출병을 결정한 이래, 50여일 만에 이윽고 청군과의 개전에까지 들어가게 된 것이다.

　이렇게 무쓰는 『건건록』의 초고에서 "우리나라는 이 때부터 청국과는 외교 관계가 이미 단절되었고, 오늘까지와 같이 외교가 앞장서고 군대가 후원하는 국면이 일변하여 군사 독단의 무대가 되었다"고 적고 있다. 청일 개전에 성공한 무쓰가 주도하는 외교 당국의 선구적 역할을 명시했지만, 이렇게 썼을 때 개전의 구실을 둘러싼 여러 의론이 무쓰의 뇌리를 드나들었을 것을 상상하기 어렵지 않다. 동시에, 여러 의론에도 불구하고 결국 무쓰가 처음부터 개전의 구실로 삼고자 했던 청한 종속 문제 밖에는 개전으로 몰고 갈 방도가 없었던 것이 아니었는가, 자신이 말한 대로 일은 진행된 것이다, —라는 자기의 수완을 과시하는 말투가 이 기술에 배어 있다.

(3) 한국 전선이 단절되어 바쁜 중에 오히려 약간 한가하게 된 것 같은 마음

그런데 무쓰는『건건록』초고에서 일본의 조선왕궁 점령 당시, 조선과의 전신電信이 단절되어 어떤 훈령도 보낼 수 없었다고 구술하고 있다. 위에서 인용한 "……이미 오토리 공사에게 어떤 구실을 써서라도 실제의 움직임을 개시하라고 전신으로 훈령한 뒤였기 때문에 동 공사는 이제는 어떤 구실을 택할 자유를 가져*……"라는『건건여록초고철』의 문장은 *표 뒤에 다음과 같이 계속된다.

> ……택할 자유를 가진* 다음에, 불행히도 이 때 마침 한국韓地의 전선이 단절되어 통신에 의하지 않고[가령 어떤 급속한 훈령을 요해도 또 한국의 통신은 경부선도 의주선도 마침 오토리 공사가 병대兵隊를 인솔하여 왕성王城에 닥치기 수일 전부터 단절되었는데, 아산 전투승리 뒤에 겨우 개통되었다] 때문에 좌상座上의 의론은 어쨌든 실지는 금후에 발생할 일에 상응하여 상당한 임기의 처분을 내리는 수밖에는 없어서 나는 이 때에 오히려 이런 와중에 좀 한가함을 얻을 수 있을 것 같은 마음이었다(글 중의 [ ]기호는, 이 부분은 할주로 한다고 무쓰가 구술한 뒤에 써 넣은 것이다).

구술한 초고의 이 부분은 제2차 간본=〈洋〉에는 물론, 제1차 간본=〈和〉에도 없다. 초고 퇴고의 단계에서 위의 강조 부분 "수일 전부터"는 "이삼일 전부터"로 일단 수정되었으나 그것도 결국 모두 삭제되고 인쇄되지 않았던 것이다.

〈洋〉에는 조선왕궁 점령사건 전후의 외무성과 재조선 일본공사관과의 교신 상황을 다음과 같이 적고 있다.

건건록의 세계

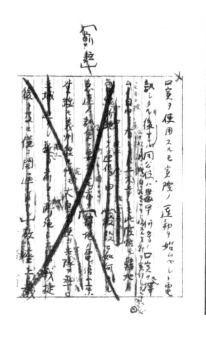
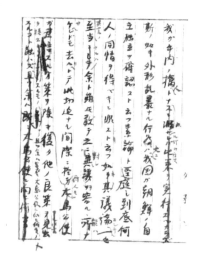

『蹇蹇餘錄草稿綴』当該部分 第十章 10枚目

마침 내가 전훈을 보낸 날과 같은 날(즉 7월 19일), 오토리 공사는 이미 조선 정부에게 '보호속방'의 명분으로 청군이 영구히 조선 국내에 주둔하는 것은 조선의 독립을 침해하는 것이기 때문에 속히 이를 국외로 몰아낼 것을 요구하고, 또 7월 22일을 기해 이에 대해 확답하도록 다그쳤음을 나에게 전신으로 보고했다. 그 보고서 말미에 만약 조선 정부가 해당 기한이 되도록 여전히 만족스러운 회답이 없으면 오토리 자신이 조선 정부를 강력히 압박하여 이 기회를 이용하여 대개혁을 단행할 계획이라고 부언했다.

이어 7월 23일 오전의 전문에는, 조선 정부가 마침내 우리의 요구에 대해 심히 불만족스러운 회답을 해왔으므로 부득이 단연코 왕궁을 포위하는 강력한 수단의 처분을 시행했다고 했으며, 또 그날 오후의 전신에는, "일한 양군의 싸움은 약 15분 사이에 종료되어 지금은 모두 잠잠해졌으며, 본 공사가 곧바로 왕궁으로 들어갈 때 대원군 스스로 본 공사를 맞이하여, 국왕으로부터 모든 국정 및 개혁 사업을 전적으로 맡으라는 칙명을 받들었다며 이후 만사를 본 공사와 협의할 것이라고 약속했음"이라는 등의 전보가 속속 들어와, 내가 19일에 보낸 전훈은 그야말로 쓸모없게 되어버리고 말았다.[30]

구술 초고와의 차이가 명백하다.

『건건록』 저술에 즈음하여 무쓰는 왜 위와 같이 구술했을까. 단순한 생각의 착각인가. 아니 그렇지는 않을 것이다. 개전의 구실을 만드는 가장 긴박했던 시기의 교신에 대해, 착각했다는 것은 일단 생각할 수 없다. 또 구술 초고에 일부러 [ ]를 기입하고, 이 부분은 할주로 하기까지 했다. 무쓰의 잊어버림 혹은 착각에 의한 오기라고는 볼 수 없다.

그런데 현재 『일본외교문서』에 수록되어 있는 이 시기의 전보 교신 상황을 보면 무쓰의 구술 초고, 그 수정 및 제2차 간본도 그 기술은 모두 사실과 다르다.

구술 초고를 보면, 무쓰가 할주와 여백에 적은 부분 "……한국의 통신은 경부선도 의주선도 마침 오토리 공사가 병대를 인솔하여 왕성王城에 닥치기 수일 전부터 단절되었는데, 아산 전첩 뒤에 겨우 개통되었다"는 부분은 명백히 사실과 다르다. 퇴고에서 "수일 전부터"를 일단 "이삼 일 전부터"로 일단 수정했으나, 그것도 사실과 부합하지 않다. 제2차 간본의 기술에서는 아주 달라져 전보가 순조롭게 도착한 것처럼 읽을 수 있으나, 이것도 애매한 기술이고 정확하지 않다.

『일본외교문서』를 보면, 7월 23일의 일본군의 조선왕궁 점령 전후의 재조선 공사관과 일본 외무성과의 전보 교신 상황은 다음과 같다.[31]

---

30 『蹇蹇錄』, 136~7쪽(역서, 143~144쪽).
31 『日本外交文書』 제27권, 제1책, 제2책 참조.

건건록의 세계

411호 문서 오토리 공사 → 무쓰 외무대신   7월 18일 오후 1시 25분 발신

7월 19일 오전 3시 15분 수신

414호 문서 무쓰 외무대신 → 오토리 공사   7월 19일 오후 6시 발신

416호 문서 오토리 공사 → 무쓰 외무대신   7월 20일 오후 11시 25분 발신

7월 21일 오후 11시 45분 수신

419호 문서 오토리 공사 → 무쓰 외무대신   7월 23일 오전 8시 10분 발신

7월 23일 오후 3시 7분 수신

420호 문서 무쓰 외무대신 → 오토리 공사   7월 23일 발신(시간 기재 없음)

421호 문서 오토리 공사 → 무쓰 외무대신   7월 23일 오후 5시 발신

7월 27일 오후 10시 20분 수신

709호 문서 부산 나가타키永瀧 영사관보   7월 27일 오후 11시 35분 발신

→ 무쓰 외무대신   7월 28일 오전 2시 45분 수신

360호 문서 무쓰 외무대신 → 오토리 공사   7월 28일 발신(시간 기재 없음)

424호 문서 오토리 공사 → 무쓰 외무대신   7월 5일 경성에서 우송郵送

7월 28일 오전 12시 45분 부산에서 발신

7월 28일 오후 3시 10분 수신

　보는 바와 같이, 오토리 공사가 무쓰 외무대신 앞으로 보낸 419호 문서(조선국 정부의 회답이 만족스럽지 않으므로 왕궁 포위 처치에 나선 보고의 건—, 이것이 조선왕궁 점령 제1보)까지는, 다소 늦고 빠른 차이는 있어도 거의 평상의 교신이었다. 이에 대해 무쓰 외상은 「왕궁 포위 처치에 나선 이유를 묻는 건件」(420호 문서)을 발신했다. 그러나 오토리 공사가 보낸 「왕궁 포위시의 상황 보고의 건」(421호 문서)은 대폭 늦어져, 나흘 이상 걸려 외무성에 도착하게 된다. 그 전문 말미에는 "전주, 대구에서 육로로 부산에 닿아 발송한 전보라 함"이라는 주기注記가 있다.

확실히 하기 위해 외무성 외교사료관 소장의 전보, 발·수신의 원문을 봐도 이대로다. 그럼에도 불구하고 무쓰는 왜 사실과 달리 기술했을까.

당시 신문에는 전신 두절의 이 기사가 매일 실린다.

『오사카아사히신문大坂朝日新聞』 7월 25일자 지면에는, "……저 부산, 경성 간의 전신은 그저께 정오부터 우렛소리 때문에 또다시 불통되었다……의주선 역시 불통……"이라 적혀 있고, 26일에도 "전신 불통(경부간) 조선 경성 부산 간 전신선 뇌우로 일시 불통되었지만……아직 개통되지 않음"이라 보도하고 있다.

다음 날 27일에는 「●전신 불통혹시 인위人爲인가」의 제목으로 도쿄발 보도라면서 "경성 부산간 전신은 23일 오후 멈추어 아직 개통되지 않고 있다. 그 원인이 좋지 않은 날씨 때문일 뿐이라면 이미 개통되어야 하는데도 아직도 통하지 않은 것은 인위의 장애 때문이지 않은가……23일 아침 경성에서 일한 양병兩兵의 작은 전투의 비보飛報를 접하자마자 청병淸兵이 곧장 수원 또는 공주 부근으로 나가 경성 부산 간 전선을 절단한 것이 아닌가 하는 자도 있다"고 전하고 있다.

그리고 28일에는 "지난 23일 즉 경성에서 사건이 있고서 당시부터 뇌명雷鳴 때문에 불통이라는 알림이 도달한 지금(27일 오전) 개통되지 않고 있다. 조선의 전신국이 아무리 완만하다 해도 이처럼 영영 수선이 안 된다는 것은 의심스럽다. 대개 부산 경성 간 무릇 80리가 넘는 사이에 많은 전신국이 있다. 특히 청병淸兵이 점령한 아산처럼 이 선의 전신국이 소재한 땅이라면, 가령 풍우風雨의 변화가 없어도 한 번 사변事變이 일어날 때에는 나아가 저들을 구축驅逐하고 우리 병이 그 선로를 보호할 때까지는 결코 맡기기에 족하지 않다. 그렇다면 경성에서 본방本邦에 통신함에는 이번에 인천 경성 간에 가설한 군용전신선을 경유하여 그 음신音信을 통해 그

건건록의 세계

보다 전부 기선 편에 의해 부산 혹은 바칸馬關(시모노세키의 구칭)에 이르러 전신으로 옮길 수밖에 없지 않느냐고 혹자는 말한다"고 한다.

이 전신 불통 직전, 7월 23일의 조선왕궁 점령을 전하는 제1보는 일본 신문사에도 도착했다. 그건 마치 조선 측이 공격했고 일본군이 그에 응대하고 할 수 없이 왕궁을 호위하고 있는 것처럼 전한 것이었다.

『오사카아사히신문』의 경우, 이 사건의 제1보는 7월 25일부의 톱기사로 다음과 같이 전하고 있다.

● 경성일전一戰(23일 오전 10시 경성 니시무라 덴슈西村天囚 야마모토 다다스케山本忠輔 발)

조선병이 오늘 아침 돌연히 북한산 기슭의 성벽에 기대 발총하다. 아병이 응전하여 곧바로 조선병을 물리치다.

아병 일대一隊 대원군 제동 집을 경호하다. 대원군 왕궁에 들어감을 승낙하다.

● 또 공보[又公報](24일 오전 11시 14분 도쿄발東京発 지급보至急報)

당국에 아래의 전보 도착.

23일 오전 8시 경성발

왕성 부근에 있던 한병韓兵이 도발함에 따라 이에 응전하여 소전小戰 중

23일 오전 8시 20분 경성발

한병 도주하다. 병기를 거두고 또 왕성을 수위하다.

● 또 별보別報(23일 오후 8시 26분 도쿄 발 지급보)

도쿄일일신문사는 금일 오전 10시 경성발 전보를 호외戸外(=건물 밖)에 첩부했으며 다음과 같다.

금일 8시 한병이 무슨 까닭인지 우리 초병을 향해 발포함으로 인해 아병 일대一隊는 바로 응전하고 20분이 지나 이를 물리치다.

살상 입은 한병이 퇴각하여 왕성에 들어가고 아병이 나아가 왕성을 지키다.

그리고 흥미로운 것은 계속하여 다음과 같이 적혀 있는 점이다.

(이상 세 가지 전신[三電] 중 23일발은 모두 그날 접수했으나 바로 독자에게 보도할 수 없는 사정이 있어 어제에 이르러 당일 발송한 것으로 공히 호외[戶外]로 한 바다. 아직 미치지 못한 것도 있을 것이다)

이미 군사에 관해서는 조선으로 출병한 직후인 6월 7일, 육해군성령[省令](육군성령 제9호, 해군성령 제3호)이 나오고 보도통제가 이루어져 있었다.[32] 조선왕궁 점령 속보도 그 때문에 규제되었을 것이다.

그런데 조선 내의 전신은 종래부터 불통된 것이 많다고 하고 있고, 특히 이 해 5월부터는 고장이 잦아, "때문에 육군성은 오사카상선주식회사 소유 소형 기선 두 척을 빌려 해군 감독 장교를 승무원으로 하여 통신선으로 만들고 부산, 인천 사이의 연락처로 삼고 있었다"[33]고 한다. 조선 전신에 대한 이런 불신은, 한편으로는 일본 정부의 조선 정부에 대한 경부간 전신선 증설 요구의 구실이 되었다.

[더욱이, 참모본부편찬 『明治廿七八年日淸戰史[메이지 27, 28년 일청전사]』에는 "우리 도쿄, 청국 베이징 및 조선국 경성 사이에는 2개조의 전선이 있다. 제1은 청국 상하이를 경유 요동을 옆으로 조선국 의주를 지나는 것이고, 제2는 조선국 부산을 경유하여 곧장 경성으로 들어가는 것이다. 그리고 제2선은 종래의 통계에 근거하면 불통이 여러 건이다. 특히 동학당 봉기를 중심으로 하는 전라도를 경과함으로 인해 본 전쟁 개시 이전부터 이미 불통되어 있으므로 개전 이전에는 도쿄, 베이징, 경성 간의 통신은 주로 바다 선[海線]

---

32 히야마 유키오[檜山幸夫], 「日淸戰爭開戰期における国內世論と戦争指導」, 中京大学法学部第20周年紀念論文集 『現代の法と政治』, 1988年, 420~1쪽 참조.

33 다보하시 기요시[田保橋潔], 『近代日朝関係の硏究』 下, 朝鮮総督府中枢院, 1940年, 422쪽.

에 말미암아……"(제1권, 46~7쪽)라고 적혀 있다. 경부선이 마치 개전 전부터 전혀 기능하지 않았던 것처럼 상당히 의도적인 문체다]

그렇다 치더라도 7월 23일의 왕궁 점령사건 후의 전신 불통에 대해서는 이해할 수 없는 점이 많다. 이 때의 전신 단절 이유가 일본에서는 '천둥소리[雷鳴] 때문'이라 하고 있음을 앞서의 신문보도에서 알 수 있다. 일관되게 그 이유로 설명하고 있다. 신문도 그것을 의심하여 "혹시 인위인가"라고 의문을 던지고 있는데, 그 경우도 '전선단절'은 오직 청국군의 행위라 하고 있다.

과연 '뇌우雷雨'로 전신이 며칠간 단절될까. 일본군이 왕궁을 점령한 날에 때마침 그 일이 발생하고 며칠간 계속 불통될까. 조선왕궁 점령 보도가 통제된 것과 아울러, 이 시기의 전신 단절에 대한 일본의 설명은 우리에게 여러 가지 의문을 불러일으킨다.

그러면 중국측은 이 전신 불통을 어떻게 보고 있었는가.(중국 사료에 대해서는 중국 근대사를 전공하는 동료, 이노우에 히로마사井上裕正의 가르침을 받았다.)

일본군은, 7월 22일 밤부터 행동을 시작해 23일 오전 3시 용산을 출발[34], 조선왕궁을 점령하러 감과 동시에 서울에 있는 청군 관서를 습격했다.

개전 후, 당소의唐紹儀[35]가 원세개袁世凱에게 보고한 바에 따르면,

……於是月二十一日寅刻, 倭人突發兵丁千餘名, 將總理公署及龍山分署
漢城電報總局囲守攻掠. 卑府卽率同各員差, 由後院韓民宅內逃移, 至英國

---

34 『日清戦爭實記』第1編, 博文館, 1894年 8月 30日 発行, 97쪽.

35 당소의는 원세개가 7월 18일 귀국을 허락받고 조선을 떠나자, 원세개의 사무를 인계받고 대리조선교섭통상사의代理朝鮮交渉通商事宜의 지위에 있었다.

總領事館署暫避.……[36]

이라 되어 있다.

　　(위, 일문으로 고친 글(読み下し文). —이하, 같음)

……이번 달 21일(양력 7월 23일-나카쓰카. 이하 ( )안은 같음) 인시寅時(오전 4시경)에 왜인이 갑자기 병정 천여 명을 이끌고 총리공서 및 용산분서·한성전보총국을 포위하고 공략함. 우리 부[卑府]는 즉시 각 부원을 함께 인솔하여, 뒷 담장의 한국 민가 안을 거쳐 도주 이동하여, 영국 총영사관에 이르러 잠시 피함.

　또, 같은 당소의의 보고는,

竊於六月二十日黎明倭兵攻掠公署時, 各員弁方在就寢, 倉卒逃避, 未及將各密電本携出. 迨至踰垣後, 有司電書識周德蔚·譯員蔡紹基恐密本遺失, 漏洩軍情, 復逾垣入, 將各本搶出. 倭兵持槍追擊, 行未受傷.[37]

가만히 생각해보니 6월 21일(7월 23일) 여명, 왜병이 공서를 공략했을 때, 각원各員들은 마침 취침 중이었으므로 창졸간에 도피하여 각각의 밀서본을 갖고 나가지 못했음. 담을 넘은 후에서야 전서식電書識 관리 주덕원周德蔚과 통역원 채소기蔡紹基는 밀본이 유실되고 군정이 누설될 것을 염려하여 다시 담을 넘어 들어가 각본各本(각자의 보고서를 말함/역주)을 들고 나왔음. 왜병은 창(철포)을 들고 추격했지만 다행히 아직 부상을 입지 않았음.

36　中国近代史資料彙編, 『淸季中日韓関係史料』, 台湾, 中央研究院近代史研究所編, 1972年, 第6卷, 3456쪽.
37　위의 책, 3468쪽.

이라 한다. 잠들었을 때 습격당한 청국 측의 상황을 생생히 말해 준다.

7월 23일 오전 3시~5시 경 '한성전보총국'도 일본군에 의해 '위수공략囲守攻掠'된 것이다. 왕신충王信忠은 『中日甲午戰爭之外交背景중일 갑오전쟁의 외교배경』(台北, 文海出版社, 1964年, 236쪽. 단 초판은 칭화淸華 대학에서 1937년 간행)에서 일본군의 조선왕궁 점령 당시, 주駐조선 영국총영사관에 근무하고 있던 중국인 허인휘許寅輝라는 사람이 지은 『客韓筆記객한필기』의,

> 六月二十日夜四更, 電線被日毀斷短斷,……
> 六月二十一日早, 日兵進王宮, 毀電局爲駐兵之所,……
> 6월 20일(양력 7월 22일) 밤 네 시, 전선을 日(일본)이 훼손함,……
> 6월 21일(7월 23일) 아침, 일병이 왕궁으로 진격, 전국을 부수고 주병소駐兵所로 삼음,……

이라는 기사를 소개하고 있다. 이 『객한필기』는 최근(1988년), 중국의 사천인민출판사四川人民出版社가 간행한 『近代稗海근대패해』 제10집에 수록되어 있다. 이에 따르면 필자 허인휘는 1893년 봄부터 한성(서울)의 재조선 영국총영사관에 초빙되어 근무, 문서 작성과 번역에 종사했고, 조선에서 청일 교전을 자세하게 목격했다. '갑오(1894) 정월'부터 '을미(1895) 8월'까지의, 허인휘 자신이 직접 견문한 바를 기록한 것이 『객한필기』로, 그 사료적 가치가 높다. 허인휘가 말하는 일본군에 의한 전선 절단, 전신국 점령 기사는 위 당소의의 보고와 거의 일치한다.

오다 순이치로織田純一郎의 『日淸韓交涉錄일청한교섭록』(東京, 文海堂·成美堂, 1895年)에도, "……처음의 왕궁 전투 종료 후 아병我兵 한 부대[一隊]가 곧바로 전진하여 전신국을 습격, 이를 취하고……"(75쪽)라 되어 있다. 위의

중국 측 사료를 뒷받침하는 자료다. 좁은 소견으로는, 이 책은 일본측 기록으로서는 드물게 '전신국' 점령을 언급한 것이고, 저자 오다 슌이치로가 무쓰와 매우 가까운 인물이었다는 것(고토 다카오後藤孝夫의 교시에 의함)도 매우 흥미롭다.

또 『寃海述聞원해술문』의 「牙山戰爭實記아산전쟁실기[38]」에도,

報稱念一日漢城韓倭已開仗, 電線已被截斷, ……

보도에 이르되, 념일일念一日(21일=7월 23일), 한성의 한·왜가 이미 전투를 시작했고, 전선은 벌써 단절되어……

라고 하고 있다.

당시 아산에 진을 치고 있던 청국군 총병総兵, 섭사성聶士成[39]이 지은 『東征日記동정일기』 李寶森校 『中日戰爭』(上同, 9쪽)에는, 7월 24일의 상황을 다음과 같이 전한다.

二十二日, 接傳相電, 和議決裂, 速備戰守. 江自康率所部至. 下午, 馳往成歡, 相度地勢. 成歡距牙山西北四十里, 水原, 振威在其前, 爲漢城往公州要道, 擬駐師防守. 時倭隊聚果川, 水原, 衆約三萬. 電報中斷, 聲息不通.

22일7월 24일, 부상傳相이홍장의 전신을 받아 보니, 화의가 결렬되었으므로 신속히 전수戰守에 대비하라는 것이었다. 강자강江自康이 소부所部를 인솔하여 도착했다. 오후에 성환으로 달려가 지세를 살폈다. 성환은 아산 서북쪽으로 40리 떨어져 있고, 수원과 진위는 그 앞에 있다. 한성에서 공주로 가는

---

38 中国近代史資料叢刊, 『中日戰爭』 第6冊, 1956년, 84쪽.

39 1836~1900. 청말의 군인. 안휘성安徽省 합비슴肥 출신. 직례제독을 지냈다. 태평천국의 난 때 공을 세운다. 1884년 청불전쟁 때 대만에 파견되어 싸웠으며, 1894년 청일전쟁 때 섭지초를 따라 조선에 와 아산에 주둔하여 싸웠다/역주.

중요한 길이기 때문에 모의하여 군대를 주둔시켜 막아 지킨다. 이 때 왜군은 과천, 수원에 약 3만의 무리가 집결했다. 전선은 도중에 끊겨 음성 소식이 통하지 않았다.

7월 23일 오전 일본에 발신한 전보가 그날 안에 도착해야 하는데, 허인휘는 "6월 20일[양력 7월 22일] 밤 네 시, 전선은 일[일본]이 훼손 단절[毁斷]했다"고 적고 있다. 이런 경위에서 살피건대, 23일 미명에, 일본군 측에 의한 의주선이 먼저 절단된 것은 거의 틀림없을 것이다.

청일전쟁 전, 조선의 전신은,

朝鮮電線共有四線··釜長線·京釜線·義州線·元山線, 期中除釜長線外, 餘三線名義上屬朝鮮, 而事實上悉由中國人員管理. 陳允頤, 陳同書等人先後總攬朝鮮電局, 同時亦受袁的節製, 可見朝鮮的電政大半操在袁氏之手.[40]
조선의 전선은 공히 4개 선이 있다··부장선·경부선·의주선·원산선이다. 그 중 부장선을 제외한 나머지 3개선은 명의상으로는 조선에 속하지만 사실상 모두 중국 인원이 관리한다. 진윤이[陳允頤], 진동서[陳同書] 등이, 선후로 조선 전국을 총괄하고 동시에 또한 원(원세개)의 통제를 받아, 조선 전정電政의 대반의 다스림은 원 씨 손에 있음을 알 수 있다.

는 상황이었다. 이를 고려하면, 이미 교전을 목적으로 행동을 개시하고 있던 일본군이 전선을 단절했을 가능성이 매우 크다.

중국측 사료에는 일본의 신문에 보도된 '뇌우'에 의한 통신 불통 등의 설명이 전혀 없다. 일본군과의 충돌 전, 절박했던 상황 하에서의 전신 불

40　林明德, 『袁世凱與朝鮮』, 台湾, 中央研究院近代史研究, 1970年, 234쪽.

통을 전할 뿐이다. '뇌우'에 의한 불통 등이라는 것은 일본군에 의한 절단을 위장하는 의도적인 정보였다고 보여진다.

23일 오후라면 일본군의 왕궁 점령 사실이 아산의 청국군에도 전해져서 청국군에 의해 부산에 이르는 전신선이 절단된 가능성도 있을 것이다.

어떻든 개전을 앞둔 전신의 두절로 청국 측은 결정적으로 불리한 상황을 맞이하게 되었다. 일본군은 만단萬端의 준비를 갖추고 선제공격을 하려하고 있었고, 이미 7월 19일 이래 육해군과도 교전을 전제로 하여 행동을 일으켰다.[41] 따라서 청국군과의 서전에서 압승할 필요가 있었고, 청국군이 이용 가능한 전신선을 사전에 끊은 것은 군사적 우위를 확보하기 위해 반드시 필요한 것이었다고 생각된다.

나의 이런 추측은 다음의 사료가 뒷받침한다. 그것은 재조선 일본군 혼성여단장 육군소장 오시마 요시마사가, 조선왕궁 점령의 군사적 행동에 앞장서 참모총장인 다루히토신노熾仁親王[42]에게 타전한 전보다.

7월 23일 오전 1시 2분발

동　　　동　9시착

참모총장　　　　　　　　　　　　　　　재경성 오시마 소장

공사의 요청에 따라, 내일 왕궁을 포위할 것이며 전투는 피할 수 없음. 요시마사의 당초의 생각은 대동강에 적병이 오기 전에 아산병兵을 격파함에 있으나, 통지하신 경황에 의하면 그럴 여가가 없고 따라서 그들의 상륙을 확

41　앞의 졸저『日淸戰爭の硏究』, 162~3쪽.

42　1835~1895. 에도 시대 후기~메이지 시대의 일본의 황족, 정치가, 군인. 아리스가와노미야 다루히토신노有栖川宮熾仁親王라 부름. 신노親王는 일반적으로 동아시아에서 적출嫡出의 황자나 최고위 황족의 남자에게 부여된 칭호. 일본과 조선(대한제국)에도 존재했다. 일본의 황실 전범에 따르면 친왕은 천황 적출의 황자와 적남계嫡男系 적출의 황자계 남자를 말한다/역주.

인한 이상 임진강 부근에 주군[首力]을 이동시킬 것임. 아울러 틈 있음을 확인한 이상, 아산을 향하는 것을 알아서는 안 됨.

의주 전선電線은 오늘 밤 우리 손으로 절단할 것임. 그렇다면 경부선도 저 때문에 끊어야 할 것임.[43]

청국과 통하는 전신선 중 의주선이, 조선왕궁 점령과 거의 동시이며(혹은 그 전), 일본군에 의해 먼저 절단된 것은 이 전보에서도 틀림없다. 또, 그에 따라 경부선이 청국군에 의해 절단되었을 것이라고 일본군이 예측하고 있던 것도 이 전보에서 알 수 있다. 뇌우에 의한 전신선의 불통 등이라는 것은 내외의 여론을 기만하기 위해 지어낸 이야기였던 것이다.

어떻게 하여 이런 뉴스가 유포되었는지에 대한 상세한 것은 아직 분명히 할 수 없지만 일본 정부와 군이 결탁한 정보조작의, 어떤 근원의 존재를 들여다보게 하는 것이다.

그런데 일본 정부 내에서조차, 그리고 천황을 비롯한 측근들 사이에도 그 실행을 주저하는 목소리가 있었던 조선왕궁 점령이라는 기획을 실행에 옮겼을 때, 여러 가지 불안이 증폭되지 않기 위해서도 전신 두절은 오히려 바라는 바였는지도 모른다. 또, 일본군에 의한 강제 왕궁 점령의 상보가 세상에 알려지게 되면 어쩌면 열강의 개입이 재연될 지도 모른다. 정보의 전달은 하루라도 늦는 쪽이 일본 측에 유리했던 것이다.

이홍장은, 광서光緒 11년(1894) 6월 21일(7월 23일), 역서譯署(총리아문)에, "義州電局報··本日卯刻, 前途至漢城線阻.……恐為日兵所斷. 雖囑韓人設法修通, 未必可靠."(의주 전국 보고에, 금일 묘시(오전 6시 경)에 한성에 이르는 전도前途선이 저지당함.……아마도 일병이 단절한 것 같으며, 한인에게 부탁하여

43 高松宮藏版,『熾仁親王日記』卷6, 開明堂製, 1936年, 433~4쪽.

설법을 수통시켰으나, 아직 반드시 기댈 수 없슴).이라 타전했다. 그리고 또 다음 날, 상하이의 도대^{道台}에, 일본 주재 왕봉조 공사에게 전달되도록 다음과 같은 전보를 쳤다. "祈轉汪星使. 義州前路電阻, 漢城信息不通. 倭兵至水原, 或將与葉軍開釁, 望確探電示."(왕성사에게 옮겨주기 바람. 의주 전로前路의 전신이 막혀 한성 소식이 불통임. 왜병이 수원에 도착하여 어쩌면 장차 섭군과 전투한다 함. 확실히 탐문하여 전시電示바람⁴⁵).

그리고 6월 25일(7월 27일)에는 역서^{譯署}(총리아문)에 다음과 같이 타전했다.

有電敬悉. 査朝鮮有兩電線, 一自漢城南至釜山, 由海線通日本, 系日本代造. 一自仁川, 漢城北至義州, 由鴨綠江通奉直, 系中國代造. 日兵到仁, 漢卽修釜線, 踞爲己有. 二十二, 攻奪我電局, 將漢城至平壤線阻斷, 不准華人修接. 擬改由滬轉電釜山, 日拒不收華報. 此刻, 津電只能通至平壤爲止. 須俟大軍到乎, 兵進一步, 線通一步, 方能守護. 至牙山消息已阻数日, 現雇英旗小輪船, 由烟台送信至牙, 尙無回音.⁴⁶

전선 있는 곳은 모두 엄중해야 함. 조사컨대 조선에 전선이 둘 있음. 하나는 한성으로부터 남으로 부산에 이르러 바다 선을 경유하여 일본으로 통하며 일본이 대신 만든 계통임. 다른 하나는 인천에서 북으로 의주에 이르러 압록강을 경유 봉직奉直으로 통하며 중국이 대신 만든 계통임. 일본군은 인(인천), 한(한성)에 당도한 즉시 부선釜線을 고쳐 안고서는 자기 소유라 함. 22일(7월 24일) 아측 전국電局을 공략하여 빼앗고 한성에서 평양에 이르는 선을 그냥 절단하고, 화인華人(=중국인)이 고치려는 접근[修接]을 허락지 않음. 가령 다시 호滬(상하이)로부터 부산에 전보를 보내려 해도 일본이 거부하고 화

---

44 『李鴻章全集(二) 電稿二』, 上海人民出版社, 1986年, 806쪽.

45 위의 책, 808쪽.

46 위의 책, 816쪽.

보華報를 접수하지 않음. 이 때 진전津電(나루 전신)은 겨우 통해 평양에 이르러 멈춤. 당연히 대군이 평(평양)에 도착하고 병력이 일보一步 전진하고 선線이 일보 통함을 기다려야 능히 막아 지킬 수 있을 것임. 아산 소식이 막힌 지 이미 며칠 됨. 지금 영국 국기를 단 작은 윤선輪船을 사서 옌타이烟台를 경유해 송신하여 아(아산)에 보내고자 했으나 아직 회신 없음.

청국측으로서 전신 불통이 어느 정도 심각한 타격이었는가는 이 전보에서 알 수 있다. 이에 대해, 일본 외교문서와 군의 기록, 예를 들면 참모본부편찬『明治廿七八年日淸戰史메이지28년 일청전사』등에는 이 시기의 전신 불통에 애타는 목소리는 보이지 않는다.

무쓰 외상은 7월 22일 이미 오토리 공사 앞으로 "북경에서의 영국의 중재가 실패로 끝난 지금부터는 단연한 처치를 할 필요가 있다. 그러므로 각하는 주의를 잘 하여 세상의 비난을 초래하지 않을 어떤 구실을 택하여 실제의 행동을 개시하라"[47]라고, 말하자면 개전을 기해 최종적 훈령을 내리고 있다. 그리고 7월 16일, 일영통상항해조약日英通商航海条約이 조인되고, 19일에 무쓰는 오토리 공사 앞으로 다음과 같이 훈령했다.

414호문서 7월 19일 무쓰 외무대신으로부터 조선국주차駐箚 오토리
공사 앞(전보)
조선국 정부개혁안의 거절에 대해 적의의 조치를 취할 취지 훈령의 건
7월 19일 오후 6시 발

도 쿄
무 쓰 대 신

---

47 『日本外交文書』第27卷, 第1冊, 403号文書.

경 성

오 토 리 공 사

조선 정부가 마침내 우리 개혁안을 거절한 건에 관한 귀전貴電을 접수함.

이 때에 맞추어 각하(=오토리/역주)는 스스로 정당하다고 인정되는 수단을 집

행할 것. 아울러 본 대신의 51호 전훈과 같이 다른 외국과 분분함이 생기지

않도록 충분히 주의해야 할 것.

그리고 아병我兵이 왕궁 및 한성을 지킴은 득책이 아니라 생각하므로 이를 결행하

지 않기를 바람.[a]

톈진 주재 아라카와荒川 영사가 18일 자로 보낸 전신에서 언급하기를

이홍장은 17영營의 청병을 조선에 파견할 것을 결정한 것 같고, 그리고 그

중 6영은 7월 19일 혹은 20일 대고大沽를 출발할 것 같다고 함.

위 파병 보고가 과연 사실이고 청병이 장차 조선국에 들어가면 청국은 병력으로

써 우리를 향해 적대시할 것이라고 인정할 수밖에 없고, 따라서 우리가 이에 대한

수단을 취하는 것 외에는 없음.[48][b]

  * 한편, 위 강조 부분 (a)는 훈령 초고에는 "그리고 아병으로써 각 성문을

  지키는 것이 상책이 아니라고 생각하지만, 이미 이를 결행했다면 추호도

  외국인의 출입을 방해하는 등의 일이 없도록 충분히 주의해야 함은 물론,

  아울러 그들에 대해서는 친절히 대우할 것. 특히 이 때를 당하여서는 다른

  외국 사신과는 한층 긴밀한 우의로 교제할 것에 진력해야 함"이라 되어 있

  다. 또 강조 부분 (b)도 훈령 초고에는 다음과 같이 되어 있다. "위 파병 보고

  가 과연 사실이고 청병이 장차 조선국에 들어가면, 청병은 병력으로써 우

  리 개혁안에 간섭할 것이라고 인정할 수밖에 없고, 따라서 우리가 이에 대

  할 수단은 우리 병세兵勢로써 저들을 역외로 몰아내는 것 외에는 없음"[49]

---

48 『日本外交文書』第27卷, 第1冊.

49 외교사료관소장, 『韓国内政改革ニ関スル交渉雑件』 1·6·1-5, 第1卷, 番号53.

이토 총리대신을 비롯하여, 청한 종속 문제를 구실로 조선왕궁을 점령하는 데 주저하는 목소리가 있었고, 내각의 의론이 확정되지 않았으므로 "아병我兵이 왕궁 및 한성을 지킴은 상책이 아니라 생각하므로 이를 결행하지 않기를 바람"이라고는 했으나, 이미 결행했다면 외국인, 특히 구미 여러 나라 사람들과의 관계에는 충분히 신경 쓰고 이번에 한층 친밀한 우의를 표하라고 했던 것이다. 무쓰가 조선왕궁을 점령하려 할 무렵에 가장 세세하게 신경 쓴 것은 그로 인해 발생할 구미 열강의 움직임이었다.

그러나 7월 23일, 영국은 청일이 개전할 경우 상하이의 중립을 일본 정부에 요구했고 이로써 청·영간 어떤 밀약도 없고 영국의 간섭 없음이 이제는 확인되어 기본적으로 그 걱정도 불식되었다. 그리고 그 날, 오후 세시가 지나 무쓰는 오토리 공사로부터의 조선왕궁 점령 제1보報를⁵⁰받았던 것이다. 조선과의 교신이 이 전보를 마지막으로 일시 두절된 것은 앞서 썼던 바대로다.

무쓰가 『건건록』을 구술할 때, "이 때 마침 조선[韓地]의 전선이 단절되어 통신에 의하지 않고 [가령 어떤 급속한 훈령을 요해도 또 조선의 통신은……단절되어……] 그러므로 좌상座上의 의론은 어쨌든 실지는 금후에 발생할 일에 상응하여 상당한 임기의 처분을 내리는 수밖에는 없어서 나는 이 때 오히려 백방으로 바쁜 중에 약간 한가할 수 있을 것 같은 마음이었다"고 한 것은 이 때의 생각을 회상한 것이다. 7월 23일 사건은 청일전쟁의 모든 경과 속에서도 무쓰에게서 가장 잊기 어려운 사건 중의 하나였던 것이다. 그 경지가 『건건록』을 구술할 때 뜻밖에 누설된 것이라 할 수 있다. 아무 것도 아닌 것 같지만 "이 때 오히려…"라는 표현에, 천황을 포함한 궁정의 움직임과, 내각 각료의 이런 저런 논의가 오고 가서 가까스로 개전에 돌입했다는 무쓰의 속마음을 들여다 볼 수 있다.

---

50 『日本外交文書』第27卷, 第1冊, 419号文書.

그렇다면 『건건록』의 초고를 퇴고하는 과정에서 이 부분을 삭제한 것은 무엇 때문인가. 또 제2차 간본에서는 전보 내신來信에 애매한 기술을 한 것은 어째서인가. 『건건록』은 부외비 저작이지만 제한된 사람들에게는 그것을 유포해두고 싶다는 심정이 무쓰 자신에게 있었고, 실제 무쓰가 그것을 행동으로 옮긴 것은 앞서 말한 대로다. 따라서 외교 시책의 깊숙한 비밀과 관련된 사항이 모두 적나라하게 적힌 객관적 사실과 다른 것을 무쓰 자신이 알고 있으면서 적고 있었던 점에서, 『건건록』 안에서도 특이한 기술이다.

그렇다면 『건건록』이 유포되었을 때 그 차이가 지적된 가능성이 있었기 때문에 삭제된 것인가. 그것도 하나의 이유일지 모른다.

무쓰가 외상이 되었을 때, 농상무성農商務省에서 다시 외무성으로 돌아와 청일전쟁 당시 통상국장이었던 하라 다카시도 이 전신 두절 기미는 알지 못했던 것 같다. 그의 일기에는 "오늘 아침 8시발 경성으로부터 '조선 정부가 불만족스런 회답을 했기 때문에 오늘 아침 왕궁을 포위, 조선병 발포함에 대해 공격했다'는 전보가 왔다. 이 전신 후에 전신이 불통되었으므로, 상세함을 알 경로가 없다. 그러나 이리하여 국면이 일변하지 않을까 생각한다"[51]라고 적고 있다. 하나는 7월 23일 아침 발신 전보(앞의 419호 문서)가 통상적으로 도착했음을 기록하고 있는 것이다.

그러면 제2차 간본에서 사실에 기초하여 기술하지 않고 애매하게 했던 것은 어째서인가. 이를 종합적으로 생각해 보면 무쓰는 오히려 오토리 공사와 함께 청일 교전에 앞서 있었던 일본군에 의한 전선절단 사실을 잘 알고 있었기 때문에, 한 편으로 자신이 그 깊숙한 비밀에 관계되어 있었던 것의 흔적을 기록에 남겨두고 싶다는 심정에 사로잡혔고, 게다가 그것을 노골적으로 쓰는 것도 꺼렸으므로 초고와 제2차 간본에서는

---

51 『原敬日記』第1卷, 福村出版, 1965年, 218쪽.

사실을 왜곡하여 서술했다는 추측이 성립한다. 참모본부가 편찬한『메이지28년 일청전사』가 전신 불통에 대해 극히 의도적으로 붓을 놀렸던 것과 마찬가지로.

한편 외무대신인 무쓰가 본래라면 틀리지 않았을 7월 23일 전후의 전보 교신 상황을 그렇게 의도적으로 틀리게 씀으로써, 개전이라는 가장 미묘한 때에, 극소수의 사람 밖에 알지 못하는 깊숙한[秘奧] 사항에 오히려 무쓰가 깊이 관여했던 것을 드러내는 계기가 될 지도 모른다는 두려운 생각도 무쓰에게 작용했을 것이다. 만약 그렇다면, 그것은 미리 피해두는 것이 상책이라는 심리가 작동하여, 초고의 기술을 결국 삭제하고 애매한 기술로 그쳤던 것은 아닌가.

그리고 하나 더. 청한 종속 문제를 개전 구실로 삼기를 주저했던 분위기가 강했던 천황을 포함한 궁정과 내각의 상황을 고려하면 전선 절단으로 인해 본래라면 당황하지 않을 수 없는 때에 외무대신인 자가 "이 때 오히려 백방으로 바쁜 중에 약간 한가할 수 있을 것 같은 마음이었다"고 한 것은 마치 '불근신' '부주의'로 들릴 가능성도 있다.

다음 절에서 논하겠지만 천황은 외교 문제에 대해 도쿠다이지德大寺[52] 시종장을 통해 거듭 무쓰 외상에게 하문했다. 7월 23일도, 오토리 공사로부터의 조선왕궁 점령 전보[53]는 천황에게도 상주되었고, 천황으로부터의 급한 문의가 도쿠다이지의 서간으로 도착해 있다.

……말씀하신 한궁韓宮 포위, 대원군을 내세워 내정을 개혁하는 조건은 최

---

52 도쿠다이지 사네쓰네德大寺実則(1840~1919). 막말부터 메이지기의 공경·관료. 궁내경, 내대신을 거쳐 메이지 천황 사망 때까지 시종장을 역임했다. 사이온지 긴모치가 그의 동생이다/역주.

53 앞의『日本外交文書』第27卷, 第1冊, 419号文書.

초의 제의인지, 또는 을ㄷ안인지, 오토리 공사의 의견을 각하에게 말한 것[54]인지를 여쭙고 계십니다. 과연 말해온 것이 있다면 각하의 대답도 말씀해 주셨으면 합니다. 대원군을 내세워 개정한다면 최초 제의를 성립시키고자 한 것으로 생각됩니다. 이에 대해 급히 묻습니다.……[55]

도쿠다이지의 이 편지에 무쓰가 어떻게 대답했는지는 알 수 없다. 그러나 『건건록』 초고 이전의 기술에는 천황이 이렇게 이러쿵저러쿵 말해도, '전보는 불통입니다, 어쩔 수 없습니다'라고 되어 있다. "좌상의 논의는 어쨌든"이라 무쓰가 적고 있을 때, 거기에는 확실한 명분을 내놓지 않은 채 개전하는 것에 주저했던 여러 논의도 포함되어 있을 것이다. 그 안에는 당연히 천황의 이러한 의견도 있었던 것이다.

그렇다면, "오히려 이렇게 바쁜 가운데 다소 한가할 수 있을 것 같은 마음이었다"라는 표현은 마치 '온당하지 않음'으로 들릴 수 있다. 7월 23일 전후 긴장 가득했던 시기에 '좌상의 논의'를 '야유'하는 듯한 여유는 도저히 무쓰에게도 없었던 것 같다. 그러나 전쟁에서 승리한 뒤 아오야마靑山에게 구술하면서 1년여 전 당시의 상황을 반복했을 때 무쓰의 흉중에는 아마도 제3자에게는 '야유'로 받아들여질지 모른다는 의식이 일순 작동했을 것이다. 이런 뉘앙스를 천황을 포함한 중추 인물들이 알아채지 못하게 하겠다는 무쓰의 세심한 주의에서, 결국은 이 구술 초고 부분이 모두 삭제되었던 것이 아닐까.

---

54 7월 10일부, 오토리 공사가 무쓰 외상 앞으로 보낸 「朝鮮內政改革ノ勧告拒絶セラレタル時我カ執ルヘキ手段ニ付伺ノ件조선내정개혁 권고가 거절되었을 때 우리가 취해야 할 수단에 대해 문의하는 건」, 『日本外交文書』 第27卷, 第1冊, 398号文書에 있는 「을안」일 것이다.

55 渡辺幾治郎, 『日清·日露戦争史話』, 千槍書房, 1937年, 150쪽.

건건록의 세계

(4) 지난번 혁박嚇迫 수단, 전승을 축하하는 환성 속에 매몰됨

『건건록』의 퇴고에 퇴고를 거듭한 무쓰의 심정에 좀 지나치게 끼어든 감이 있으나, 아무튼 이렇게 하여 청일전쟁은 일본측의 강제적 수단으로 개전에 돌입하게 되었다. 그리고 육지와 바다에서의 서전의 승리가 보도됨에 따라, "지난번의 혁박 수단으로써의 한정韓廷 개혁의 득실론도, 우리가 먼저 아산에 있는 청군을 향해 진격하는 가부설可否說도 공히 전국의 일반 도비都鄙 도처에 욱기旭旗를 걸고 제국의 전승을 축하하는 환성 속에 매몰되었다. 그리고 이 때부터 우리나라의 청국과의 외교 관계는 단절되어 오늘에 이르기까지 외교가 이끌고 군이 후원하는 국면이 일변하여 군사 독단의 무대로 되었다"는 것이다.

개전을 노린 '교활[狡獪]한 수단'·'고수적 수단'·'혁박수단'이라 무쓰 자신이 표현한 그 강제성에의 망설임과 주저의 소리는 '환성 속에 매몰되어', 일전하여 훌륭한 성공으로 칭찬받게 된 것이다.

앞의 「陸奥宗光を読む무쓰 무네미쓰를 읽다」를 쓴 다케코시 요사부로竹越与三郎는 거기에서 "우리들은 어쨌든 오직 개전함으로써 좌우간 청국의 사명死命을 제어하기까지 전국戰局을 계속 유지시킴으로써, 그가 외교상의 성공이라 한 것을 주저하지 않았다"고 적고 있다. 7월 23일의 조선왕궁 점령사건은 '무쓰외교'의 성공으로 칭송된 중요한 국면이 된 것이다.

전승의 환성 속에, 약삭빠르고 위압적이고 협박적으로 취했던 수단의 의미는 잊혀졌다. 조금 남아 있었던 께름칙함도 구름이 흩어지고 안개가 가시듯 했다. 취했던 수단이 조선의 관야官野에 어떤 파문을 불러일으킬 것인가를 자각하고 있었던 자가 일본의 정치·군사의 지도자 속에 과연 있었을까. 오히려 '성공'으로 극구 칭찬됨으로써, 목적을 위해서는 수단을 가리지 않는 수법이 그 후로 끊임없이 반복된 것이 아닐까.

3. 무쓰 무네미쓰와 메이지 천황

(1) 천황은 평화애호가인가

청일전쟁에서 '이중외교'가 행해졌고 '평화주의인 무쓰외교'에 대해, 군부가 독주하여 기성사실을 만들면서 전쟁으로 끌고 갔다고 생각하는 사람은, 천황 또한 '평화주의'였다는 논의를 깊이 논증하지 않고 전개한다.

『건건록』과 관련하여, 후지무라 미치오가, "……무쓰가 『건건록』을 쓴 동기입니다만, 이것이 천황에게 먼저 제출된 것에서 알 수 있듯이 군부의 횡포를 숨김없이 천황에게 알려, 군부를 통제하지 않으면 안 된다는 것이 하나"라고 하는데,[56] 이 발언 등도 그 예의 하나다. 좌담회 발언임을 감안하더라도 후지무라의 이 발언은 아무래도 정밀성을 결여하고 있다. 이 발언에는 '군부는 횡포'하고 무쓰·천황은 이에 비판적이며 나아가 '평화적'이었다는 듯한 전제가 미리 함의되어 있다.

천황이 화제가 되면, 객관적으로 보는 눈이 유난히 둔해질 뿐만 아니라 사실에 근거하지 않은 '신화'가 마치 사실인 양 통용된다. 이런 경향이 일본에서는 아직 보편적이다. 쇼와 천황 사망 전후에 일본에서 벌어진 천황 보도는 그 단적인 현상으로 아직 사람들의 기억에 새롭다. 당시 천황에 대해 객관적 사실을 숨기지 않고 보도한 매체는 전국적 일간지로 일본 공산당 기관지 『赤旗아카하타』뿐이었다.

일본에서는 천황을 둘러싼 논의에서 일반적으로 천황과 침략전쟁·천황과 식민지지배·천황과 일본인민 전제적 지배 문제는 짐짓 피해 다녔다. 모토시마 히토시本島等 나가사키長崎 시장이 1988년 12월, 시의회에서 "천황의 전쟁 책임이 있다고 본다"고 발언한 뒤, 매스컴계에서도 천황의

---

56 본서, 제1장의 1 참조.

전쟁 책임을 다루는 논의가 있었으나 그 경우도 겨우 태평양전쟁을 둘러싼 논의에 그친다. 청일전쟁과 러일전쟁 까지 거슬러 올라가 이들 전쟁에 천황이 어떻게 관여했고 일본의 조선 식민지 지배와 중국 침략에 천황이 어떤 역할을 했는가라는 류의 이야기는 일본 매스컴 계에는 거의 등장하지 않는다.[57]

다른 한편으로 천황은 시종 '평화주의'자였다는 주장이 계속 반복되어 왔다. 쇼와 천황에 한하지 않고 '평화주의'는 일본 황실의 전통이라는 것이다.

메이지 천황이 '평화 애호'자였다는 주장은 이미 제2차 세계대전 전부터 있었다. 예를 들면 메이지 천황 관련 책을 많이 쓴 와타나베 이쿠지로渡辺幾治郎는 앞서의『日淸 ·日露戰爭史話일청·일러전쟁사화』의 청일전쟁 부분에서「평화애호의 메이지천황」이라는 소절小節을 만들어 "하루라도 전쟁을 잊을 수 없어 그에 대비하신 메이지 천황은, 또 평화의 애호자로 나타났다. 생각건대 고금의 제왕에는 메이지 천황처럼 군사를 장려하고 군사에 특별한 흥미를 가진 이도 있을 것이나, 메이지 천황처럼 참으로 평화를 애호하신 군주가 어디에 있을 것인가"[58]라고 적고 있다.

최근에는 무쓰 무네미쓰의 먼 일가이며 현역 외교관인 오카자키 히사히코岡崎久彦가 와타나베의 이 주장을 참고하면서 다음과 같이조차 말한다.

……청일전쟁에 이르기까지 그동안, 메이지 천황이 도쿠다이지 시종장을 통해 그 때 마다의 정세에 대해 종종 정부에게 하문했는데, 그 내용은 일관

---

57 스즈키 마사시鈴木正四,「戰前天皇 ·天皇制の美化と歷史の眞實」, 季刊『科学と思想』72号, 新日本出版社, 1989年 4月 참조.
58 와타나베 이쿠지로,『日淸 ·日露戰爭史話』, 147쪽.

되게 청일 대결로 나아가려는 일본 외교에 브레이크를 거는 방향으로 작동
하는 내용이다.……

특히, 전후戰後의 평화주의에 영합하여 말하는 것은 아니나 객관적 사실로
서 각 가정에는 그 집안의 전통이 있듯이, 황실의 전통은 메이지 이래 대일
본제국 시대를 통해서도 일관되게 평화주의이신 걸로 배찰拜察한다.[59]

이와 같은 '정치지향의 의론'이 과연 객관적 사실을 감당할 수 있을까.

그런데 이런 '평화애호 천황'이라는 논의에 '학문적 논증'을 댄 논문으
로서 지금까지도 영향력이 있는 것이 후카야 히로하루의 「近代日本天皇
制の特質근대일본 천황제의 특질」(『歷史敎育』第15卷, 第1号, 1967年 1月)이다. 후
카야는 다음과 같이 말한다.

……청일전쟁이 천황의 의지에 반해 수행된 사실을 지적한다. 이는 내가
메이지 천황기期 편수編修에 관여했을 때 알게 된 사실이다.

전쟁 발발 뒤 얼마 있지 않아 당시 내각(제2차 이토 내각)은, 이세진구伊勢神宮에
행행行幸하여 선전봉고제宣戰奉告祭를 올릴 것을 주청했으나 천황은 이를 거
부했다. 당시 궁내대신 히지카타 히사모토土方久元[60]의 회일담과 궁중의 기
록에 따르면, "이번 전쟁은 짐의 전쟁이 아니고 대신大臣의 전쟁이다"라는
이유에 말미암은 것이었다. 즉 천황은 전쟁에는 절대 반대했지만, 정부와
군부의 요구에 의해 부득이 선전 조칙을 반포했던 것이다. 그러므로 봉고
제를 올리는 것은 자기를 속이며 나아기 '조종祖宗'의 영靈을 속이는 것이 되
어, 완강히 이세 행행을 거부했던 것이다. 메이지헌법 제13조는 "천황은 선

---

59 오카자키 히사히코, 『陸奧宗光』下, PHP硏究所, 1988年, 283~4쪽.

60 1833~1918. 도사土佐 출신 정치가. 막말에는 존왕양이파였으나, 유신 후 신정부
    에 출사, 궁중 직에 오래 있었다. 이토 히로부미 1차 내각 때 농상무대신으로 입각
    한 뒤 궁내대신으로 전직하여 오랜 동안 직무를 맡았다/역주.

전宣戰과 강화講和 및 제반 조약을 체결한다"고 규정하고 있다. 그러므로 천황이 전쟁을 반대하는 마당에 선전포고를 해야 할 리가 없다는 형식논리가 가능하다. 본래 전쟁은 국가와 국민의 운명을 걸 정도의 중대사다. 그러므로 메이지 천황 개인으로서는 이를 쉽게 찬성할 수 없었을 것이다. 그러나 정부·군부의 요구를 물리치는 것은 전제군주적이므로, 개인을 초월한 천황의 입장에 서서, 헌법의 규정에 따라, 본의 아니게 '무쓰히토睦仁'의 이름으로 전쟁을 선포했던 것이다. 그 개인적 불만이 '대신의 전쟁'이라는 말 속에 확실히 나타나 있다. 어쨌든 청일전쟁에 있어서는 헌법 제13조에 근거하여 선전의 조칙을 발포發布한 실제 주체는, 개인적인 '짐'이 아니고 '대신'이었고, '짐'의 이름과 헌법이 '대신'에 의해 법적으로 통용되었음에 지나지 않았다고 할 수 있다.[61]

후카야는 이 '사실' 등으로부터 「근대일본천황제의 특질」을 논하여 "사실은 천황 개인이 자주적인 주권행사자이지 않았다 해도 꼭 지나친 말은 아니다[62]"라고 하여 근대 일본의 천황이 마치 그 때 그 때의 정치·군사의 실권 장악자들이 말하는 대로 되었던 것처럼 결론짓는다. 호라 도미오洞富雄도 후카야의 이 주장에 부연하여 「日淸戰爭は『朕の戰爭に非ず』—親政君主たらんと欲する明治天皇 일청전쟁은 "짐의 전쟁이 아니다"—친정군주이고자 한 메이지 천황[63]」을 쓰고, 나아가 최근의 소론 「明治天皇と『親政』 메이지 천황과 '친정'[64]」에서는 "메이지 천황은 청일전쟁에 반대했을 뿐만 아니라 요동반도 할양 요구에도 반대했다.……물론 천황이 전쟁을 완전히 부정한 것은 아니다. 요동반도 할양에 대해서는 어쨌든, 대만 영유에는 집착이 깊

61 후카야 히로하루, 「近代日本天皇制の特質」, 『歷史敎育』 第15卷, 第1号, 6쪽.
62 위의 논문, 8~9쪽.
63 호라 도미오, 『天皇不親政の伝統』, 新樹社, 1984年, 수록.
64 호라 도미오, 『大久保利謙歷史著作集』 8, 付錄, 1989年 1월 수록.

었던 것 같다.……그러나 마쓰카타 마사요시松方正義가 일찍이 주창했던 대만을 남진의 거점으로 삼는 등의 군사적 의의에 대해서는 언급하지 않는다" 등으로 말하고 있다.

그러나 청일전쟁과 메이지 천황을 둘러싼 이런 논의는 나무를 보고 숲을 보지 못한 것은 아닌가. 여기서는 후카야와 호라·오카자키 등의 주장을, 그들도 당연히 볼 수 있었을 사료를 들어 청일전쟁과 천황과의 관계를 검증하고, 또 천황을 둘러싼 움직임과 무쓰 무네미쓰와의 관계에 대해 살펴본다.

(2) 취지와 다른 하나의 사료

『明治天皇紀』, 1894년 8월 11일조에 다음의 기술이 있다.

> 11일 청국에 대한 선전의 봉고제宣戰奉告祭를 올리기 위해 오전 8시 가시코도코로賢所·고레이덴皇靈殿·신덴神殿[65]을 장식하고 찬찬饌饌과 폐물幣物을 바치다. 이 때에 출어出御하지 못하고 시키부쵸式部長[66] 나베시마 나오히로鍋島直大 후작侯爵[67]으로 하여금 대배代拜시켜 축사를 올리게 하다,……
>
> ……이에 앞서, 선전 조칙을 공포함에 궁내대신宮內大臣 히지카타 히사모토 자작子爵이 어전에 나와 신궁神宮 및 선제릉先帝陵의 봉고奉告 칙사 인선에 대해 예지를 받들다. 천황 말씀하시기를, 그럴 것까지는 없으나, 이번 전쟁은 처음부터 짐의 본의가 아니다. 각신閣臣 등이 전쟁의 부득이함을 상주함에 따라 이를 허할 뿐이다. 이를 신궁 및 선제릉에 봉고함은 짐이 심히 괴롭다 하다.

---

65 가시코도코로, 고레이덴, 신덴은 신쿄神境를 모시는 궁중 삼전三殿/역주.

66 시키부쇼쿠式部職(궁내성의 한 부국으로 제실帝室의 제전과 예식을 관장)를 통솔하는 칙임관/역주.

67 1846~1921. 막말의 다이묘大名(히젠쿠니肥前国 사가번佐賀藩 11대 번주), 메이지·다이쇼기의 정부 고관. 이와쿠라 사절단의 일원으로 미국·영국에 유학했다/역주.

히사모토 의외의 일에 놀라 상주하여 아뢰기를, 얼마 전 이미 선전 조칙을 재가하셨는데, 그런데 지금 이 같이 분부하심이 혹 지나치신 것이 아닌가고 극간極諫하다. 갑자기 역린을 건드려, 재차 말하지 말라, 짐은 다시 그대를 보고 싶지 않다고 하시다.……[68]

이것이 메이지 천황의 '평화주의'를 나타낸 것으로 자주 인용되는 사료다. 특히 강조 부분이 따로 떼어져 인용되는 경우가 많다. 그리고 이에 이은 다음의 기술은 대체로 무시되고 있다.

……그런데 다음 날 이른 아침 시종장 도쿠다이지 사네쓰네德大寺實則 후작이 히사모토의 집으로 가, 신속히 칙사 인명을 선정하여 봉정하라는 성지를 전하다. 히사모토 급거 참내하여 처소에 문안드리다. 용안이 깨끗하고 평상과 조금도 다르지 않으시다. 곧바로 아뢰는 바를 윤허하시다.……[69]

궁내대신 히지카타 히사모토의 담화에 의한 것으로 보이는 위의 기술이 사실이라 해도, 천황이 "이번 전쟁은 본의가 아니다.……두 번 다시 그대 얼굴을 보고 싶지 않다"고 궁내대신을 꾸짖은 그 다음 날에는 마음이 달라져 기분이 아주 좋아, 궁내대신의 말을 잘 듣고 있었던 것이다.

그러므로 8월 1일부터 10일 사이의 어느 날, 히지카타 히사모토가 말하는 것 같은 사실이 마침 있었다 해도, 이로써 천황이 청일전쟁에 "절대 반대했다" 등으로 말하는 것은 아주 잘못 짚은 것이다.

천황이 그렇게 말했다 해도 그것은 "전쟁에는 절대 반대였기" 때문에 그렇게 말한 것인지 아니면 그런 뉘앙스의 것을 천황이 마침 말한 요인이

68 궁내청宮內庁, 『明治天皇紀』, 第8, 吉川弘文館, 1973年, 481~2쪽.
69 위, 482쪽.

또 있었는지 청일전쟁 전과정을 통해 훨씬 엄밀하게 검토되어야 한다. 후카야 및 호라의 의론에는 역사 연구의 이런 초보적 절차가 결여되어 있다. 도야마 시게키遠山茂樹는 『明治天皇紀메이지 천황기』의 이 기술로 "메이지 천황이 청일전쟁에 반대했다고 단순히 해석할 수 없는 것은 당연하다"고 말하고, 사료로서의 음미가 필요함을 적절히 지적하고 있다.[70]

(3) 청일전쟁 개전과 메이지 천황

와타나베 이쿠지로는 앞의 책에서 메이지 천황의 '평화주의'의 예증으로, 시종장 도쿠다이지 사네쓰네가 천황의 뜻을 따라 외무대신 무쓰 무네미쓰에게 보낸 서간[71] 등을 들고 "청일전쟁 중지의 어려움을 인식하신 천황도 무언가 평화적 해결 방법이 없는 것인가 하고 매우 근심軫念하시어 외교 교섭에 끝없이 깊은 주의를 기울였다"[72]고 적고 있다. 이를 확실히 하고자 그 서간들을 아래에 열거한다.

먼저, 1894년 6월 21일, 시종장 도쿠다이지 사네쓰네가 외무대신 무쓰 무네미쓰 앞으로 보낸 서간이다.

삼가 아룁니다. 하온데 앞서 상주上奏하신 톈진의 아라카와 영사로부터 온 전보에, 이씨李氏(조선을 지칭/역주)가 다수 병사를 냄 운운이라고 되어 있고, 우리에 대해 위혁威嚇의 취의로 출병한다는 뜻임과, 한지韓地는 평온하므로 아군我兵이 철수할 것을 여러 차례 요구하면서 많은 병사를 낸다고 함은 더욱 요해하기 어렵다고 생각되옵니다. 다만 목청을 돋울 뿐이지 확실한 것은 아니지 않습니까. 각하의 생각을 배청하여 분부 받자올 것이므로 일

---

70 도야마 시게키, 「明治維新期の天皇と天皇制―天皇不親政論の批判―」, 『歷史学研究』 591号, 1989年 3月 참조.

71 1984년·메이지27年 6月 21日付, 7月 19日付, 7月 23日付.

72 와타나베 이쿠지로, 앞의 책, 147쪽.

건건록의 세계

단 여쭙사옵니다. 아무쪼록 답변 주시기 바랍니다. 이상 아룁니다.[73]

이어 같은 해 7월 19일부, 무쓰 앞으로 보낸 도쿠다이지의 서간,

삼가 아룁니다. 그런데 지난 번 상주하신 오토리 공사가 보내 온 전보 중에,
내치개정위원은 전일까지 협의하면서 철수의 건을 말씀하신 마디에, 공사
로부터 재삼 이유를 물어 돌입했는지 어떤 것인지, 이미 권고 받은 것이 절
망이라 하더라도, 을안乙案을 시행함은 공사가 충분히 취급하는 것으로 갖
은 수단을 다 쓴 것으로 생각하시지 않습니다. 각하는 어떤 생각이시온지
여쭈시므로 이 편지[一書]로 삼가 아룁니다.[74]

또 앞 절에서도 소개했던 그 해 7월 23일부, 무쓰 앞으로 보낸 도쿠다
이지의 서간,

삼가 아룁니다. 하온데 한궁韓宮을 포위, 대원군을 내세워 내정을 개혁하는
조건은 최초의 제의인지 또는 을안乙案인지, 오토리 공사의 의견을 각하에
게 말씀한 안이신지를 여쭙고 계십니다. 과연 말해온 것이 있다면, 각하의
대답도 말씀해주셨으면 합니다. 대원군을 내세워 개정한다면 최초의 제의
를 성립시키고자 한 것으로 생각됩니다. 이에 대해 급히 묻사옵니다. 이상

---

73 위의 책, 148쪽.
　　참고로 위 서간의 원문은 다음과 같다/역주.
　　拝啓、陳者過刻御上奏に相成候天津荒川領事よりの来電、李氏多数の兵を出す云々
　　とあり、我に対し、威嚇の趣意にて出兵する意なるや、韓地は平穏に付、我兵撤回の
　　事を屢請求しながら、多数の兵を出すと云ふは更に難了解事に被思召候、只に声を
　　盛んにするのみに而確実なる事には無之哉、閣下御考案可承旨被仰付後間一応御尋
　　仕候、何分御答仰処に候、敬具。

74 위의 책, 148쪽.

아룁니다.[75]

위와 같이 이들 서간은, 역시 외교상의 문제에 대한 천황의 의문을 보인 것이라지만 그것이 과연 천황의 '평화 의지'를 증명하는 것인가는 음미해 볼 필요가 있다.

이미 잘 알고 있는 바와 같이 청일전쟁 개시에 즈음한 일본 정부의 기본 전략은 "외교상으로는 항상 피동자의 위치를 고수하려 했으나, 일단 일이 벌어지는 날에는 군사상의 모든 면에서 기선을 제압한다"[76]는 것이었다. 결코 평화전략이 아니다.

일본 정부가 조선 출병을 결심한 1894년 6월 2일 밤, 외무대신 무쓰 무네미쓰·참모본부 차장 가와카미 소로쿠·외무차관 하야시 다다스 세명이 외무대신 관저에서 출병에 따르게 될 향후 전망을 논의했다. 그것은 "어떻게 하면 평화적으로 일을 정리할 것인가를 논의한 것이 아니고, 어떻게 하면 전쟁을 일으키고 어떻게 하면 이길 것인가를 논의했다"[77]는 것이었다. 또 "외교상 항상 피동의 위치를 고수"한다는 것은 영국과 러시아 등 구주 열강의 동향, 특히 일본에의 간섭을 우려했기 때문이었다는 것은 지금까지 본서에서 언급했다. 조선 침략과 중국과의 전쟁을 회피하는 것이 밑바닥에 깔려 있지 않았던 것이다.

그러나 실제로는 일본 정부의 의도를 실현하는 데 영국·러시아를 비롯한 열국을 납득시킬 개전 이유를 좀처럼 발견하지 못했고 결국 청국이 조선을 속국으로 보고 있는 문제, 즉 청한 종속 문제를 구실로, 극히 강제적인 방법으로 개전으로 들어가게 된 것이다. 이는 앞 절에서 설명

---

75 위의 책, 150쪽.
76 『건건록』, 41쪽(역서, 39쪽).
77 하야시 다다스林董, 『回顧錄』, 同 『後は昔の記』, 平凡社, 1970年, 75쪽.

했다.

그런 만큼, 개전과 관련해서는 천황을 포함한 일본의 지배층 내부에는 의론이 난입되어 주저와 의심의 암귀暗鬼가 가득 차 있었던 것이다.

1894년 6월 15일, 일본 정부는 각의에서 청일 양국에 의한 '조선내정개혁'을 청국에 제의할 것을 결정했다. 동시에 청국이 이를 거부할 것을 예측하여 일본군을 조선으로부터 결코 철수시키지 않을 것, 청국이 거부해도 일본 단독으로 '조선내정개혁'을 진행할 것을 아울러 결정했다.[78]

반노 준지坂野潤治의 소개에 의하면, 이 날 무쓰 외상은 이토 수상에게 편지를 보내,

> 지금 다이도쿠지 시종장이 어사의 뜻을 받들고 내방.……성상聖上께서는 앞으로의 성행成行에 대해 걱정하고 계시는 듯합니다. 특히 각의 마지막에, 청일의 담판 낙착까지 조선에 머무르고 있는 군대가 철수하지 않는 건件 및 청국 정부가 찬동하지 않을 시는 제국 정부가 혼자 힘으로 그 목적을 달성할 것에 힘쓸 것이라고 하는 몇 개조에 대해 신경 쓰시고 계시는 듯이 보입니다.

라고 하고, 더하여 "만일 성려가 각의와 상이한 모양이시면 중대한 일"이라고 이토 수상에게 천황을 설득하도록 요청한다.[79]

도쿠다이지 시종장의 편지에서 알 수 있는 천황의 의향은, 청국과의 개전에 이르는 외교의 진행 방향에 대한 걱정을 반영한 것이다.

그러나 그 염려가 과연 청일전쟁을 반대하고 평화 의지를 표명한 것이었는가.

---

78 『日本外交文書』第27卷, 第2冊, 551号文書.
79 반노 준지, 『大系日本の歷史13 近代日本の出發』, 小学館, 1989年, 200~1쪽.

후카야深谷와 호라洞는 사사키 다카유키佐々木高行[80]의 일기를 근거로 하여 쓴 쓰다 시게마로津田茂麿의 저작『明治聖上と臣高行메이지성상과 신 다카유키』(自笑会, 1928年)을 무슨 까닭인지 무시하고 있다. 알려진 바와 같이 사사키는 청일전쟁 당시 궁중 고문관·추밀고문관이며 또 황태자의 교육 주임을 맡는 등, 천황의 측근으로 깊은 신임을 받았던 인물이다. 또 저자인 쓰다는 사사키 집안을 3대에 걸쳐 모셨던 인물로, 본서의 자료에 대해 다음과 같이 서술하고 있다.

> 본서의 자료는 주로 후작이 직접 쓰신 자소일기自笑日記[81] 및『反古拾ひ호고히로이』라 제목한 일기의 보유補遺와 기타 여러 글에 의한 것이다. 후작은 메이지 유신 전부터 훙거薨去하시기 전의 임상 때까지 하루도 일기를 거른 일이 없었고, 그 날 그 날 있었던 일을 반드시 기재하고 낙으로 삼으셨다. 그러므로 그 시대 시대의 관찰을 적나라하게 기록하셨다.……그러므로 저자는 그 일기를 참조할 경우에는 글을 꾸미지 않고 수정하지 않고 있는 그대로 게재했다.[82]

따라서 여기에 청일전쟁을 둘러싼 천황과 그 측근의 움직임 등 흥미로운 사실이 많이 적혀 있다.

예를 들면, 청국이 일본 정부의 청일 양국에 의한 '조선내정개혁' 제안을 거부하고, 이에 대해 일본 정부가 청국에 이른바「제1차 절교서」를 통보한 다음날, 1894년 6월 23일에 있었던 추밀원 회의의 내용과 사사키

---

80 1830~1910. 막말부터 메이지기의 정치가. 도사 출신. 이타가키 다이스케板垣退助·고토 죠지로後藤象二郎 등과 함께 '도사 삼백三伯'으로 불린다. 이와쿠라 사절단의 일원으로 유럽의 사법제도를 조사했다. 메이지 천황의 신임을 빙자, 정치제제 등과 관련하여 이토 히로부미와 대립했다. 위 본문의 일기는『保古飛呂比호고히로이』다. 저자가 지칭하는『反古拾ひ』는 차음借音인 듯하다/역주.
81 사사키 다카유키를 가리킨다.
82 위『明治聖上と臣高行』, 自笑会, 1928年, 저자 서언, 1~2쪽.

의 감상을 적은 다음과 같은 기술이 있다.

> 이번 달 22일(23일 오늘 아침 청국에 다시 답장을 냈다 함)에 다시 답장을 발송하다. 그 취의는 동의하지 않는다는 답이시지만, 우리 제국은 조선 정부가 충분히 개량改良하여, 안심할 목표가 성립되지 않는 동안에는, 일본 병을 철수할 수 없다고 단연코 답했다. 따라서 각 고문관에게도 이미 여지가 없고 이러한 이상 나의 취의를 관철하기까지 밀어부칠[押訥] 수밖에 없다. 그러면 청국도 반드시 이의를 제기할 것이고 마침내 크게 충돌하여 개전을 각오하고, 그 준비가 더욱 간요하며 자신도 같은 생각으로 달리 길이 없다고 답했다.……인하여 생각건대, 조선 사건은 어쨌거나 빠르든 늦든 대파열에 이르러 청국과의 개전 시기는 피할 수 없다, 또한 일단 개전하게 되면 비온 뒤에 오히려 땅이 굳을 것이라고 평소 생각했지만, 이번의 간섭은 관원을 도태하고 회계를 검사한다고 말하기까지 처음부터 청국에 제의한 것은 너무나 극도로 절박한 통지가 아니었는가, 처음에는 좀 대범하게 나와 자연히 위와 같은 간섭의 경우를 맞게 될 것 같다고, 각 고문관의 의견을 들음에 모두 동감하는 모양이다. 그렇지만 금일에는 고문관 중에 이론異論이 있어 자연히 밖으로 새기 때문에 크게 논의를 일으켰고 또 금일 어떤 소용도 없으므로, 결국 주전론으로 밀어부칠 수밖에 없다고, 일동 동감한다.[83]

즉, "이미 주전론으로써 밀어부치는 수밖에 없다"고 함께 생각하면서 "너무나 극도로 절박한 통지"로 보이는 일본 정부의 행동에는 위구심이 있고, 이것에는 "각 고문관의 의견을 들음에 모두 동감하는 모양이다"고 하는 상태였던 것이다.

다음 날도, 천황의 측근에서는, 그 의론이 계속된다.

---

83 위의 책, 893~4쪽.

6월 24일, 히지카타 히사모토, 이와쿠라 도모사다岩倉具定,[84] 궁에 들어갔을 때 조선 사건의 이야기를 언급하다. 히지카타도 이와쿠라도, 이번 사건은 너무 절박하게 간섭하는 뜻을 내비치고 있는 것은 어째서인가, 이와쿠라는 인민 보호일 뿐이라면 최초의 출병이 과다하다고 생각된다, 이렇게 된 이상 전쟁의 명분이 어떻게 되겠는가, 일본에서 무리하게 다그쳐, 헛된[無名] 전쟁이 되지 않기를 바란다, 더욱 양인 공히 지금의 경우는 반드시 끝까지 버틸 수밖에 없다, 히지카타가 말하는 계획대로 사이쿄西京(=교토/역주)까지도 행차해 계실 생각이시라는 은밀한 얘기[内話]가 있었다, 지극히 당연하다고 대답했다.[85]

즉, 천황 측근 사이에는 "이렇게 된 이상 전쟁의 명분이 어떻게 되겠는가, 일본에서 무리하게 다그쳐 헛된 전쟁이 되지 않기를 바란다"고 주저하면서도, 한편으로는 "지금의 경우는 반드시 끝까지 버틸 수밖에 없다"고 생각하고 있었다. 궁정의 이런 분위기 속에서 천황 혼자 "전쟁에 절대 반대"했다는 것이 과연 가능했겠는가. 그렇지 않은 증거로, 6월 20일의 시점에 이미 천황도 "계획대로 사이쿄까지도 행차"라고, 교토까지 가서 이 전쟁의 진두에 설 의향을 흘리고 있는 것이다.

그리고 천황을 포함한 궁정의 이런 움직임과 실제 개전을 목표로 어떤 책략을 세울 것인가에 부심하고 있던 무쓰 외상과 군 간부들 사이에, 때에 따라서는 어떤 틈이 벌어졌다 해도 그것 또한 당연히 있을 수 있는 것이었다.

더욱이 지금은 외무대신이지만, 일찍이 서남전쟁西南戰爭[86] 때 정부 전복

84 1852~1910, 제4대 궁내대신, 귀족원의원, 이와쿠라 제16대 당주/역주.

85 앞의 『明治聖上と臣高行』, 896쪽.

86 1877년 1월부터 9월까지 지금의 구마모토熊本·미야자키宮崎·오이타大分·가고시마현鹿児島県 등지에서 사이고 다카모리를 맹주로 하여 일어난 사족士族 반란. 메이지 초기에 일어난 일련의 사족 반란 중 최대 규모였고, 일본의 최후 내전이다/역주.

음모에 가담했던 사유로 관직에서 물러나고, 국사범으로 투옥된 적이 있던 무쓰 무네미쓰에 대해, 천황과 천황 측근들이 충분히 신뢰하고 있었는가 하면 꼭 그렇지만은 않다고 생각되는 부분이 있다. 그것은 일과 사정에 따라서는 분명한 불신이라고 할 수 있는 정도의 것이었기 때문에 상황은 한층 복잡했다.

(4) 천황의 '무쓰 무네미쓰' 관

여기서 천황이 무쓰 무네미쓰를 어떻게 보고 있었는지, 조금 거슬러 올라가 사료를 제시해둔다.

결론을 먼저 말하자면, 서남전쟁 때 '반정부폭동'에 가담했던 이유로 체포, 투옥되고 나서부터 무쓰 무네미쓰에 대한 천황의 불신감은 상당했고 그것이 쉽게 누그러지지 않았던 것 같다.

먼저 무쓰가 투옥 중이었던 1880년 12월의 일.

이 달 서남반란西南の役 이 일어날 때 음모를 꾸미며 금옥禁獄 5년에 처해진 무쓰 무네미쓰, 야마가타현山形県 감옥에서 이송되어 미야기현宮城県 감옥에 있다. 이 해 1월 감옥서역監獄署役이 수욕장囚浴場 화재를 일으키다. 무쓰, 이를 발견하고 옆방의 수인 고치현高知県 출신 미우라 스케오三浦介雄와 함께 불을 끄는 데 힘써 큰 일이 나지 않고 불이 꺼지다. 센다이仙台 재판소 검사 나카가와 다다즈미中川忠純가 두 사람의 공로를 구비하고, 다른 관례에 준하여 감형에 처할 것을 상신하다. 각의, 무쓰 등의 죄상[犯狀]이 보통의 국사범에 준하여 비겨서는 안 되므로 10월 26일 (천황의)재가[宸斷]를 바라다. 무쓰 같은 자는 중직重職에 있는 몸이면서 정부를 전복하고자 꾀한 것, 일반인의 예로써 이를 용서해서는 안 된다는 예려叡慮로써 이 달에 이를 듣지 않으시다. 당시 모 신문은 무쓰 등에 대해 감등減等의 은전은 없음을 논하여 공명公

明하지 않다고 한다. 대신 등이 이를 헤아려 사정을 밝혀 아뢴[陳奏] 바 있으나, 신문의 기사에 좌우되어서는 안 된다고 꾸짖으셨다[呵笑] 하다.[87]

미야기현 감옥 당국자들은, 화재 진압에 진력한 무쓰 등은 관례에 비추어 볼 때 형의 만기를 채우지 않고 1881년 8月경 석방될 것으로 확신하고 있었다. 야마가타山形가 감옥에 갇힌 이래 감옥 밖에서 친히 무쓰의 편의를 돌봐준 고토 마타베後藤又兵衛에게 그것이 은밀히 전해지고도 있었다. 그러므로 무쓰의 귀에도 들어갔다고 생각된다.[88] —그러나 석방 기대는 헛되었다.

이어, 10년 후 1890년 5월 17일의 일. 이 날 야마가타 내각의 개편이 있었다. 야마가타는 내무대신 겸임을 사임, 해군대신 사이고 쥬도西鄕從道를 내무대신에, 해군차관 가바야마 스케노리樺山資紀를 해군대신에, 내무차관 요시카와 아키마사[89]芳川顯正를 문부대신에, 특명전권공사 무쓰 무네미쓰를 농상무대신에 보임하고 친임식親任式이 거행되었다. 『메이지천황기』는 이와 관련하여 다음과 같이 적고 있다.

무네미쓰 및 아키마사를 발탁함은 사람들 다수가 이례적이라 하는 바다. 처음에 아리토모有朋, 무네미쓰를 발탁코자 하여, 명하여 귀조歸朝시키다. 대개 아리토모는 국회 개설을 감안하여 판단하기를, 무네미쓰가 민간의 여러 당과 인연이 있고 또한 정당의 사정에 훤하기 때문에 이(=무네미쓰)를 각반閣班에 열 지워 의원들을 조종하고자 하는 뜻을 내다. 그러나 무네미쓰

---

87 앞의 『明治天皇紀』 第5, 252쪽.

88 우노 료스케宇野量介, 『仙台監獄の陸奧宗光』, 宝文堂, 1982年, 참조.

89 1842~1920. 아와노쿠니阿波国(지금의 도쿠시마현徳島県) 출신의 메이지, 다이쇼 시대의 관료, 정치가. 야마가타 아리토모에 인정받아 정계 진출. 일본 은행제도 확립에 공헌했다. 도쿄도지사, 사법, 문부, 내무, 체무대신 등을 역임했다/역주.

가 귀조하자 내각 조직이 이미 성립되어 무네미쓰를 주천奏薦할 여지가 없다. 무네미쓰가 달가워하지 않다. 민간 지사와 교류하고 혹은 통신대신 백작 고토 쇼지로後藤象二郎[90]와 결탁하다. 아리토모는 오랜 동안 각외에 머물지 않을 수 없음을 살펴, 마침내 미치토시通俊(이와무라岩村)[91]를 파하고 무네미쓰로 하여금 이를 대신하도록 하고, 아리토모 또한 아키마사와 관계가 좋아 곧 다케아키武揚(에노모토榎本)를 파하고 아키마사로 하여금 이에 대신하고자 하여 이를 아울러 주천奏薦하다. 천황의 뜻이 좀 편치 않으신 바가 있어, 아리토모에게 이르기를, 무네미쓰는 일찍이 10년의 일이 있고 사람됨이 믿기 어렵다, 아키마사 또한 중망衆望을 아주 결하여 이 두 사람을 발탁함에 심려하지 않을 수 없다고 하시다. 아리토모 이에 대해 말하기를, 무네미쓰의 전죄는 이미 소멸되었고, 지금 채용하지 않으면 민간에 있으면서 오히려 정부의 방애妨礙가 되므로 차라리 이를 발탁하여 그 재간을 이용함이 상책이다, 만약 그런 일이 반복된다면 신이 그 책임을 지겠다, 감히 신려宸慮에 걱정을 끼쳐 드린다,……아리토모 진정 양인을 발탁할 것을 주천하다. 천황 잠시 이를 들으시다,……[92]

그 다음 해, 1891년, 오쓰大津[93] 사건으로 아오키 슈죠가 외상에서 사임했고 천황은 그 후임 인사로 무쓰를 앉히려 했던 총리대신 마쓰카타 마사요시松方正義의 제안을 물리친다.

---

90 1838~1897. 도사번 출신 무사, 정치가, 실업가. 이타가키 다이스케, 사사키 다카유키와 함께 도사삼백土佐三伯으로 불린다. 1차 야마가타 내각의 체신대신, 2차 이토 내각의 농상무대신을 역임했다/역주.

91 이와무라 미치토시(1840~1915), 도사번 출신 무사, 관료, 정치가. 메이지 시대 농상무대신, 궁중고문관, 가고시마 현령과 홋카이도청장을 역임했다/역주.

92 앞의 『明治天皇紀』 第7, 553~4쪽.

93 1891년 5월, 일본을 방문한 러시아 황태자 니콜라이 알렉산드로비치 로마노프(후의 황제 니콜라이 2세)가 사가현 사가군 오쓰마치大津町(지금의 오쓰시)를 경비하던 경찰관 쓰다 산죠津田三蔵에게 피습당한 암살미수 사건/역주.

마쓰카타 마사요시는 5월 26일부로 이토 히로부미 앞으로 보낸 편지에서 말한다.

> ……외무대신 건은 금일에 이르러서는 하루라도 빨리 진행되는 방향이 좋을 것이라 생각됩니다. 관련하여 후임으로 무쓰 무네미쓰의 건을 은밀히 여쭙고 있습니다만, 심히 좋지 않으신 기분으로 보여 바로 허락하실 것으로도 보이지 않습니다.……만약 무쓰의 건이 위와 같으시다면, 에노모토榎本나 또는 다나카田中 외에는 있을 수 없습니다. ……또 재삼 말씀드리는 무쓰의 건도 허락되어야 할 것이라고 생각하고 있습니다만, 당장의 사정은 좋지 않습니다. 깊이 살펴주시기 바랍니다.……[94]

또 『메이지천황기』에도 이렇게 되어 있다.

> 외무대신 자작 아오키 슈죠가 오쓰 사변에 대해 그 책임을 느끼고 청하는 바 있어, 그 직을 파하고 추밀고문관 자작 에노모토를 이에 맡게 하다, 처음에 내각총리대신 백작 마쓰카타 마사요시, 농상무대신 무쓰 무네미쓰로 슈죠에 대신하도록 하자, 천황 달가워하시지 않아, 곧 다케아키武揚를 주천奏薦하다,……[95]

마쓰카다 내각의 관료로서의 이 무쓰에 대해 천황의 평가는 극히 엄하며 불신을 드러내고 있다. 같은 해 12월 26일부로 시종장 도쿠다이지 사

---

94 앞의 『伊藤博文関係文書』 7, 136쪽.
참고로, 위 편지의 원문은 다음과 같다/역주.
…外務大臣儀は今日に至り候而は一日早目に相運ひ候方可然事と被存候。就而後任之儀陸奥宗光之義內窺候処、甚御不気分に被伺直様許容被為在候向にも不被伺候。……若や陸奥之儀右通之事に御座候へは、榎本贓又は田中之外には有之間敷候。……又再三言上仕候陸奥之処も御許容に可相成乎とも存候得共、差向之都合は甚た不宜御審察可被下候。……

95 앞의 『明治天皇紀』 第7, 851쪽.

네쓰네는 이토 히로부미 앞으로 보낸 편지에서 이렇게 말한다.

> 그런데 의원 재찬거再撰擧에 대해서는 같은 의원을 다시 뽑아서는 해산할
> 수 없는 결과를 낳지 않겠는가고 누누이 심히 우려하셨습니다. 마쓰카타
> 대신에게도 여러 번 분부하셨고, 각 지방관에게도 주의할 것을 내시內示하
> 셨습니다만, 장래 양민의 의원이 될 것을 바라고 있습니다.……그러하나
> 장래 내각의 일치화합은 무쓰 대신이 자리를 점거하고 있어서는 철두철미
> 조화를 이루기 어렵다고 깊이 생각하고 계시므로 숙고하신 의견을 은밀히
> 상주해주시기 바랍니다.……[96]

그리고 천황은 1892년 3월 19일, 사사키 다카유키에게 무쓰에 대한
불신을 명백히 드러내고 있다.

> ……이 날 오전 11시가 지나 다카유키(사사키) 참내參內, 양궁(常宮·周宮) 피한
> 避寒 중의 상황을 아뢰다.……다카유키가 주상奏上을 마치자 천황이 시사에
> 관한 담화 있으시다. 추밀원 의장 이토 히로부미의 정당조직 및 사직에 관
> 한 정실情實 등을 상세히 알리시다.……천황이 이르기를, 고토後藤는 이토
> 의 정당 조직을 달가워하지 않아 이론異論을 주창하는 것 같다.……또 이르
> 기를, 이토가 처음에 정당조직을 제창하자, 무쓰는 이를 크게 찬동하여 공
> 히 민간으로 내려가 스스로 거기에 임무를 맡겠다고 했으나, 이토가 마침
> 내 사표를 제출함에 이르자 홀연히 표변하여 이토가 정당을 조직하는 것도
> 이타가키板垣[97]의 3분의 1의 세력을 획득하기 어려울 것이라고 하고, 그 정

---

96 앞의 『伊藤博文関係文書』 6, 216쪽.

97 이타가키 다이스케板垣退助(1837~1919). 도사번 출신 무사. 군인, 정치가. 메이지
유신 원훈, 자유민권운동 지도자. 일본 역사상 최초로 의회정치를 수립하기 위한
민선의원民選議院 설립을 정부에 건언, 제국의회 및 현재의 자민당 원류인 애국공
당과 자유당의 창시자다. 동아시아 최초로 제국의회를 수립하여 '헌정의 아버지',
'국회 창시자'로 알려져 있다/역주.

당조직을 곤란하게 보고 빈번히 조롱하는 말투로 농했기 때문에, 이오누에 고와시井上毅가 이를 듣고 그 반복에 크게 노하고 이를 시종장에게 고했다. 또 작년 의회 해산 때에도 무쓰는 처음에는 해산해서는 안 된다 했으나 12월 24일에 갑자기 오늘 중으로 해산하지 않으면 안 된다고 마쓰카타를 독촉한 이유다. 무쓰는 또 내각에서 기밀의 건을 매번 밖으로 누설하고, 개진改進·자유自由 양당과도 기맥을 통하는 것 같다. 대신 등이 이를 지적할 수도 없고, 야마가타山縣가 무쓰를 간택한 것은 실책이었다고 은밀히 탄식한다고 한다. 더욱이 이토·이노우에 가오루井上馨는 동인의 재간을 아끼는 듯하고 무쓰 또한 재주 있는 자로서, 내각은 물론 마쓰카타의 실태失態를 열거하여 이를 이토에게 알리고, 이토가 복직하지 않으면 무엇도 되지 않을 것이라는 뜻을 늘 고했다. 그러므로 무쓰가 마침내 사표를 제출함에 이르러서는 대신 등이 크게 다행이라 여기는 바다. 그러나 이 사이의 사정은 잘 모르는 것 같아. 무쓰도 표면적 의견이 맞지 않는다고 말함으로써 사직했다고,······[100]

천황의 무쓰에 대한 이 평가는, 물론 무쓰 측에서 말할 때는 극히 편견에 가득 찬 것이라 하겠다. 앞서 든 『原敬関係文書하라 다카시 관계문서』(第5, 書類編2)에 하라 다카시 자필의 「陸奥農商大臣辞職の経緯무쓰 농상대신 사직경위」라는 문서가 있다. 하라가 무쓰에게 인정받고 또 무쓰의 기대에 잘

---

98 1844~1895. 구마모토 번사 출신. 메이지 정부 관료, 정치가. 법제국 장관, 문부대신 등 역임. 법치국가, 입헌주의 원칙을 중시했다. 동시대 정치가 이오누에 가오루와는 혈연관계가 없다/역주.

99 1836~1915. 죠슈 번사 출신의 메이지·다이쇼 시대 정치가. 메이지 초기 외무경을 역임하고, 제1차 이토 내각 외무대신, 2차 이토 내각의 내무대신, 3차 이토내각의 대장대신 등 요직을 거치며 원로로 정계에 큰 영향을 끼쳤다. 이토 히로부미 등과 함께 죠슈 5걸의 한 사람으로 영국에 밀항, UCL(University of London)에서 공부하던 중 국력의 차이에 눈을 떠 개국론을 주장한다/역주.

100 앞의 『明治天皇紀』第8, 36~8쪽.

부응했던 것은 주지의 사실이다. 이 문서는 미완성으로, 무쓰의 농상무대신 사직에 대해서는 적혀 있지 않으나, 의회 해산의 전말에 대해서는 무쓰의 생각을 자세히 전하고 있다. 조금 길지만 천황이 사사키 다카유키에게 했던 위의 말과 비교하면 무쓰가 무엇을 생각하고 있었는지, 그것이 천황의 평가와 어떻게 어긋나는지가 잘 드러나 아주 흥미로우므로 긴 문장이나 소개한다.

　　무쓰 농상대신의 사직에 대해 다른 날 참고가 되지 않겠는가 생각하므로 나의 사직 이유와 함께 기억한 대로 아래와 같이 적는다.

　　2월 26일이라 기억한다. 무쓰 농상대신은 마쓰카타 총리대신을 방문하고 정부의 장래 방침 및 선거 선후책 건에 관해 긴밀히 대화했다. 앞서 무쓰 대신은 마쓰카타에게 누누이 이 건으로 충고했지만 마쓰카타 백작은 이를 받아들이는 것 같기도 하고 받아들이지 않는 것 같기도 하며 머뭇거리다 헛되이 시일을 끌었다. 대개 마쓰카타 백작은 종래의 갈 길인 이상, 삿쵸薩長 연립의 정실 때문에 쉽게 결정할 수 없지 않았겠는가. 게다가 이토 백작은 추밀원의장을 사임하고 민간으로 내려가 별도로 할 것이 있겠는가고 주장하고 당시 이른바 흑막의 회합도 있는 까닭으로, 2월 25일의 의원 총선거가 끝나기까지는 급히 이를 재촉하는 것이 심히 온당하지 않은 이유로써 잠시 중지하는 모양이었는데, 지금 또 사직론이 재발한 것은 마쓰카타 백작은 실로 일방적이지 않은 고심 중에 있지 않은가. 위와 같은 사정에서 이삼 일 기다려 달라는 응답으로 이 날은 공허히 헤어졌다.

　　대저, 작년 12월 중의원 해산을 단행했을 무렵, 시나가와品川 내무대신과[101]

---

101 시나가와 야지로品川 弥二郎(1843~1900). 메이지 시대 관료, 정치가. 쵸슈 출신으로 쇼카손쥬쿠松下村塾에서 요시다 쇼인吉田松陰에게 배웠다. 메이지초 유럽에 건너가 독일, 영국에서 6년간 유학. 귀국 후 내무성, 농상무성, 주독 공사로 일하다 1차 마쓰시타 내각에서 내무대신을 맡았다/역주.

다카시마高島 육군대신[102] 같은 사람은 빈번히 해산을 외쳤다. 기타 대신 중에도 해산을 외치는 자 많았으나, 이런 가운데 흘연屹然히 해산 불가를 주장하는 자는 무쓰 대신이었다. 동 대신의 의견은, 충돌의 결과로 해산하는 것은 워낙 부득이 하다고 하겠으나, 정부는 그 의지가 있는 바를 분명히 의원議院(=의회)에 보이고 의회가 이를 받아들이지 않을 때는 즉시 해산할 때이다. 그러나 정부는 아직 이 처치를 하지 않고, 감옥비 국고지변안監獄費支辨案 같이 시나가와 내무대신은 추호도 그 안을 유지하기에 힘쓰지 않고, 심하게는 이 법률대로 잘못했다가는 형편이 좋지 않게 되어 정부 위원에 설명시켜야 한다고 발언한 것조차 있다.(이 말이 과연 감옥비인지는 확실하다고 기억되지 않으므로 의사록을 보라) 철도안 같은 것 또한 그렇다. 정부위원 마쓰모토松本(기술관) 철도국 부장만이 설명했다. 다카시마 대신처럼 언론이 심히 서툴고 특히 조금도 정신을 기울이지 않아 그 음성조차 듣기 어렵다 한다. 가바야마樺山 대신 홀로 크게 논변하여 의원의 격노를 초래한 것도 이는 실로 독보적인 용기다. 이를 제외하고는 여러 대신 모두 평상의 과언誇言과 비슷하여 심히 의회 대책이 서툴렀다. 이와 같은 정체情体로는 어떻게 해산할 것인가, 정부의 의사는 안전하나, 새로 선출해야 할 의원이 정부에 가담하려 할 자 있어도 정부의 어떤 점에 가담할 것인가. 이것이 해산을 금일에 단행할 수 없는 가장 큰 이유다. 또 정부가 의회를 해산함은 비상한 최후의 처치이므로 이를 단행함에 있어서는 위헌 폭려暴戾 등과 같은 후일의 결과 여하에 구애되어 먼저 해산을 결행하지 않을 수 없는 경우를 제외한 외에는, 어떤 나라의 정부도 다소 정부의 편을 얻을 수 있을 것으로 생각하여 이 처치를 하는 것이다. 그러나 지금의 정부는 조금도 이 같은 계획 없이 느슨히 해산을 주장하고, 그 불가함이 분명하다고 말함으로써 계속 해산할 수 없다고

---

102 다카시마 모토노스케高島鞆之助(1844~1916). 사쓰마 번사 출신 육군군인, 정치가, 화족. 2차 마쓰시타 내각 육군대신/역주.

건건록의 세계

창도唱道해도 사정이 다만 하루하루 절박할 뿐이어서 정부는 거의 손을 묶고 의회를 방관하는 것 같은 모양이다. 그리고 의회는 마침내 해산할 수밖에 없음을 미리 알려, 정부 안을 하나도 성립시키지 않고 사후 승인 같이 위원회委員에 회부하여 거의 이를 잊은 것처럼, 빈번히 예산에 절감을 가하여 경상부經常部를 끝냈다. 이것이 12월 25일의 일이다. 무쓰 대신이 이 내외의 정세를 살피고 도저히 어찌 할 수 없을 것 같은 지경에 빠진 것을 보고, 25일 오전 11시경 마차를 몰고 마쓰카타 백작을 방문하고 말하기를, 의원議院 해산은 내가 동의하지 않는 바이다, 그러나 제군諸君이 오히려 해산을 주장함에 있어서는 헛되이 시기를 그르치려 하지 말고 청컨대 이를 오늘 단행하라고 했다. 따라서 마쓰카타 백작은 급히 각 대신들을 불러 이를 상의, 다나카田中 사법대신처럼 금일 결행함은 불가하다고 논해도, 각 대신은 마침내 일치하여 즉각 상주하고 재가를 얻어 바로 그날 밤 해산령을 발포했다. 이 날 중의원은 예산 경상부의 의사를 마치고, 바야흐로 내일부터 고난湖南 사건 때 발포했던 긴급칙령 및 기후岐阜 아이치愛知 지진地震의 예산외 지출의 사후 승인을 모두 부결시키려는 기도가 있음을 듣고, 또 일부 의원은 아마도 해산하지 않을 수 없는 정회停会에 지나지 않을 것이라고 가만히 기대하는 자도 있었다고 하고, 어쨌든 의회는 내년에 지속될 것이라 믿는 자가 많은 것은 사실인 것 같다. 그러나 갑자기 해산령이 나오고 실제로 사태가 급변하여 대처할 여유가 없었던 감이 있다. 해산 전체의 가부는 잠시 두고 이날로 해산한 것은 참으로 시기를 얻은 것이라고 해야 한다.[104]

결국, 무쓰는 마쓰카타 내각을 비판하고, 1892년 3월 14일, 농상무대신을 사임했다. 무쓰가 대신에서 물러나고, 천황이 한 숨 돌린 모양은 앞

---

103 오쓰 사건의 다른 명칭. 주93) 참조/역주.
104 『原敬関係文書』第5, 書類編2, 434~5쪽.

서 든 사사키 다카유키에의 담화에도 잘 나타나 있다.

그 무쓰가 다섯 달도 지나지 않아 제2차 이토 히로부미 내각의 외무대신에 취임했다. 그리고 이토는 다시 수상에 취임할 때 천황에게 다음과 같이 말한다.

……아뢰어 이르기를, '들은 바와 같다면, 전前 내각총리대신은 일마다 예려叡慮(=임금의 생각)를 받자온 다음 각의에 묻자고 했고, 신臣이 불초해도 중임을 받음이 있으므로 만사를 위임해주시었습니다. 대사건은 본래 모두 예려를 받음에 게으르지 않지만, 다른 것은 모두 스스로 그 책임이지 않겠습니까' 라고 했다. 천황 이르기를 '경의 생각이 옳다. 짐은 구태여 어떤 일에도 간섭할 뜻은 없다. 다만 짐이 듣는 바 있으므로 의견을 말하는 것이다'고,……[105]

청일전쟁이 시작된 것은 이 때부터 약 2년 후의 일이다.

그리고 개전 전, 천황과 천황을 둘러싼 궁정을 비롯하여 내각에도 '개전 할 수밖에 없음'이라고는 생각하고 있어도 그 구체적 방법에 대해서는 여러 가지 의심과 암귀가 있었음은 앞서 말한 대로다.

1894년 6월 22일의 무쓰가 「제1차 절교서」[106]라 부르는 청일 양국에 의한 조선의 내정 공동개혁 제안을 거부한 청국 정부에의 반박문에 대해, 사사키 다카유키는 다음과 같이 말하고 있다.

청국, 이번의 반박은 간단하고 뜻이 분명하며 호기로운 뜻을 나타내다. 과연 문국文国의 문국임을 감탄하다. 일본에서 다시 보낸 문서, 뭔가 자잘하게

105 앞의 『明治天皇紀』第8, 1892·明治25年 8月 8日条, 117쪽.
106 『蹇蹇錄』, 56~7쪽(역서, 54~55쪽).

써서 재미없다고 생각된다. 어떻게 후일의 평가를 들을 것인가.[107]

이 때에 이르러 청국 정부의 공문을 더욱 칭찬하고, 무쓰가 총수인 외무성에서 작성하여 그것을 논박하는 문서를 '재미없다'고 생각했던 바에, 사사키를 비롯하여 천황을 둘러싼 궁정의 여러 사람이 무쓰를 어떻게 보았는지 그 일단이 드러나 있는 것은 아닌가.

그러나 중복되지만, 청일전쟁 개전을 앞두고 천황과 그 측근들과 무쓰 외상을 비롯한 일부 각료 사이에 어떤 '소격疏隔'이 있었다 해도, 그것이 천황과 궁정 관료들이 청일전쟁에 반대했기 때문이라는 말은 아니다. 그것은 이미 이 책에서 인용한 여러 사료에서도 분명하다.

(5) 『메이지천황기』 1894(메이지 27)년 8월 11일 기술의 특수한 배경

그러나 그래도 사람들은 『메이지천황기』 1894년 8월 11일의 기술을 고집하여, 천황의 '평화주의'를 운운할지도 모른다. 그래서 그 기사의 배경이 된 사정이 무엇이었는지에 대해 언급해둘 필요가 있다고 생각한다.

종래, 이 기사와 관련하여 "천황은 사사키 다카유키 등의 시보侍補로부터 친정親政주의를 고취당하여 메이지 헌법이 발포되고 내각에 의한 보필체제가 이루어졌어도, 대강에서는 리더십을 유지하려 하고 있었다. 그러나 청일전쟁에의 접근은 천황의 리더십에 의한 것은 아니었다.……친정을 최고의 이념으로 했던 천황은, 특히 이 상황을 초조한 것으로 느끼는 것 같아서,……"[108]라는 해석이 있다.

도야마 시게키도 "본래 천황이 외교와 군사에 관여하는 것은 헌법과 관제·법규 그리고 관례에 의해 규제되어 있었습니다. 이른바 천황의 대권도,

---

107 쓰다 시게마로津田茂麿, 앞의 책, 896쪽.
108 후지무라 미치오藤村道生, 『日清戦争』, 岩波新書, 1973年, 96쪽.

국가기구를 통해 행사되는 룰이 이 시기에는 완성되어 있었던 것이, 절대 최고의 권력자로서 자라 온 천황으로서는 불만족스러운 점이었던 것입니다. 77년의 시보 이래 오랜 기간 측근 세력이었던 사사키 다카유키·히지카타 히사모토에게 천황은 이토·야마가타 등 원훈 정치가에 대한 불만과 푸념을 끊임없이 뱉었고, 사사키·히지카타 등도 이에 영합했던 것입니다.……"[109]라고, 이 『메이지천황기』 기사의 배경을 설명하고 있다.

그리고 우노 슌이치宇野俊一는 다음과 같이 말한다.

이 에피소드[110]는 무엇을 말하는가. 천황은 대권을 가진 군주로서 비로소 본격적인 대외전쟁을 개시하게 되었고 마음의 심각한 동요를 불러일으켰을 것이다. 게다가 개전까지 약 2개월 가까운 외교 교섭은 곤란했으며, 러시아·영국 등의 반응도 충분히 다 읽지 못한 채 전쟁을 선포[宣戰]하게 되었다. 전쟁국면의 앞 길에 대해서도, 아직 제해권을 장악하지 못하고 확고한 전망이 세워지지 않은 상황에서 황조황종皇祖皇宗과 선제先帝에 대한 봉고奉告에 책임지지 못하는 심리가 작동했지 않았을까. 나이 43세가 되기까지 일찍이 경험하지 못한 대결단을 내린 천황의 미혹과 걱정에서 나온 발언인 것이다. 그것은 선전 전 6월 24일에는, 같은 히지카타에게 "기색에 따라 서경西京(=京都)까지도 행차해 계시리라 생각하신다"(津田茂麿 『明治聖上と臣高行』)고, 천황의 적극적인 발언이 있었던 것에서부터도, 이 전후에 동요한 진폭은 컸다.[111]

---

109 도야마 시게키, 『明治維新と天皇』, 岩波書店, 1991年, 280쪽.

110 『明治天皇紀』 1894년 8월 11일조에 적혀 있는 천황이 "이번 전쟁은 본의가 아니다" 등이라고 한 것을 가리킨다.

111 우노 슌이치, 「明治天皇の実像」, 宇野外 編 『日本近代史虚像と実像 1, 開国~日清戦争』, 大月書店, 1990年, 326~7쪽.

164   건건록의 세계

간단히 말하면, 위에 소개한 것과 같은 여러 가지 이유가 얽혀서 천황의 노여움이 1894년 8월 상순에 겹겹이 쌓여 있었을는지도 모른다. 그러나 8월 1일의 선전포고로부터 8월 10일의 어느 날, 천황이 "이번 전쟁은 본의가 아니다"라고 말하고 있다면, 그것은 그것으로서 그 특수한 배경을 문제 삼지 않을 수 없다.

물론, 천황의 이 발언을 어떤 특정한 사실에서 설명한다고 해도 사실관계의 확실한 증거를 우리는 알 수 없다.[112] 그러므로 그렇게 해도 의미가 없다는 비판이 있을지도 모른다. 그러나 나는 이 시기에 천황이 가끔 이런 발언을 했다면 그것은 그에 상응하는 사정이 있을 것이라 생각한다.

청일전쟁에서 양국 군 최초의 교전이었던 1894년 7월 25일의 풍도만 해전에서 일본 군함이 청국군 수송선을 격침했는데, 그 배가 영국의 상선(고승호)이었던 것은 널리 알려져 있다. 나는 이 사건이 초래한 충격과의 관계가, 천황의 이 발언의 배경에 있지 않았나 생각한다.

무쓰 무네미쓰도 『건건록』에서 "이 승전보(풍도만 해전 승보·나카쓰카)와 거의 동시에 접수된 보고 가운데 우리 관민을 가장 경악하게 한 것은, 아군 군함 나니와浪速 호가 영국 국기를 게양한 한 척의 운송선을 포격했고 결국 침몰시켰다는 보고였다"[113]고 하고 있다.

청일전쟁 뒤에 사건을 되돌아보고 쓴 『건건록』에서는, 이 사건에 대한 일본 정부의 처치도 꽤 정연히 행해진 듯이 기술되어 있다. 그러나 실제로 무쓰 자신은 이 사건 직후에 극히 큰 충격을 받아 상당히 당황했던 것 같다. 그 모양은 1894년 7월 28일부로 이토 수상 앞으로 보낸 무쓰의 편지에서 엿볼 수 있다.

---

[112] 공표되어야 마땅할 사사키 다카유키의 일기를 비롯하여 『明治天皇紀』 기술의 근거가 된 사료를 아직도 국민에게 감추고 있는 것도 그 큰 이유다.
[113] 『蹇蹇錄』, 139쪽(역서, 146쪽).

영국 국기의 선박을 포격했는지 아닌지는 아직 사이고西鄕로부터 하등의 통지가 없기 때문에, 지금 막 편지 하나를 보내 독촉하고 있습니다. 이 건 관계는 실로 지대히 위험하여 그 결과를 추측할 수 없고 걱정되어 견딜 수 없습니다. 혹은 다른 여단을 조선까지 증발增發하는 건은 아무래도 다른 방법이 없고, 차츰 있을 것 같습니다만, 만약 청국병이 한국[韓地]에 오지 않고, 또 와도 2, 3천의 소수라서 반드시 우리가 증병할 필요가 없지 않을까 하는 경우가 되고, 우리가 계속 증병할 때에는 제삼국들의 의혹을 일으킴은 물론일뿐 아니라, 첫째로 대원군 등으로 하여금 의구심을 불러 일으켜 그 사이를 틈타 청국이 기타 이간離間을 행할 때에는 조선이 다시 청병에게 의뢰하기에 이를지도 헤아리기 어렵습니다. 또 대원군의 가장 큰 바람은 민씨 일족[閔族]에 복수하는 것이므로, 일본에 의뢰할지 청국에 의뢰할지는 반드시 가릴 바가 아닙니다. 그리고 청국도 종래의 행보상 민씨 일족을 도왔어도 형세가 일변하면 반드시 대원군과 일치하기 어렵지 않습니다. 이 사이 오토리가 '지휘'해 대원군 등으로 하여금 충분히 '관계'하게 하여, 이제는 우리에게 의뢰하는 것 외에 거듭 상세히 말하면 청국과는 다시 동화해서는 안 될 만큼 행보를 하게 하지 않으면 안 됩니다. 그리하여 먼저 대원군으로 하여금 우리나라의 거동을 의심케 하도록 하게 되면 이른바 게도 구럭도 다 놓치게 될 것이므로 아무래도 유감스럽다 하겠습니다. 어제 온 참모본부와 상의하여 부산에서 배를 돌려 인천에서 접전接電시켜, 오토리에게 갖가지 주의해야 할 말을 보내고 수 통의 전신을 발송했으나, 엊저녁에 이르러 위와 같이 배도 도저히 출범하기 어렵게 되어, 커뮤니케이션이 서로 전혀 단절된 때이므로, 갑자기 큰 군사가 한지韓地에 들어가게 되면 첫째로 오토리를 의혹시키게 되어, 만사가 끝난 것으로 말할 지경에 빠진다고 할 수 있겠습니다. 차제에 뭔가 궁리하시어 만약 가능하다면 폐하의 영단을 분부하시어서라도 대병 증발의 건을 일시 보류하는 것이 합당

　　　　　　　　　　　　　　건건록의 세계

하지 않겠습니까. 너무 걱정되어 감당할 수 없습니다. 이에 편지 한 통 올리니 고려高慮 받잡겠습니다. 요컨대 금일의 형세는 안을 밀어부칠 것인가 밖을 밀어부칠 것인가 한 길로 나가지 않으면 안 됩니다. 이 한 건은 오히려 잠시 안을 밀어부치는 영단을 내려 주시옵기 바라고, 더욱 현려를 보여주시기를 빕니다. 이만 줄입니다.[114]

고승호 격침사건에 대해 무쓰 외상도 "이 건 관계는 실로 지대히 위험하여 그 결과를 추측할 수 없고 걱정되어 견딜 수 없다"고 말할 수밖에 없었던 것이다. 사건은 영국과의 관계에 그치지 않고, 조선·청국의 동향에도 걸쳐, 이 때 일본군 후속 대부대가 조선에 들어간다면 '만사휴의'라고 할 정도의 곤란함에 빠질지도 모른다, 이 때 천황의 영단에 의해 후속부대 증발을 일시 보류할 수는 없는가라고까지 말하고 있는 것이다.

그리고 다음날인 7월 29일에도 무쓰 외상은 이토 수상에게 편지를 보낸다. 그 편지에서 무쓰는, 일본 정부와 군의 간부 사이에는 '아산 공격 보류'의 논의도 있었던 것 같으나, "아산 공격을 보류하도록 오토리에게 전훈 운운한 것, 오늘에 이르러 도저히 말하기 어렵고,……더욱이 지금은 단행했는지 알 수 없습니다. 위와 같은 이유 때문에 도저히 아산 공격 보류의 건은 지금 행해지기 어려운 것으로 생각됩니다"[115]라고 쓰고 있다. 고승호 격침사건의 파문에 대응함에, 상당히 혼란스러웠던 일본 정부·군 지도자들의 움직임을 엿볼 수 있다.

무쓰 외상은 또, 7월 30일 이토 수상에게 편지를 보내, "앞서 지적해 올려드린 오코시大越 영사의 보고에 의하면, 상하이上海 주재 독일 영사는 일본 군함이 조선 근해에서 독일 상선을 만국공법을 어겨 조사했다고 운운

114 앞의 『伊藤博文関係文書』 7, 296~7쪽.
115 위, 297~8쪽.

했다는 괴로운 심정을 토로한 것 같습니다. 이는 아마 허보虛報겠지만 해군대신에게 사실 여부를 문의 중입니다.……그렇지만 이와 같은 외교적 여러 관계의 발생을 방어하는 것은 분명히 선전포고를 할 것인가, 기타 어떤 수단을 써서라도 제삼자를 국외 중립의 지위에 있게 하는 것이 필요하다고 생각합니다. 다행히 내일 각의가 열리게 되므로 위의 건을 결정해 주시기 바랍니다. 그렇지 않으면 외교상 관계가 생길 때마다 청일이 개전국이 되는지 제삼국들이 중립국이 되는지의 논의가 발생하여 여러 가지 곤란함을 면치 못합니다.……"라고 적었다.[116]

8월 1일 청국에 대한 선전포고는 이러한 상황에서 내려진 것이었다.

『메이지천황기』에 의하면, 이토 수상·무쓰 외상은 8월 2일 천황을 만나고 있고, 무쓰는 또 4일에도, 그리고 이토는 6일에 천황과 대화하고 있다. 고승호 격침사건과 그 사후 대책에 대해 여러 가지로 이야기하고 있는 것이 거의 틀림없다.

개전을 예상하고 외교의 중요 임무를 떠맡았던 무쓰 외상이, 앞서 기술한 7월 28일부 이토 앞으로 보낸 편지에서 볼 수 있는 것처럼 상당히 동요하고 있었던 것에서, 종래부터 외교 교섭에 마음 졸이고 있던 천황이 그 이상으로 마음이 혼란스러웠다는 것은 지극히 가능한 일이다. 만약, 후속 부대 증발이 '폐하의 영단'에 의해 잠시 보류되었으면 하는 것이 천황에게 요청되었다면, 이런 사태를 야기하면서 이제 와서 무슨 말을 하는 것이냐고 천황이 화를 냈다고 생각해도 이상하지 않다.

일본 정부는 법제국 장관 스에마쓰 겐쵸末松謙澄를[117] 사세보에 보내, 거기에 도착한 고승호 선장 등으로부터 사정을 청취하도록 했다. 스에마쓰가 보고서를 정리하고 그 말미에, "본 건에 관해 만국공법상 우리 나니와

116 위, 298쪽.
117 1855~1920. 메이지·다이쇼기의 언론인, 정치가, 역사가. 영국 유학파/역주.

건건록의 세계

浪速 함 행위의 옳고 그름 여하는…… 이를 요약하면……그 행위가 부당[失 當]하지 않았다는 것은 본래 공평함을 지니는 비평가가 의심하지 않는 바 임"이라 적고 있는 것이 8월 10일의 일이다.[118] 그러나 8월 13일, 일본 정부 가 아오키 슈죠青木周蔵 주영 공사로부터 받은 전보에는, 이미 영국 정부는 고승호 격침사건의 책임은 일본 정부에 있다는 뜻을 전하고 있다.[119] 천황의 우울함은 쉽게 가시지 않았고, 11일의 궁중삼전宮中三殿[120]에의 선전봉고제 宣戰奉告祭에 나아가는 상황은 없었을 것이다.

전술한 것처럼 청일전쟁에 열국을 납득시킬 명분이 없었기 때문에 천황과 그 측근도 여러 가지 의심과 암귀가 생겨 눈에 띄게 불안했던 것 이다. 거기에 생각지도 않게 일본 군함에 의한 영국 상선 고승호 격침사 건이 발생하고 일본의 정치·외교·군사 지휘가 동요하고 혼란했을 때 천 황의 불만이 일시적으로 폭발했던 것이다. "이번의 전쟁은 본의가 아니 다"라고 천황이 말했다면 그 배경에는 이와 같은 사정이 있었다고 생각 된다.

(6) 청일전쟁과 메이지 천황

그러나 반복하여 말하지만 메이지 천황은 청일전쟁에 '절대로 반대한' 것이 결코 아니다. 그 증거는 이하에서 누누이 서술하겠지만 위의 『메이 지천황기』 8월 11일 기사 후 얼마 지나지 않은 8월 15일에 천황은 벌써 전쟁의 선행先行을 준비하고 대본영에도 앞서서 제2군의 편성을 언급하 고 있다.

8월 15일부 시종장 도쿠다이지 사네쓰네는 이토 수상 앞으로 보낸 편

---

118 『日本外交文書』 第27卷, 第2冊, 727号 문서 부속서.
119 위, 724号 문서.
120 궁중[皇居]에 있는 가시코도코로賢所, 고레이덴皇靈殿, 신덴神殿의 총칭. 이 삼전을 일괄하여 겐쇼賢所라 부른다/역주.

지에서 다음과 같이 말한다.

> ……또 어제 말씀이 있으셨던 장래의 전황에 따른 제2군 편성의 일을 생각
> 하시는 것과 관련한 건의 말씀은, 아직 대본영에도 또한 설명이 없었기 때
> 문에 취소해야 한다는 뜻이 분부되겠습니다만, 위의 건은 누구에게도 말씀
> 하시지 않으셨습니다.……[121]

또 8월 23일 부로 도쿠다이지가 이토 앞으로 보낸 편지에는,

> 인사드립니다[拜啓]. 며칠 전 상주해주신 조선국에 3사단병兵을 보내는 것
> 은 지금의 정황으로서는 5사단병으로 충분하다고 생각되므로, 3사단병은
> 다른 필요한 장소로 가는 것이 옳고, 다만 경비経費가 이미 많이 지출되었으
> 므로, 3사단의 한지韓地의 출병은 보류하도록 가와카미川上 참모에게 보냈
> 던 것입니다. 성상의 물으심에 뭔가 귀보貴報 있으시기 바랍니다,……[122]

라고 하여, 군의 파견에 대해 국가 재정을 주목하고 있어 천황이 적극적
으로 관여하고 있음이 명백하다.

그리고 연전연승의 전황이 전개됨에 따라, 히로시마로 옮긴 대본영에
서 천황이 '정려精励'한 모습을 보였다는 것은 주지의 사실이다. 나아가 여
순구旅順口 공략, 위해위 점령을 거쳐 1895년 3월, 일본군이 중국 본토를
침공하기 위한 직례直隷 평야 작전계획을 확정했을 무렵, 천황은 "때를 보

---

121 앞의 『伊藤博文関係文書』 6, 223쪽.(참고로, 위 원문은 다음과 같다/역주. "…且昨
日御沙汰有之候将来之戦況により第二軍編成の儀思召被掛候事の御沙汰は, 未本
営に而も更に説無之事故可取消旨被仰候間、右之件は熟(孰)れへも御沙汰に不相成
候…)
122 위의 책, 6, 223쪽.

　　　　　　　　　　　　　　　　건건록의 세계

아 대본영을 여순반도로 이동시키고 나아가 양하구洋河口[123]로 돌려 신작전
지로 전진한다는 예려叡慮이셨으나, 건강상 원정을 염려해 모셔야 할 자
들로써, 유사有司들 하나 같이 예려를 바꾸어 모셔야 않겠는가고 애쓰는
바 있어, 천황이 마침내 그 청을 받아들이시어, 이 날 정청대총독征淸大總督
을 임명하시기에 이르렀다"[124]라는 것으로도 된 것이다. 즉 천황은 대본영
을 전장의 제일선 가까운 곳으로까지 전진시키고, 스스로 거기에 출진할
의향이었으나 측근이 그것을 애써 말렸다는 것이다.

'때를 보아 대본영을 여순반도로 이동시키고 나아가 양하구로 돌려
신작전지로 전진한다는 예려'라는 말이 어떤 사료에 근거한 기술인지
『메이지천황기』에는 출전을 나타내는 사료명은 들지 않고 있다. 게다가
'건강상 원정을 염려해 모셔야 할 자들로써, 유사有司들 하나 같이 예려를
바꾸어 모셔야 않겠는가고 애쓰는 바 있어'라는 기술에는 편찬자가 손을
댄 것이라 상상된다. 전승에 우쭐했던 천황의 언동에, 그렇게 해서는 정
치·군사 전략을 그르친다고도 쓸 수 없는 것이라, 건강에 의탁하여 이렇
게 기술했다고도 생각되기 때문이다. 그것은 어쨌든, 이 시기에 천황이
스스로 대본영을 이끌고 여순, 나아가 산해관 가까이까지 가서 문자 그대
로 제일선에서 진두지휘한다는 의지를 공연히 표시한 것은 이 기술에서
분명하다.

이미 알려진 바와 같이, 이토 총리대신은 전년인 1894년 12월 4일,
「威海衛ヲ衝キ, 台湾ヲ略スベキ方略위해위를 치고, 대만을 취할 방략」이라는 제
목의 의견서를 대본영에 제출하며 산해관에서 중국 본토로 향하는 직례
평야 작전을 반대한다. 가령 그 작전이 성공한다면, 청조의 붕괴 나아가

---

123 양하구는 산해관의 서남, 양하가 발해만으로 들어가는 하구 쪽을 말한다. 일본군
　　의 직례 평야 작전계획으로는, 먼저 이 곳에 상륙하고 산해관 부근을 공략, 거기에
　　근거지를 만들 예정이었다.
124 앞의 『明治天皇紀』第8, 718쪽.

서는 열강의 간섭을 반드시 초래하게 될 것이 분명하므로 이토는 극렬히 반대했던 것이다. 이토는 말한다.

……이리하여 다행히 그 바램을 달성한다고 해도, 저 청국은 온 조정이 놀라고 폭민暴民이 사방에서 일어나, 땅이 붕괴 와해되어 마침내 무정부로 되어서는, 즉 내외의 소리가 일제히 창도하는 바, 우리나라[我国] 금일에 이르기까지 백방으로 힘써 열국의 간섭을 피하려 했음에도 불구하고, 열국은 각각 그 상민을 보호하는 상에서 이해의 관계가 가장 통절하므로 자연히 합동 간섭책을 쓰지 않을 수 없는 쪽으로 이를 것임은 필연이다. 이 어찌 스스로 각국의 간섭을 불러들이는 것이 아니겠는가.……[125]

이토는 본래 이 의견서에서, 해가 바뀌어, "따뜻한 봄날을 기다려 청나라 정부가 여전히 주저하고 항복을 우리에게 청하지 않으면, 다시 나아가……, 수륙 연승의 여용餘勇으로써 산해관을 함락하고, 톈진과 베이징으로 들어가도 또한 늦지 않다"고는 적고 있다. 그러나 이는 먼저 위해위와 대만을 공격해야 할 것으로, 아직은 직례 평야 작전시기가 아니라는 자기주장의 기본을 관철하기 위해 직례 평야 작전을 주창하는 자를 달래는 뉘앙스를 넣어 쓰고 있다고 보아야 할 것이다.

대본영이 직례 평야 작전을 결정하고 대수송 계획을 정한 것이 1895년 3월 상순의 일이며 천황이 여순, 그리고 산해관까지 가겠다고 말한 것도 이 무렵이다. 그러나 당시 이미 2월초에 히로시마에 온 청국 강화사절은 전권위임장을 갖추지 못했다는 이유로 어떤 교섭도 할 수 없었고 사실상 일본 정부에서 쫓겨난 상태가 되어 있었으며, 그것만으로 일본에 대한 시기심도 높아져 있던 때였다.

---

125 春畝公追頌会, 『伊藤博文伝』下, 1940年, 135쪽.

그러므로 이토와 무쓰의 전략 최중점은 어떻게 빨리 청국으로부터 거물급 강화사절을 맞아 강화조약을 체결할지 그 시기를 그르치지 않는 데 있었다.『건건록』에서 말한다.

히로시마 담판이 결렬되고 장·소 두 사신이 귀국한 뒤 청일 사건에 대한 구미 여러 나라의 관심은 한층 더 예민해졌다.……일본이 이런 구실로써 청국 사절을 거절한 것은 그 어간에 별도의 다른 뜻과 음모가 있는 것이 아닌가 하고 수상쩍어 했으며 우리나라의 향후 거동에 대해 깊이 시기하고 의심하는 마음을 갖게 되었다.……그래서 나는 오히려 어떻게 해서든 청국 정부를 유도하여 하루라도 빨리 강화 사신을 재차 파견토록 하여 속히 전쟁을 종식시키고 평화를 회복함으로써 열국들의 시각을 일신一新하는 것이 최상이라 생각했다.[126]

이런 시기에 대본영을 여순 또는 산해관 인근까지 보내고 그 진두에 설 것이라는 천황의 언동에 무쓰와 이토가 어떤 생각을 했을지는 상상하기 어렵지 않다.

삼국간섭에 직면했을 때의 내외 형세를 논한『건건록』의 서술에, 이리저리 퇴고한 끝에 결국 "다만 당시 군인사회의 기염은, 자기 몸이 한 번 황해의 파도를 건너지 않고 다리가 한 번 아이신가쿠라 씨의 땅(=청나라 땅)을 밟지 않으면 같은 동아리의 한 패로 거의 사귀지 못하는 것 같은 양상이었다"[127]라고 무쓰가 적었을 때, 무쓰의 뇌리에는 천황의 이 언동도 당연이 있었던 것이다.

---

126 『蹇蹇錄』, 251~2쪽(역서 255~256쪽).
127 『건건록』, 366쪽(역서 367~368쪽). 본서 제2장, 1, 32, 참조.

(7) 재전再戰의 때가 온다

그런데 천황은 청일전쟁이 끝나고 대본영이 히로시마에서 교토로 옮긴 뒤, 1895년 5월 20일, 오랜만에 사사키 다카유키와 독대하여 얘기했다. 사사키는 그 날의 일기에 다음과 같이 적고 있다.

> 5월 20일 참내參內, 오랜만에 내실[御內輪]로 배알하여 이것저것 문안드리고. ……여러 가지 분부를 삼가 받잡다. 분부 말씀에, 작년 개전 초 무렵에 염려했던 것은, 군인은 전쟁에 용감했지만 내각이 의견이 달라 통일되지 않은 듯한 일이 있었던 것은 안 되는 것이니 잘 협의하라 했고, 또 무리하게 계산 없이 대병을 계속 투입하여 회계가 되지 않는 경우가 되면 곤란하므로, 미리 신중히 그 주변을 협의하도록 아리스가와노미야有栖川宮 참모에게도 알아 듣게 말했다.[128]……

> ……분부 말씀에, 성경성盛京省 반도를 우리 영토로 함은 어떠한가 생각했다. 그 곳의 모양을 듣자니 수납은 행정과 국방이 아주 부족하여 본국에서 보내지 않으면 아무것도 될 수 없는 모양이다. 누가 말하기를, 대만은 이익이 있어 그 이익으로 반도의 비용으로 충당하도록 말하는 자도 있지만, 곧바로 이익을 올리는 것은 의심스럽고, 가령 이익이 있어도 그 대만에 필요한 비용도 많아질 것이라 생각한다고 말씀하셨다.[129]……

> ……위 외에, 여러 가지 분부 말씀 배승拜承하였지만, 뭔가 끊임없이 말씀하고 계시므로 배승함과 다른 것도 있고, 또 배승하기 어려운 것도 있어, 억지로 되여쭈어 받잡기도 어려워, 상세하게는 기록하기 어렵고, 다만 대요大要만을 써 둘 뿐.

---

128 앞의 『明治聖上と臣高行』, 908쪽.
129 위의 책, 909쪽.

건건록의 세계

……위와 같아 물러나올 때, 다시 말씀이 있어, 며칠 전도 이토에게 농담 반으로 말씀하시기를, 반도를 취하는 것은 급속히 할 것은 아니고, 이번의 전쟁에서 지리 인정을 서로 알고 있으므로 멀지 않은 조선에서부터인지 또는 다른 곳에서부터 다시 싸울[再戰] 기회가 올 것이다, 그 때에 취하여도 괜찮지 않을까 하고 말씀하시고, 크게 웃으시다.[130]……

메이지 천황을 '평화주의자'라고 하는 논자들이, 누구라도 볼 수 있는 『明治聖上と臣高行메이지성상과 신 다카유키』에 기재되어 있는 사사키 다카유키의 일기를 무시한 것은 이해할 수 없다는 한마디로 정리한다.

메이지 천황이 사사키에게 말한 이 대화에서 드러나듯이, 개전에 즈음하여 천황이 이것저것 주문했다고 해도, 그것은 "천황은 나라의 원수元首이며 통치권을 총람"한다는 대일본제국헌법 제4조에 규정된 천황으로서의 당연한 대권을 행사한 것이다. 따라서 그 대일본제국이, 나라의 내외정책을 조선침략의 방향으로 정하고 청일전쟁을 수행하고자 하고 있을 때, 천황 홀로 그 방향에 반대하여 '청일전쟁에 절대반대'라고 하는 일은 있을 수 없다. 따라서 『메이지천황기』 1894년 8월 11일조에 기술되어 있는 것이 가령 사실이라 해도, 그것은 어디까지나 천황의 일시적 기분에 의한 것이지, 청일전쟁과 메이지 천황의 관계 방향에 대한 본질적인 사항은 아니다.

메이지 천황은, 충분히 준비된 일본군이 군벌적 색채가 농후한 청국 군대를 차례차례 격파하고 일본 국내에 전승을 축하하는 환성이 들끓게 되자 천황 자신도 개전시의 여러 가지 염려를 털어 내고 "천황은 육해군을 통수한다"는 대일본제국헌법 제11조 조항을 친히 실천하여 스스로 전장에 있는 기세로 군무에도 세밀히 힘을 쏟았던 것이다.

---

130 위의 책, 910쪽.

게다가 그것은 다만 대신과 군의 간부에게 작동되어 수동적으로 그러했던 것은 아니다. 예를 들어 이런 일도 있었다. 1895년 2월, 일본 해군 당국은 청국의 북양함대가 전력을 상실함에 따라, 일본의 연합함대가 더 이상 존속할 필요성이 없다고 판단하고, 상비함대사령장관 겸 연합함대사령장관 해군 중장 이토 유코伊東祐亨[131]를 다른 곳으로 전보하는 인사 안건을 천황에게 주청했다. 그 때 천황은 "연합함대를 해산해도 유코로 하여금 상비함대사령장관직에 있도록 하라, 다시 연합함대를 조직할 경우가 있으면 언제라도 이를 지휘하도록 해야 할 것이라 하여 유코의 전보를 허락"하지 않았던 것이다.[132] 천황이 대권을 행사한 한 예다.

청일전쟁의 승리로 일본은 제국주의 열강으로 이어지는 길을 열었고, 당연한 일이지만 그에 따라 조선과 중국과의 민족적 모순 그리고 타 제국주의 국가와의 대립이 심화되었다. 그런 사태에 대해 메이지 천황은 '대일본제국'의 원수로서 제국주의적인 대응을 주체적으로 취하는 자세를 명확히 하고 있었던 것이다.

그것이, 위의 사사키 일기의 요동반도에 관한 부분에 나타나 있다. 이 날, 천황은 쉼 없이 말을 잘 했다. 그리고 물러나려는 사사키를 다시 불러, "이전 날에도 이토 수상에게 농담 반으로 이야기 했지만, 요동반도를 취하는 것은 서두를 것까지는 없다, 이번 전쟁에서 지리도 인정도 알고 있으므로 멀지 않은 조선부터인지 또는 어디에선가부터 다시 싸울 기회는 있을 것이다, 그 때 취해도 좋겠지라고 말했다"고 하고 크게 웃었던 것이다. 요동반도 분할에의 천황의 남다른 집념과, 새로운 전쟁을 기대하는

---

131 1843~1914. 사쓰마 번사 출신의 일본해군 군인(元帥 海軍大將). 사카모토 료마坂本龍馬·무쓰 무네미쓰와 함께 가스 가이슈勝海舟가 고베 해군훈련소에서 해술을 배웠다. 청일전쟁 황해 해전에서 예상을 뒤엎고 청나라 북양함대를 이긴 것으로 유명하다/역주.
132 앞의『明治天皇紀』第8, 676~8쪽.

천황의 심정이 잘 나타나 있다. 청일전쟁을 거쳐, 메이지천황은 조선과 중국에 대한 침략의 창끝을 한층 선명히 한 제국주의 일본의 원수로서, 청일전쟁에서 잡지 못한 중국 영토의 분할을 위해 새로운 열의를 불태우고 있었던 것이다.

거기에는 조선·중국을 침략함으로써 제국주의 국가로서 급성장하기 시작한 '대일본제국'의 군주로서, 조선·중국을 침략하는 것에 어느새 익숙해진 천황의 모습이 나타나 있다. 이 경멸심이, 천황을 비롯한 지배계층에는 물론 널리 일본인 사이에도 만연해 있었으며 그리고 거기에 쇼와 천황도 연결되어 있었던 것, 더 정확히 말하면 조선과 중국에의 멸시감을 끊임없이 비대화시키면서 쇼와 천황도 계승하고 있었던 것을, 오늘 우리 일본인은 정신 차려서 생각해 보아야 한다.

러일전쟁에 즈음하여 메이지 천황은 "사해四海가 모두 동포라 생각하는 세상에 어째서 풍파가 일어 시끄러울까"라고 노래했다 한다. 또, 태평양전쟁 개전 전, 1941년 9월 6일의 어전회의에서 언제나 좀처럼 발언하지 않던 쇼와 천황이, 이 노래를 읽어 올렸다 한다. —이것이, 짐짓 천황의 '평화에의 의지'를 보여주는 것으로 지금까지 반복하여 선전되었다. 그러나 여기에서 문제되는 것이 과연 천황의 '평화에의 의지'인가. 조선 점령을 기획하고, 중국 동북지방에의 세력 확대를 둘러싼 러일전쟁을 수행하면서, 또 1931년 이래 중국에서 새로운 침략을 짐짓 모른 채하며 밀어붙이면서 "사해四海가 모두 동포라 생각하는……" 등이라 읊는 그 심저야말로 묻지 않을 수 없는 문제이지 않은가. 조선과 중국 침략을, 침략이라고도 생각지 않는 것에 익숙한 인간만이 이런 노래를 읊고 이것을 '평화에의 의지'의 표명이라고 말할 수 있는 것이다.

4. 蹇蹇과 謇謇
-『건건록』의 저술 의도

그러면 제2장 마지막에 지금까지 서술해 온 것을 바탕으로 하여『건건록』저술 의도가 과연 어디에 있는지 다시 검토해 보고자 한다.

국립국회도서관 헌정자료실에 있는『陸奧宗光関係文書目錄무쓰무네미쓰 관계문서목록』의「六六, 蹇蹇錄66,건건록」으로 분류된 서류 가운데「蹇蹇と謇謇 건건과건건」이라고 먹으로 쓴 한 장의 문서가 있다. 먼저 그 전문을 실어 둔다.

蹇　跛也屯　難也　十六銑韻

蹇々
易　王臣 ―― 匪躬之故
漢書龔遂傳　遂為人忠厚剛毅、有大節、内諫諍於王、外責傅相、引経義、陳禍福、至於涕泣、―― 無已、
袁宏三国名臣贊　伯言―、以道佐世、
子夜歌　駐箸不能食、―― 歩闌裏、投瓊著局上、終日走博子、
盧照隣楽府　――三事、師々百寮、羣龍在職、振鷺盈朝、

謇　口吃又　正言也　十六銑韻

謇々
後漢書魯不傳　陛下既廣納――、以開四聡、無令芻蕘以言得罪、
北史高允傳　―― 儀形、邈々風気、
北史張普惠傳　深儒碩学、身負大才、執此公方、〔未〕未居諫職、―― 如也、諤々如也、
離騒　余固知――之為患兮、忍而不能舍也、
劉向九歎　雖――以申志兮、君乖差而屏之、
韓愈詩　治惟尚和同、無佚於――、

《陸奧宗光関係文書》六六―7

보는 바와 같이 이 문서는, 무쓰가 청일전쟁의 외교를 지휘한 전말을 적고, 그 책의 제목을 어떻게 할까 생각했을 때, '蹇蹇'으로 할 것인가 '謇謇'으로 할 것인가 이 두 가지를 고안하고 그 각각에 대해 한적漢籍에서 출전을 구한 것이라 생각된다. 아마도 비서관 나카타 다카노리에게 '蹇蹇'과 '謇謇' 양자의 출전을 분명히 해줄 것을 부탁하여 작성한 것일 것이다.

동료인 이노우에 히로마사井上裕正의 가르침에 따르면, 이 문서는『佩

（右、読み下し文）

蹇　跛なり、躓なり。屯
蹇なり。十六銑韻

蹇々

易　王臣──たり。躬の故に匪ず。

漢書龔遂傳　〔襲〕遂人と為り忠厚剛毅、大節有り、内は王を諫諍し、外は傅相を責む。経義を引き、禍福を陳べ、涕泣に至り、──として已む無し。

袁宏三国名臣〔序〕賛　伯言（陸遜の字）──たり、道を以て世を佐く。

子夜歌　箸を駐めて食う能わず、──として闥裏を歩き、瓊著を局上（碁盤）に投げ、終日博子（すごろく）を走らす。

盧照隣楽府　──たる三事（宰相級の三大臣）、師ミたる百寮、羣龍職に在り、振鷺（賢者）朝に盈つ。

謇　口吃なり、又
正言なり。
十六銑韻

謇々

後漢書魯丕傳　陛下既に廣く──を納め、以て四聡を開き、芻蕘（卑しい身分の人）をして言を以て罪を得せしむること無し。

北史高允傳　──たる儀形、邈々たる風気。

北史張普恵傳　深儒碩学、身ら大才を負い、此を執るに公方なり、来たりて諫職に居り、──如たり、諤々如たり。

離騒　余は固より──の患るを知るも、忍んで舎む能わざるなり。

劉向九歎　──として志を申ぬと雖も、君乖差して之を屏く。

韓愈詩　治は惟だ和同を尚び、──に俟つ無し。

文韻府^{패문운부}』[133]의 '蹇蹇'과 '謇謇'의 항목을 그대로 필사한 것이다.

무쓰가 이 자저^{自著}의 제목을 구체적으로 생각한 것은 언제쯤 이었을까. 그건 아마도 1895년도 연말이 다가와서였던지 다음 해가 밝아서부터가 아닐까 한다. 이미 소개한 사료로 알 수 있듯이, 「日·淸·韓に関する外交史^{일·청·한 관련 외교사}」(1895·明治28年 8月 30日付, 林董 앞으로의 書簡), 「例の印刷もの^{예의 인쇄물}」(同年 11月 5日付, 中田 앞으로의 書簡), 「印刷もの、義は^{인쇄물의 건}」(同年 11月 6日付, 中田 앞으로의 書簡)이 있고, 무쓰의 편지에서 「蹇蹇錄」이라는 글자가 나타난 것은 예의 1896년 2월 11일, 기원절 당일의 것이 최초다.

구술이 끝나고 퇴고도 고비를 넘은 단계에서 책 제목을 생각했을 것이다. 어쨌든 위의 「蹇蹇と謇謇」이라는 문서가 무쓰가 전혀 알지 못하는 상황에서 작성된 것이라고는 볼 수 없다. 게다가 '蹇蹇'으로 할 것인가 '謇謇'으로 할 것인가의 두 가지의 것을 생각하여 그 출전을 밝히고자 했던 것이다. 다만, 어떤 경위로 『謇謇錄』이 아닌 『蹇蹇錄』으로 정했는지 그것은 잘 알 수 없다.

사케다 마사토시^{酒田正敏}는 이미 앞의 논문 「『건건록』고」에서는 무쓰가 애초부터 『건건록』을 천황에게 제출하고 싶다는 생각을 하고 있었음을 중시하여 다음과 말하며 또 이 문서를 주시하고 있다.

> 또 하나 여기서 지적해두고 싶은 것은, 원로층과 일부 파견 외교관의 '사려 없음'과 '무능함'을 민간 여론과 대외 강경운동파의 '무책임성'과 견주어 강조하는 『건건록』을, 당초부터 메이지 천황에게 먼저 제출해야겠다고 생각했던 점이다. 무쓰가 자신의 유능함을 메이지 천황에게 각인시키려 했

---

133 1704년(康熙 43년), 장옥서張玉書 등 76인이 칙명에 따라 작시作詩의 편의를 제공하기 위해 편찬한 책.

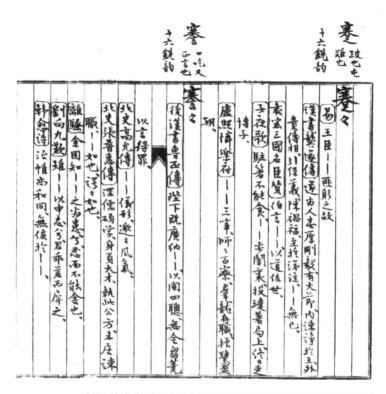

「蹇蹇卜謇謇」(国立国会図書館憲政資料室蔵『陸奥宗光関係文書』より)

다는 것, 당시 외교의 제일인자로 주목되어 온 이토에게도 뒤지지 않는 아니 오히려 능가할 정도의 능력을 갖고 있다는 것, 그리고 또 다른 한편으로 원로 층과 번벌 관료 일부가 얼마나 '생각없'고 '무능력'한지를 '매우 신중'[134]한 필법으로 메이지 천황에게 '변증弁証'하고자 했던 것은 그에 상당하는 이유가 있었다.

무쓰가 죄역罪役을 마친 이후 관직 취임과 승임이 문제되었을 때, 메이지 천황이 난색을 표했음을 무쓰는 마음 깊이 새기고 있었을 터이다. 청일 전시 외교와 그 승리는, 가령 요동 환부라는 '굴욕'이 있었다 하더라도 무쓰의

---

134 무쓰 무네미쓰, 「諸元老談話の習癖」, 『世界の日本』第15号, 明治30年 5月.

제2장 『건건록』의 세계　　　　　　　　　　　　　181

'건건비궁蹇蹇匪躬'을 변증함에 충분한 것이었다. 무쓰가 자신의 이익을 생각하지 않고, 오직 군주에게 다했다는 기록, 『건건록』이라고 제목한 이유가 있다*. 무쓰의 금후의 정치적 상승에서 메이지 천황이 믿고 인정해 주는 것은 중요했다.

　*……이 문서가 오늘날 『건건록』의 제목 검토 당시의 것인지 아닌지는 여전히 검토가 필요하지만, 여기서는 우선 당시의 것이라고 이해해 둔다. '蹇蹇'과 '謇謇'는 같은 뜻으로 보는 경우가 있는데, '謇謇'에는 간주諫奏의 의미가 있다. 무쓰가 이것을 알면서 간주의 의미를 넣어 『蹇蹇錄』이라 이름 했다면 더 흥미롭다.[135]

　본 장에서 고찰해온 것처럼, 『건건록』의 퇴고 이후를 거슬러, 또 천황과 무쓰의 관계를 돌아보면 사케다의 이 지적은 지극히 흥미롭다.

　무쓰의 전기는 꽤 있으나 거기에는 메이지 천황의 무쓰에 대한 인물평가, 특히 부정적인 평가 등은 볼 수 없다. 그러나 앞 절에서 본 바와 같이 서남전쟁이 계기가 된 저 1877년의 '정체혁신음모 발각, 투옥'과 『메이지천황기』가 표기하고 있는 사건 이래, 메이지 천황의 무쓰 평가는 지극히 냉엄했다. 청일전쟁 당초에도 그 생각이 천황의 뇌리에서 꼭 가셨다고는 생각되지 않는다. 개전을 앞두고, 도쿠다이지 시종장을 통해 재삼 하문, 사사키 다카유키 등 천황 주위 측근들의 움직임, 일시적이나마 "이 전쟁은 짐의 전쟁이 아니다"라고 천황이 입 밖에 냈던 것 등은 천황의 무쓰 평가와 관계없다고 할 수 없다.

　무쓰도 당연히 천황의 자신에 대한 이 같은 평가를 알고 있었을 터이다. 그럼에도 불구하고 자기의 소신을 굽히겠다는 식도 아니었다. 오히려 자신의 소신을 관철하는 것이야말로 일본을 제국주의 열강과 나란히

---

135 사케다, 앞의 논문, 61~2쪽.

하는 길임을 확신하고 있었다. 바로 그것이 또 천황을 정점으로 하는 일본 국가를 부강의 궤도에 올리는 것이라고 믿고 있었다고 할 수 있다.

무쓰는 1883년 1월 출옥한다. 그 때 이미 민권파의 기대를 저버리고, 반정부활동에 대한 참여 의지가 전혀 없었다. 정부 측에서도 무쓰의 그같은 움직임을 관찰하여 알고 있었던 모양이다.

이와쿠라 도모미岩倉具視[136]는 1882년 6월 12일,

> 가바야마樺山가 내밀히 진언하기를, 여러 조령条令이 한편으로는 엄중하고 또 한편으로 관대함을 보여 소위 관맹寬猛 병행의 취지이시어 무쓰 무네미쓰, 하야시林, 오에大江, 후루마쓰古松 그 외 수십 명이 속히 대사면되도록 빈번히 기망企望합니다. 특히 내년 16년은 무네미쓰를 비롯해 만기인 까닭입니다. 이 일을 어찌하겠습니까,……[137]

라고 이토 히로부미에게 편지를 쓰고 있는데, 출옥한 무쓰는 정부의 기대를 저버리지 않았다.

후에 귀족원 의원이 된 나카이 히로시中井弘[138]는 1883년 1월 12일부로 이토 히로부미 앞으로 보낸 편지에서

> 一, 무쓰와 그 외[其外]가 방면되어 양일 중 귀경할 것입니다. 이 자 어떤 거동을 할 것인지는, 저 잔재주 꾼이 다소간 방향을 고쳐서 독립을 도모할 것인

---

136 1825~1883. 메이지 시대 구케公家, 정치가. 메이지유신 10걸 중 한 명. 메이지 정부의 미국 유럽 파견단인 이와쿠라 사절단장으로 유명하다/역주.

137 앞의 『伊藤博文関係文書』 3, 107쪽.

138 1839~1894. 사쓰마 번사 출신 무사, 외교관, 정치가. 1868년 주일 영국공사 해리 파크스(Harry Smith Parkes, 1865~1883 재직) 습격 사건시 파크스를 경호, 보호했다. 사가현령 및 지사, 교토부지사를 지냈다/역주.

제2장 『건건록』의 세계　　183

지, 아니면 나카지마 노부유키中島信行[139]의 꾀임에 자유당에 들어가 오사카 지방을 시끄럽게 할 것인지는 아직 예단하기 어렵습니다. 그렇긴 하나 도저히 독립하기도 어렵다고 생각합니다.[140]

라고 쓰고 있다. 이어 그 달 26일부로 이토에게 보낸 편지에는 다음과 같은 무쓰의 동향을 전하고 있다.

무쓰가 출옥한 이래 이삼 일 이전 요시카와芳川와 함께 세가이世外옹(이노우에 가오루) 댁에서 편하게 만났습니다. 그가 세勢를 보기 위해 묘한 것이 오쿠마大隈, 나카지마로부터의 독촉에도 관계하지 않고, 먼저 형세 여하를 봄으로써 그 방향을 정하는 바가 있다고 보았습니다. 그가 말하기를, 아타미熱海에 입욕하여 벤담의 책을 번역하는 일에 힘쓰겠다 합니다. 저 영화英華 사전으로 양서를 읽는 일을 연구했으므로, 5년 전의 모양과는 달리 상당히 회오悔悟하는 모습을 보였습니다. 그가 또 말하기를, 친구 이노우에, 이토, 야마가타山縣 셋의 집을 방문했을 때 부끄러운 문[愧恥門]으로 들어갈 수 없었다고 했습니다. 이로써 또 그 재지의 소재를 보기에 족합니다.……[141]

또, 마쓰카타 마사요시도 이토 히로부미에게 보낸 편지에서 말한다.

○무쓰는 지난날 은사恩赦 이래 저희 집에서 두세 번 보았고, 당시는 아타미에 입욕 중이었습니다. 이노우에 형이 상세한 것을 말해 줄 것입니다. 동인

---

139 1846~1899. 도사번 하급 무사 집안 출신 정치가. 사카모토 료마의 가이엔타이海援隊에서 활약했으며, 초대 중의원의장을 지냈다. 무쓰 무네미쓰가 그의 처남이다/역주.

140 위의 『伊藤博文関係文書』 6, 271쪽.

141 위의 책, 6, 272쪽.

　　　　　　　　　　　건건록의 세계

은 우당파右党派에는 일체 들어가지 않겠다고 말하고, 모처럼 노형의 돌아
오심을 기다리겠다고 말하여 저도 놀랐습니다.……[143]

　출옥했을 때 무쓰는 40세였다. 이제부터 어디서 길을 구할 것인가, 무
쓰의 흉중에 망설임은 없었던 것 같다. 그 해 8월, 이토가 유럽에서 귀국,
그의 권유도 있어서 다음 해인 1884년 4월에 외유, 주로 영국과 오스트
리아에서 공부했다. 그 공부 태도를 보고 사이온지 긴모치는 '실로 놀랍
다[実可驚]'고 했다.[144] 나아가 사이온지는 이토에게 "동인(=무쓰)은 구주 체류
동안 정말 열심히 공부했습니다. 귀국 후 면회할 것이므로 확실히 관점을
고침이 있지 않겠나 생각합니다. 소생이 생각건대 이 사람처럼 북학야北
学野에서 놀고 있는 것은 그에 있어서 큰 손실임은 말할 것도 없고 정부도
상책이라고 할 수 없어, 원컨대 속히 채용하심이 어떠하신지"[145]라고 적어
보내고 있다.

　이리하여 무쓰는 귀국 후 외무성에 들어가, 1887년 3월 종4위從四位로
복귀, 주미공사를 거쳐 1890년에는 야마가타 아리토모 내각의 농상무
대신에 취임했다.

　이토 히로부미·이노우에 가오루의 무쓰에 대한 신뢰는 두터웠다. 특
히 이토는 늘 무쓰를 '국가의 주석柱石'이라 평가하고 '일언일구'에 그 자
중을 촉구해 마지않았다.[146]

　그러나 무쓰는 언동을 일부러 '자중'한다는 풍도 아니었던 것 같다.

---

142 자유당 등 민권파 당파를 말한다.
143 앞의 『伊藤博文関係文書』 7, 109~110쪽.
144 1885·明治18年 7月 3日付, 이토 앞으로 보낸 편지. 위의 책, 5, 47쪽.
145 1886·明治19年 1月 15日付, 이토 앞으로 보낸 편지. 위의 책, 49쪽.
146 1891·明治24年 12月 27日付, 이토 히로부미 앞으로 보낸 이토 미요지伊東巳代治
　　의 편지. 위의 책, 2, 173쪽.

이런 적도 있었다. 총리대신 마쓰카타^{松方}는 오쓰 사건에 대한 책임을 지고 사임한 아오키 외상의 후임으로 무쓰를 앉히려 했고, 천황의 동의를 얻지 못하자 에노모토^{榎本}가 외상에 취임한 것은 앞 절에서 말했다. 그 에노모토가 1891년 11월의 어느 날, 마쓰카타 집에서 조약개정안을 보였을 때 무쓰가 격렬히 논박하여, 에노모토가 이노우에 가오루에게 무쓰의 변난^{弁難} 공박을 누그러뜨려주도록 간원할 정도였다. 그런 사정을 알고 있는 이토 미요지가 무쓰를 만나 이야기가 그것에 이르렀을 때, 무쓰는 냉정히 다음과 같이 말하고 있다.

무슨 에노모토가 곧바로 되는 것처럼 말한 까닭에, 평소의 지론을 뜻대로 토로했을 정도다. 이노우에 백작도 이것저것 걱정하여 에노모토보다도 더 종종 간원이 있었기 때문에, 조약개정의 건에 관하여 다시 각의를 열지 않으면 별도로 시끄럽게 이론^{異論}을 외칠 예정도 없다. 에노모토 정도의 인물이 성취해야 할 사항이 아니며, 도저히 이토 백작이든 이노우에 백작이든 제휴하여 내각을 조직하는 날, 내 불초하지만 외교를 떠맡아 그 일에 임할 수밖에 없다.¹⁴⁷

또 이전인 1891년 8월, 농상무대신이었던 무쓰는 내각 정무부장^(정무부는 내각의 통일을 목적으로 1891년 8월 17일 설치되었다)에 취임했는데, 정무부장 권한을 배경으로 내무대신 시나가와 야지로^{品川弥二郎}와 날카롭게 대립, 9월의 예산회의에서도 논의가 비등하자 시나가와는 무쓰에게 "그렇게 시끄럽게 말할 거면 그대가 내무대신이 되어 해 보라"고 했고, 에노모토도 "아무리 정무부장이라 해도 그렇게 명령하듯 하는 말을 들으면 곤란하다"고 다

147 1891·明治24年 11月 27日付, 위와 같음, 157~8쪽.

　　　　　　　　　　　　　　　　　　건건록의 세계

툰 일막도 있다.[148] 겨우 1개월 만에 무쓰는 정무부장직을 사임하고 만다.[149]

그리고 농상무대신으로는 계속 있으면서 마쓰카타 내각을 각외에서 비판하는 『寸鉄촌철』이라는 작은 신문을 오다 슌이치로로 하여금 발간하도록 했다. 그 『촌철』과 관련하여 이토 미요지는 이토 히로부미에게 편지를 쓰고 있다.

> 내각은 해산 후 무사합니다. 다만 시나가와, 무쓰 양 씨의 불협은 아직 구름이 걷히고 안개가 사라진 상태는 아닙니다. 이렇든 저렇든 보다 「촌철」이라는 신문에는 무쓰가 손을 대고 있다는 소문이 무성하고, 따라서 무쓰와 각 대신과의 감촉도 좋지 않습니다. 위 「촌철」 신문의 건은 겸하여 말씀드려두는 바와 같이 고토後藤, 무쓰와 전혀 관계없다고는 믿기 어렵다는 말씀이며, 매일 각 대신을 비방하고 있는 등 심히 이해하기 어려운 점이 있습니다. 일전에 무쓰에게 은밀히 물어본 바, 결코 관계없다고 주장하고 있습니다만, 아직 하루 이틀 중에 몰래 글소리 상 이견을 덧붙여 두어야 할 마음가짐입니다.[150]

무쓰가 곧 농상무대신을 사임하고 외상으로 부활한 것은 앞 절에서 서술한 대로다. 외상 취임 직후 어느 날, 무쓰는 관사의 서재로 하라 다카시를 불러 조약개정에 착수하겠다는 의사를 비쳤다. 『原敬日記하라게이 일기』는 이렇게 말한다.

---

148 1891·明治24年 9月 16日付, 위와 같음. 139쪽.

149 무쓰의 정무부장 사임 경위를 무쓰 측에서 기록한 것으로는 『原敬関係文書』, 第5, 書類編2에 [陸奥宗光政務部長辞任の要旨]가 있다. 대단히 흥미로우나 여기서는 생략한다.

150 1891·明治24年 12月 27日付, 이토 히로부미 앞으로 보낸 이토 미요지의 편지. 『伊藤博文関係文書』2, 174쪽.

나는 역대 외상이 성공하지 못하고 끝났기 때문에, 무심결에 착수함은 생각해 볼 일이다고 말했다. 때문에 무쓰 외상은 그러나 자신의 지금까지의 경력에서 이 사업에 착수하지 않고는 있을 수 없는 노릇이라 말했다. 그래서 나는 그렇다면 그 개정안은 완전하고 대등한 안임이 필요하다, 역대 외상은 그 시기에 있어서 될 법한 범위에서 개정하려 했음으로 인하여 개정은 할 수 있어도 세간의 비난을 면치 못하고 실패로 끝났다고 생각한다, 그러므로 조약개정에 착수할 것이라면 완전한 대등안으로써 담판해야 한다, 이렇게 하여 성공하면 이 이상 없고 만일 성공하지 못하고 끝난다 해도 여론과 어긋나는 비난은 없을 것이라고 말했다. 외상은 물론 그렇게 할 예정이라고 했고, 마침내 조약개정에 착수하게 된 것이다.……[151]

무쓰는 청일전쟁 개전을 앞두고 결국 영사재판의 파기가 주 내용인 영국과의 조약개정 조인까지 했고, 그것과 표리관계이면서 청국과 전쟁을 벌이고 그리고 근대 일본으로서 최초의 본격적 대외 전쟁이었던 전쟁에서 승리, 일본을 구미 제국주의 열강의 일익으로 밀어 올려 나란히 줄지어 서게 하는 데 결정적 역할을 했던 것이다.

『건건록』의 저술목적이 어디에 있었는가를 고려할 때, 그것은 단지 이 전쟁에 수반되는 외교 지휘의 전말을 비망적으로 적어 두었다는 것에 그칠 것이 아니라 청일전쟁의 외교 지휘를 완수하고 끝낸 무쓰의 정신상황을, 무쓰의 과거와 미래를 시야에 넣으며 생각하지 않으면 안 된다고 본다. 무쓰가 출옥한 이후의 언동에 상당한 지면을 할애한 것은 그 때문이다. 『건건록』 저술과 무쓰의 그 때까지의 정치생활 역사와의 관계를 무시할 수는 없다. 특히 청일전쟁에 앞선 10여 년 동안 무쓰가 겪고 지내온 일[閱歷]과 『건건록』 저술은 깊은 관계가 있다. 종래, 무쓰가 『건건록』을 썼던

---

151 앞의 『原敬日記』 1, 明治27年 8月 29日条, 219~20쪽.

건건록의 세계

것은 '삼국간섭에 대한 변명' 때문이었다든가 '군부의 횡포를 천황에게 알려 군부를 억제하기 위함'이었다는 등의 의론은, 무쓰의 이런 열력을 생각할 때, 아무래도 단편적일 수밖에 없다. 사케다의 주장은, 그런 점에서『건건록』의 저술 목적을 고찰하는 데에 획기적인 문제 제기였다.

이 장의 1에서 소개했던 것처럼,『건건록』의 초고 등에는 가바야마 스케노리樺山資紀(해군중장·군령부장)와 가와카미 소로쿠川上操六(육군중장·참모차장) 등의 언동에 대해 무쓰가 비판적 필치로 적고 있는 것을 여러 곳에서 분명히 볼 수 있다. 또 과대한 강화요구를 했던 정치가와 정당명 등을 거명하여, 요동반도 분할을 포함한 강화조약의 알맹이는 이런 여론을 고려하여 작성하지 않으면 안 되었던 것도『건건록』에서 상세히 서술하고 있다. 이는 주지하는 바대로다. 거기에는 무쓰의 '변명'같은 뉘앙스를 느낄 수 있는 곳도 적지 않다.

다만 요동반도 분할이 군의 요망에 규제된 것처럼 말하는 것은 사실과 부합하지 않다고 생각한다. 와타나베 슈지로는 앞서 든『評伝陸奥宗光평전 무쓰 무네미쓰』에서,

처음 바칸馬関(=시모노세키) 담판을 열었을 때, 무쓰는 청국에 대해 과대한 요구를 함으로써 그로 인해 타국의 간섭을 초래해서는 안 된다는 의견이었다. 군인 중에는 이토와 무쓰가 물러나기를 꾀하는 사람도 있고, 사이고西郷 가미카와川上 두 사람이 바칸에 당도하여 양 전권의 요동반도 할취를 청국에 요구하지 않는 의견에 반대함으로써, 양 전권은 군인의 기세에 저항할 힘이 없어=적어도 국무대신인 자 이처럼 유약해서 되겠는가, 정사가의 식견이 어디에 있나=마침내 할취의 건을 조약에 더하게 되었다.……(100~1쪽)

라고 적고 있다. 또 사카자키 빈坂崎斌도 그의 저서『陸奥宗光무쓰 무네미쓰』

의 요동반도 환부 서술 부분에서 다음과 같이 말한다.

> 어쨌든 요동환부는 우리 제국의 실패, 아니 당시 이토 내각의 실패다. 그리
> 고 그 외무대신 군 같은 자는 가장 최우선으로 그 실패의 책임을 져야 한다.
> 그렇다하더라도 군君(=무쓰/역주) 등으로 하여금 달리 이를 돌아볼 겨를이 없
> 게 된 것도 알아야 한다. 뭐랄까 해륙 군인의 공명열이 곧 이것이다. 누가 말
> 한다, 강화담판이 막 열리려 하는데 모 장교가 요동에서 군 등에게 한 마디
> 위언危言을 하여 말하기를, 우리 동포의 피를 흩뿌린 땅은 가령 조적朝敵으
> 로 지목되어도 감히 손을 떼어서는 안 된다고 했다. 당시 우리 군인사회 일
> 반의 잠세력은 극히 맹렬하여서 도저히 이토와 군이 이를 제재할 수 없는
> 형편임은 전혀 다툴 수 없는 사실이다.(257쪽)

이런 이야기가 무쓰의 생전과 사후 곧 바로 이미 있었다는 것은, 아마
도 무쓰나 혹은 무쓰의 주변에서부터 이 같은 류의 이야기가 전파되었기
때문일 것이다.

무쓰 사후, 『世界之日本세계의 일본』이라는 잡지에 3회에 걸쳐 게재된
'소카노蘇鹿生'라는 필명에 의한 역사전기 「무쓰 무네미쓰」 상·중·하(同
誌, 20, 21, 22号, 1897年 10, 11, 12月)에도 다음과 같이 적혀 있다.

> 처음에 무쓰는 요동을 우리 영토로 하는 것은 헛되이 제강諸强의 간섭을 야
> 기함에 지나지 않는다 하여, 그 형편에서 우리의 불명예로 끝날 것을 간파
> 했기 때문에, 그는 처음부터 강화조건에서 요동 점유의 건을 뺄 것을 주장
> 했다. 당시에는 이를 큰 양보로 비방하는 자 있었어도 지금 생각하면 그의
> 견해가 타당했음을 알기에 족하다.……그러므로 무쓰는 처음부터 요동을
> 점령하지 않는 설을 주장하여 논의를 행했다.……(22호, 23쪽)

건건록의 세계

그리고 이 요동반도 분할 문제가 무쓰와 군의 커다란 대립점을 나타내는 것의 하나로 여겨져 왔다. 그러나 와타나베 슈지로와 사카자키 빈 그리고 소 카노蘇鹿生의 말이 사실인지 아닌지는 심히 의문이다.

왜냐하면 영국의 강화 제의에 대한 일본 정부의 강화조건 회답안으로서 갑·을·병 세 가지 안을 준비, 그 갑안의 제1항에, 무쓰가 「여순구 및 대련만을 일본에 할양할 것」을 넣은 것은 실로 1894년 10월 8일이었다.[152] 이 세 가지 안에 첨부한 그 날의 이토 히로부미 앞으로 무쓰가 보낸 편지에는 "갑안은 오로지 일본 정부가 바라는 바의 극도를 분명히 한" 것이라고 적고 있고, 또 무쓰는 편지 말미에 "본문 영국 정부에의 회답 여하에도 불구하고 이미 외국으로부터의 참견의 단서가 열린 이상은, 도저히 우리 군대도 최고로 신속히 움직여, 외국의 간섭이 너무 심해지기 전에 어느 지방에서든 점령해둘 필요가 있다 생각합니다"라고 추기하고 있다.[153] 이토도 물론 이 갑안에 찬성하고 "제1항은 다른 날 아군이 지금 일보 전진한 다음에 발표해야 함"이라는 의견을 무쓰에게 되돌려 전하고 있다.[154]

당시 일본군은 아직 만주 땅에 발을 들여놓지 않고 있었다. 오야마 이와오大山巌[155]가 지휘하는 제2군이 요동반도, 성경성盛京省 남안의 화원구花園口에 상륙한 것이 10월 24일, 조선에서 제1군이 압록강을 넘어 만주로 진입한 것은 그 다음 날이다.

그리고 무쓰는 게다가 10월 23일, 이토 히로부미 앞으로 "어쨌든 외교도 병략처럼 적이 오지 않기를 바라는 것은 지극히 어리석은 것으로,

---

152 이토 히로부미와 협의하기 위해 초안 작성 ─『蹇蹇録』207쪽(번역서 212쪽) 참조.
153 『伊藤博文関係文書』7, 302쪽.
154 明治27年 10月 11日付, 이토 히로부미 앞으로의 무쓰 무네미쓰 서간에 이토의 말로 인용되어 있다. 위의 책, 303쪽.
155 1842~1916. 사쓰마 번사 출신. 메이지시대 육군 군인, 정치가. 최초의 육군대신(1차 이토내각)과 육군참모총장, 문부대신, 내대신을 역임했다. 청일전쟁 때 제2군 사령관. 청일·러일전쟁 승리의 주역으로 평가된다/역주.

우리가 바랄 것에 의지해야 합니다. 그와 관련하여 오야마 대장 군대의 성공 건은 일일천추一日千秋의 생각으로 기다리고 있습니다"라고 적고[156], 11월 26일부로 이토 앞으로 보낸 편지에서는 다음과 같이 말한다.

여순구旅順口 대승의 길보는 방가邦家를 위해 자기 일처럼 모두 기뻐하고 있습니다.……금주반도金州半島 점령 건과 관련하여 그 경계를 정하는 것은 겸하여 대본영에서 조사 중의 취지입니다. 또 대본영은 오직 군사상의 고찰보다 그 경계를 정하는 것에 있어야 됩니다. 그런데 이 반도 점령 행위는 제강국의 참견과 적어도 시기와 의심은 도저히 면할 수 없을 것입니다. 관련하여서 우리가 이를 점령해야 하는 논거가 오히려 무엇보다 필요하다고 생각합니다. 만약 그 구실로 세계에 분명히 말 할 수 있는 한의 것이 아니라면 점령지가 넓고 좁은데 대한 의론은 자연히 그 다음의 문제가 될 거라 생각합니다. 그리고 일본이 이를 점령하는 논거 즉 구실이 더욱 공명한 것은, 장래 조선의 독립을 유지하고 청국의 간섭 혹은 침능侵凌을 막는다고 말함으로써 가장 좋은 변명으로 삼는 것입니다. 그런데 조선의 독립을 유지하고 청국의 침능을 막는 것은 비단 이것이 바다를 확실히 제어할 뿐만 아니라 육지에서도 상당한 방어선을 긋지 않으면 안 된다는 논거는 차차 다른 이들도 수긍할 수 있을 것으로 생각합니다. 따라서 소생은 아래의 영역으로써 일본이 점령해야 할 경계로 정하는 것, 적당히 해서는 안 될 것입니다.

압록강 좌안左岸 안동현 근방부터 사선을 그어 발해만에 이르는 사이, 연해沿海 지방 및 군도群島를 나누는 것, 물론 실지 담판에 임하면 다소 변경이 있을 것임은 말 할 것도 없겠습니다만, 최초 일본의 제안은 조선의 독립이 바다와 육지에 안전하다는 주의를 잃지 않는 것.[157]

156 위의 『伊藤博文関係文書』, 306쪽
157 위의 책, 311~2쪽.

무쓰 자신이 요동반도의 분할 점령에 적극적이었던 것은 이런 사료로부터도 분명하다. 물론 요동반도 분할이 열강의 간섭을 초래할지도 모른다는 것은 처음부터 자각하고 있었다. 그러나 간섭이 우려된다고 하여 처음부터 그 분할을 염두에 두고 있지 않았던 것은 결코 아니다. 무쓰로서는 "우리가 미리 외국의 기분을 살펴서 스스로 전후戰後의 권리를 접을 필요는 없다[158]"는 것이었다.

그러므로 요동반도 분할이 마치 군의 요구에 규제된 것처럼 생각한다거나, 이런 것에서 무쓰를 흡사 '군에 비판적'이었다든가, 하물며 '무쓰외교'를 '평화주의'로 생각한다든가 하는 것은 '무쓰외교'의 제국주의적 외교로서의 실태를 자의적으로 왜곡하는 것이다.

강화조약안을 심의한 어전회의에서, 가바야마 스케노리 군령부장과 가와카미 소로쿠 참모차장이 "요동반도 할양 외에 산동성 대부분을 추가할 것을 희망함"(본장, 1, 33 참조)이라고 무쓰가 적고 있기 때문이라 해서 그것이 무쓰가 가바야마와 가와카미의 그런 언동에 '곤혹'스러워 했다는 것은 아니다. 당시의 국제상황에서 이런 요구는 도저히 실현 가능성이 없고, 그런 말을 하는 당사자를 거의 야유하여 기록해놓은 데 지나지 않는다고 나는 생각한다. 앞서 소개한 에노모토의 조약개정안을 극구 논박하여 "이토 백작이든 이노우에 백작이든 제휴하여 내각을 조직하는 날, 내 불초하지만 외교를 떠맡아 그 일에 임할 수밖에 없다"고 냉엄히 말했던 무쓰의 자세가 여기에도 거의 비슷하다.

무쓰로서 보면 자신의 외교 지도指導에는 강한 자신감을 갖고 있었다. 그것에 대해, 전쟁목적을 수행하는 데에 어떻게 '황당무계'한 의론이 많았는가를 적어서 자기 외교지도의 정당성을 한층 돋보이려는 기색이 작용한 것은 있지만, 그에 대한 변명을 하나 하나 시도한 것에 『건건록』의

---

158 『蹇蹇錄』, 367쪽(역서 369쪽).

저술목적이 있었던 것은 아니었을 터다.

특히 무쓰가 "군부의 횡포를 숨김없이 천황에게 알려, 군부를 제어하지 않으면 안 된다"는 것이 『건건록』을 쓴 이유의 하나라는 것은 전혀 맞지 않다. 이런 의론은 이미 비판한대로 '천황은 평화주의자'라는 '현대의 신화'에 논자가 사로잡혀 있는 증거이기도 하다. 이와 동시에 초고 단계에서 일단 기록한 '가와카미 소로쿠'와 '가바야마 스케노리' 등의 이름을 이미 삭제한 의미를 고려하지 않은 의론이다. 무쓰 무네미쓰는 군 최고간부의 이런 '황당무계'한 의론을 분명하게 겉으로 드러내지 않고, 오히려 이들 군 간부와의 알력을 야기할지도 모르는 기술을 신중히 삭제한 것이다. 일본의 조선과 중국에의 제국주의적 팽창에, 군부가 어느 정도로 적극적인 역할을 했는가는 바로 무쓰 자신이 지겨울 정도로 잘 알고 있었다. 또 국내에서의 자신의 정치적 입장을 고려해도, 군 간부와의 대립은 자기의 입장을 손상시키면 시켰지 결코 유리하게 작동하지 않을 것임을 모를 리가 없다.

『건건록』에는 과대한 강화조건을 주장한 정치가·외교관으로서 마쓰카타 마사요시와 아오키 슈죠 등의 이름, 그리고 자유당 등의 정당명이 구체적으로 등장한다. 그러나 가바야마와 가와카미의 이름이 삭제된 데 반해 마쓰야마와 아오키의 이름은 제2차 판본에서도 삭제되지 않았다. 이 구분에 무쓰의 정치적 판단을 간파할 수 있는 것은 결코 이유가 없지 않다.

『林董伯自敍伝回顧録하야시 다다스 자서전 회고록』(앞의 林『後は昔の記』에 수록)의 「일청전쟁과 일본의 조선출병 사정」을 논한 곳에 다음과 같은 서술이 있다.

건건록의 세계

아산 파병은 청일전쟁의 도화선임에 틀림없어도, 이를 재촉한 것은 실로 김
金의 암살[159]과 이 때의 청국의 거동 나름임을 나는 믿는다. 이 무렵 나는 비스
마르크전傳, 노老피트[老ピット][160]전, 카불[カブール][161]전을 다 읽고, 세간의 대개는
일의 성패로 인해 사람을 포폄한다, 그리고 성패가 가장 현저한 것은 전쟁이
다, 그러므로 고금의 능력 있는 정치가로서 세인의 신용을 넓히고 대사업을
성공하는 자, 문벌세가의 사람을 제외하고는 모두 전쟁에서 승리함으로써
세력을 점한 사람이 아니면 없다고 생각했다. 하루는 무쓰 씨와 차를 마시는
자리에서 이 생각을 이야기했다. 무쓰 씨가 머리를 기울이고는 잠시 있다 말
하기를, "해볼까"라고 했다. 누가 알까, 무쓰 씨가 청일전쟁을 구조構造(=계획)
한 것은 이 때의 내 말이 그 마음을 움직이게 한 것이 아닌가를.……(74~5쪽)

　　제2차 세계대전 이전에 출판된 일본의 정치가와 군인의 전기와 회고
록에는 일본의 대외침략 역사의 흔적을 자기의 '공적'으로서 과대 기록
한 예가 적지 않다. 하야시 회고록의 이 부분에도 그런 경향이 없지 않다.
그러나 김옥균金玉均이 암살된 후 어느 날, 외무대신인 무쓰와 차관 하야

---

159 일본에 망명 중이던 김옥균이 조선의 자객에게 상해로 유인되어 암살된 사건.
　　1894년 3월 28일의 일이다. 일본 정부가 사전에 암살계획을 알고 있었던 것을 포
　　함하여 사건의 전말은, 琴秉洞, 『金玉均と日本―その滞日の軌跡』, 綠蔭書房, 1991
　　年이 자세하다.
160 老피트, 혹은 大피트(William Pitt the Elder, 1708~1778)는 영국의 초대 채텀 백
　　작 윌리엄 피트(William Pitt, 1st Earl of Chatham)를 말한다. 인도·아시아 대륙
　　과 북미, 서인도 제도 등의 식민지에서 프랑스 세력을 몰아내는 데 공을 세워 대영
　　제국의 기초를 구축한 인물로 평가받는다. 프랑스혁명 전쟁, 나폴레옹 전쟁 당시
　　수상을 역임했던 그의 차남 윌리엄 피트는 小피트로 불린다/역주.
161 카밀로 벤조 카불(Cavour, Camillo Benso, 1810~1861). 이탈리아 정치가. 1852
　　년 이후 북이탈리아를 중심으로 하는 사르데냐 왕국의 수상으로서 자유주의 정치
　　를 추진했다. 내치는 사회의 근대화에 주력하고 외교는 영불과 접근, 오스트리아
　　와는 대항했다. 리소르지멘토 운동을 적극 추진하여 이탈리아 통일 전쟁을 승리로
　　이끄는 한편 1861년 통일국가 성립과 동시에 초대 수상에 취임했으나 통일국가
　　달성을 목전에 두고 급사한다/역주.

시가 차 마시는 자리에서 그런 대화가 오갔다는 것은 이상하지 않다. 게다가 하야시의 이『회고록』이 청일전쟁으로부터 그리 오랜 시간이 지나지 않은 1901년에 쓰여진 것을 생각하면, 하야시의 기억도 아직 확실했다고 생각된다.

무엇보다 나는 청일전쟁이 하야시의 이런 '교사'에 의해 결의되었다는 등이라고 할 작정은 추호도 없다. 다만 청일전쟁 개전 전에 나누었을지도 모를 이런 대화가 전쟁 중과 전쟁 후를 통해 무쓰의 가슴 속을 오가고 있었던 것은 크게 있을 수 있는 일이다. 번벌藩閥 밖에 있었고, '문벌세가인門閥世家人'이 아니며, 자신의 재능만이 권력에 오를 유일한 도구였던 무쓰가 보기에 하야시의 이 말도 흥미를 돋우는 일이었을 터다. 「비스마르크전, 노^老피트전, 카불전」에 필적하는 게 쓰여지고 꼭 써보고 싶다는 마음을 청일전쟁 중에 계속 가지면서, 승리를 향해 전쟁이 진행될수록 그 마음이 더 고조되었다지만 그것은 오히려 당연했다고도 할 수 있다.

이로써 생각해볼 때,『건건록』은 바야흐로 나라의 내외에서 승리를 점한—천황의 '불신임'도 이겼다— 무쓰가, 그 '영광의 기념패'로서 속에서부터 끓어 넘쳐오는 자신감이 뒷받침되어 다 쓴 것이라 할 수 있다. 물론 삼국간섭의 '굴욕'에 대한 비난에 반박한 것도 그 목적의 하나임은 틀림없었다 하더라도, 다만 그 변명을 위해서만『건건록』을 썼다고 보는 것은 무쓰가 걸어 온 길을 볼 때 정직한 의견이라 하기 어렵다. 그렇기 때문에, 제국주의 시대 개막기의 국제관계 속에서 일본의 조선·중국 침략 사실도 서슴지 않고 노골적으로 썼던 것이다.

또, 중병을 누르고 그 저술에 다망多忙했으며 인쇄와 개판改版에도 이상하다고 생각될 정도의 집념을 보이고 또 사이온지 긴모치에게 무쓰 자신의 저작임을 증명하는 '념서'를 쓰게 했고, 말 한 바와 달리 무쓰 자신의 손으로 유포했으며 게다가 표면적으로는 의견을 넣어 수정한다고는 하지만 실제로는 그럴 마음이 없었던 것 등, 『건건록』의 저술·간행·유포에 얽힌 일련의 사실도, 무쓰의 이런 심정을 미루어 생각하면 모두 수긍할 수 있는 것이다.

'건건蹇蹇'과 '건건謇謇' 둘의 출전을 비교, 간주諫奏의 의미가 강한 후자를 취하지 않고, "간난신고艱難辛苦하여 군주를 구해내려 한다. 그 노고는 자신을 위한 것은 털끝만큼도 없다"라는 '건건비궁蹇蹇匪躬'에서[162] 전자를 취한 것은, 막말 이래의 정치생활, 특히 투옥 이후 밟아온 길을 돌이켜 보고 그리고 지금 청일전쟁에서 승리하여 명실상부하게 무쓰의 이름이 유례없이 높아졌을 때 자기의 장래를 생각한 경우, 무쓰로서는 당연한 선택이었다. 여기에는 아마도 의문의 여지가 없을 것이다.

그러나 흥미로운 것은 '건건蹇蹇'과 '건건謇謇' 둘의 출전을 보여주는 문서를 남긴 것이다. 서명을 결정할 때 분명히 이 둘의 다른 문자의 의미가 무쓰의 뇌리를 스쳐간 것도 부정할 수 없을 것이다. 어느 쪽으로 할 것인가, '건건謇謇'이라는 마음도 없지는 않았다는 것이라는 흔적을 여기에 남긴 것인지도 모른다. 본래 당시의 무쓰가 간하여 아뢰는[諫奏] 의미를 가지는 '건건謇謇'을 생각했다 해도, 그것은 근대 일본의 일대 전환의 시기였던 그 때에, 외교의 중추에 있었던 국무대신의 천황에 대한 '보필'의 책임을 다하는 길이라는 생각이 그에게 강하게 있어서 일 것이다. 그의 이력에서 볼 때 그것도 부정할 수 없다고 생각한다.

---

162 本田済, 『易』下, 朝日新聞社, 1978年, 71쪽.

제3장

무쓰외교의 역사적 위치와 그 의미

일본 외교가 혼미하거나 막혔다고 여겨질 때 '무쓰대망론'이라는 논의가 종종 있었다. 특히 1930년대 일본이 중국에 새로이 침략전쟁을 개시하여 국제적 고립이 심화되고, 이윽고 피할 수 없는 수렁으로 빠져 든 것이 확실해졌을 때, 청일전쟁을 회고하여, 외교에 민완을 발휘했던 무쓰 무네미쓰 같은 인물을 기대하거나 혹은 '무쓰외교'에 '군부비판'의 자세를 간파한 사람도 적지 않았다. 그 무렵은 이미 무쓰 무네미쓰 사후 30년 이상 지난 때였다. 그 사이 여러 가지 '무쓰 무네미쓰'론·'무쓰외교'론이 나왔다.

이 장에서는, 첫째, 일본근대사상史上, '무쓰외교'가 어떻게 논해져 왔는지의 '무쓰외교'론의 변천에 대해, 둘째, '비상한 성공을 거두었다'고 평가되는 '무쓰외교'는 어떤 역사적 조건을 바탕으로 전개되었는가에 대해, 그리고 셋째, '무쓰외교'에 '후유증'이라 할 것은 없었는가, 있었다면 그것은 어떤 형태로 나타났는가, 또 그 '후유증'은 일본근대사 그 후의 전개와 어떻게 관계되는지의 세 가지의 문제에 대해 논한다.

그런데 '무쓰외교'란 무엇을 말하는지 정의 비슷한 것을 미리 말해둔다. 이미 서술했지만, 무쓰 무네미쓰는 1883년 출옥 후, 유럽에 유학하고 귀국하여 외무성에 들어가 1888년 오쿠마 시게노부大隈重信 외상 밑에서 주미공사가 됐다. 그 때, 불평등조약하의 일본이 최초로 맺은 대등 조약을 멕시코와 조인했고, 일미화친통상항해조약·부속무역규제의 조인을 마쳐 외교관으로서의 경험을 쌓았다. 그리고 귀국 후, 야마가타 아리토모 내각의 농상무대신에 영입되었고, 마쓰카타 마사요시松方正義 내각에도 유임, 일단 사직한 뒤, 1892년 8월 조직된 제2차 이토 히로부미 내각의 외무대신에 취임했다.

무쓰는 이 내각에서 이토 히로부미와 긴밀한 협력 하에 조약개정 및 청일전쟁의 외교지도를 맡은 것이다. 즉 1894년 7월 16일, 영국과 영사재판권 폐지=법권의 회복, 관세 인상을 내용으로 하는 새로운 통상항해조약을 조인하게 되어, 유신 이래 국민적 숙원으로, 게다가 전임 외무대신 누구도 해내지 못했던 조약개정에 기본적으로 성공했다. 뒤이어 영국과의 이 조약개정 성공과 밀접한 관련 하에 청일전쟁을 일으킨 뒤 열강의 동향과 국내 인심의 움직임을 교묘히 파악하면서 전쟁을 승리로 이끌어 강화를 실현했다. 또 삼국간섭에 즈음해서는 러시아·독일·프랑스를 비롯하여 이탈리아 등이 참석하는 열국회의를 열어 일을 처리하자는 어전회의의 방침에도 동의하지 않고, 삼국에 대한 조치와 청국에 대한 강화조약의 비준 문제를 확연히 나누어 처리하고, 청국에 대한 전승의 과실을 확실히 일본의 수중으로 넣는 데에 수완을 발휘했다. 항간에 '무쓰외교'라는 명칭이 생긴 것은 주로 외무대신으로서의 이와 같은 업적에 대해서다.

어떤 외무대신의 이름을 내걸고 '무슨 외교'로 부르는 것은, (1)그가 외교 담당자로서 독자의 외교구상을 갖고 (2)그 실현에 강한 리더십을 발휘하여 (3)외교의 테크닉도 돋보여 그 전후의 외교와의 차이가 분명할 때일 것이다. 그것은 필자가 1985년 11월, 일본사연구회의 연차대회에서 「日本近代史における『陸奥外交』の意味일본근대사에서 『무쓰외교』의 의미[1]」의

---

1 『日本史研究』283호, 1985年 3月, 참조

제목으로 논문을 발표했을 때, 토론 중에 일본근대정치사 연구자 기사카 슌이치로木坂順一郞가 명시했던 것이다.

무쓰는 열강의 움직임과 조선·중국의 실정, 국내 인심의 동향 등에 대해, 일관되게 파워폴리틱스의 입장에서 대처하고 윤리적 가치관과 낭만주의적 환상에 전혀 사로잡히지 않았다. 내외 정세를 냉철히 끝까지 지켜본 그 외교지도는 '리얼리즘 외교'로서 '무쓰외교'의 본질로 많이 평가된다.

본래 어떤 외무대신이 어떤 탁월한 능력을 갖고 있었다 해도 한 나라의 외교가 그 외무대신의 개인적 자질에만 좌우되어 이루어지는 것은 아니다. 역사적 조건 여하가 크게 관여하는 것은 말할 것도 없다. 본 장에서 '무쓰외교'의 역사적 조건을 묻고자 하는 것도 그 때문이다.

1. 무쓰외교론의 변천

먼저 '무쓰외교'론이 세상에 어떻게 보여왔는지, 이미 서술한 바와 조금 중복되지만 다시 그것부터 생각해보자.

무쓰 무네미쓰는 1897년 8월 24일 세상을 떠났다. 그 전, 무쓰 생전에 이미 무쓰 평전이 출판되었다. 와타나베 슈지로의『評伝陸奥宗光평전무쓰무네미쓰』(同文館, 1897年 3月)가 그것이다. 이후 지금까지 상당히 많은 무쓰 무네미쓰에 관한 전기, 평전, 무쓰외교론 등이 있었다. 무쓰 무네미쓰에 얽힌 주된 관계 저작의 출판을 대별해보면, 대체로 네 개의 시기로 나눌 수 있다.

[Ⅰ]은 청일전쟁 직후부터 메이지 말년 무렵까지. [Ⅱ]는 만주사변 발발 후, 1940년 무렵에 걸친 시기. [Ⅲ]은 제2차 세계대전 후, 특히 1960년대. [Ⅳ]는 1980년대부터 현재로 이어지는 시기다. 각 시기의 주된 연구 결과물을 아래에 게재해 둔다.

[Ⅰ]

渡辺修二郎와타나베 슈지로『評伝陸奥宗光』(同文館, 1897年)

阪崎斌사카자키 빈『陸奥宗光』(博文館, 1898年)

渡辺修二郎『無号外史批評 外交始末蹇蹇錄』(東陽堂支店, 1899年)

伊藤痴遊이토 지유『陸奥宗光』(東亜堂, 1911年),『陸奥宗光・続』(同, 1912年)

[Ⅱ]

陸奥広吉무쓰 히로키치『伯爵陸奥宗光遺稿』(岩波書店, 1929年)

陸奥宗光『蹇蹇錄』(岩波文庫, 1933年)

渡辺幾治郎와타나베 이쿠지로『陸奥宗光伝』(改造社, 1934年)

信夫清三郎시노부 세자부로『日清戦爭』(福田書房, 1934年, 출판 직후 발매금지.
    1970年, 南窓社에서 증보복간)

信夫清三郎『陸奥外交』(叢文閣, 1935年)

信夫清三郎『陸奥宗光』(白揚社, 1938年)

深谷博治후카야 히로하루『日清戦爭と陸奥外交』(日本放送出版協会, 1940年)

藤森成吉후지모리 세키치『創作集 陸奥宗光』(高見沢木版社, 1940年)

渡辺幾治郎『陸奥宗光伝』(改造文庫, 1941年)

[Ⅲ]

栢倉亮吉가시와쿠라 료키치『山形獄中の陸奥宗光』(山形県文化財保護協会,
    1954年)

萩原延寿하기하라 노부토시「陸奥宗光」(神島二郎編『権力の思想』『現代日本思
    想大系』(10, 筑摩書房, 1965年)

有泉貞夫아리이즈미 사다오「陸奥宗光論」(『歴史学研究』319号, 1966年)

国立国会図書館憲政資料室『陸奥宗光關係文書目録』(国立国会図書館, 1966年)

    萩原延寿『陸奥宗光』(『毎日新聞』1967年6月20日~68年12月28日)

Jansen, Marius B. "Mutsu Munemitsu," in Albert M. Craig and Donald H. Shiverly, eds, *Personality in Japanese History.* (Berkeley: Univ, of California Press, 1970)

[Ⅳ]

Berger, Golden M. tr. *KENKENROKU* (Univ. of Tokyo Press, etc. 1982)······
『蹇蹇錄』의 최초 영역본

宇野量介우노료스케『仙台獄中の陸奥宗光』(宝文堂, 1982年)

中塚明校注『新訂蹇蹇錄』(岩波文庫, 1983年)

岡崎久彦오카자키 히사히코『戦略的思考とは何か』(中公新書, 1983年)

酒田正敏사케다 마사토시「『蹇蹇錄』考」(『日本歴史』1985年7月号)

岡崎久彦『陸奥宗光』上·下 (PHP연구소, 1987, 89年. 잡지『Voice』에 1985년 9월호부터 87년 8월호까지 연재된 후 단행본으로 출판)

여기서는 각 시기에서 그 시기 무쓰 무네미쓰론의 특징이 드러난다고 보이는 저작을 들고, 청일전쟁 직후부터 현재까지의 '무쓰 무네미쓰'론·'무쓰외교'론의 변천을 탐색, 무쓰가 근·현대 일본에서 어떻게 평가되어 왔는지를 고찰해보고자 한다.

[Ⅰ]의 시기······청일전쟁 직후부터 메이지 말기 무렵까지

[Ⅰ] 시기는 청일전쟁 직후, 삼국간섭에 대한 '공분'이 아직 항간에 묻혀 있을 무렵부터, 무쓰의 죽음, 그리고 사후 10년, 외무성에 무쓰의 동상이 세워지고, 이윽고 메이지가 끝날 무렵까지의 시기다. 아직 자유민권운동의 여운이 표류하고 국내 정치사에서는 번벌 관료에 대한 정당의 반발과 타협이 미미하게 교착되면서 자연히 양자의 타협 경향이 농후해졌다. 눈을 세계로 돌리면, 특히 동아시아에서는 일본의 군사력이 조선과 중국 등의

민족운동을 억압하는 강력한 장치로서 작동하고 그것이 하나의 유력한 조건이 되어 세계적인 제국주의 열강의 지배체제가 확립된다.[2] 이런 시기다.

최초의 무쓰 무네미쓰 평전, 와타나베 슈지로의 『평전 무쓰 무네미쓰』를 읽은 다케코시 요사부로竹越与三郎는, "……우리들의 처음 생각에 이 책은 현대인물론 중 가장 흥미 있고 가장 읽어야 할 책이 아닌가 한다. 그런데 읽어 오며 책을 덮고 장탄식하여 이르기를, 이게 과연 무쓰 무네미쓰 전伝인가 했다.……생각건대 이는 본래 시류에 영합하고자 하는 소책자에 지나지 않고, 진실하게 평론하건대 거의 골계에 가깝다……"라고 썼다(前揭,「陸奥宗光伝を読む」).

와타나베의 저작에 대한 다케코시의 논평은 옳다. 삼국간섭을 초래한 데 대한 격한 비난으로 시종하고 있고, 무쓰의 사람됨과 외교지도에 대해서도 극히 단면적이어서 다케코시가 장탄식한 것도 부득이했다. 와타나베가 게다가 『無号外史批評 外交始末寨寨録무호외사비평 외교시말건건록』을 출판하고 『건건록』을 '요동환부 변소辯疏'의 글이라 혹평했던 것은 이미 서술했으므로 반복하지 않겠다.

그러나 와타나베 슈지로의 『평전 무쓰 무네미쓰』가 계기가 되어, "자, 이 소책자가 나온 것을 다행이라고 메이지 정치사 중 가장 현저한 한 성격을 논평하여, 강호에 묻는다"고 다케코시 요사부로는 「陸奥宗光伝を読む무쓰 무네미쓰전을 읽다」라는 제목의 소논문을 앞서 든 『世界之日本세계의 일본』에 썼다. 이는 무쓰가 살아 있는 동안에 쓰여진 이상, 무쓰에게는 자신의 것을 마치 제삼자가 쓴 것처럼 쓰는 '습관'이 있으므로,[3] 이 「무쓰 무네미쓰전을 읽다」도 무쓰의 집필인가고 착각할 뿐이다. 하기하라 노부

2 에구치 보쿠로江口朴郎, 『世界史の現段階と日本』, 岩波書店, 1968年, 製3章 참조
3 이 『世界之日本』의 같은 호에 「諸元老談話の習癖」이라는 문장을 쓰고 있다. 거기에도 무쓰의 서명은 없으나 뒤에 『伯爵陸奥宗光遺稿』에 수록되어 있다.

토시는 『每日新聞마이니치신문』에 연재한 『무쓰 무네미쓰』(455회)에서, 무쓰 무네미쓰가 쓴 것으로 보고 있다. 나도 「陸奧宗光論—『蹇蹇錄』の著述目的—무쓰무네미쓰론—『건건록』저술목적—」(『寧楽史苑』 30号, 1985年)을 썼을 때, 하기하라의 이 견해를 참고했다. 그러나 그 후, 이 문장이 다케코시 요사부로의 저서 『萍聚絮算記평취서산기』(開拓社, 1902年)에 「陸奧大伯무네미쓰 대백」으로 수록되어 있는 것을 오카자키 히사히코가 가르쳐주어 다케코시가 집필한 것으로 밝혀졌다. 그러나 무쓰 생전에 발표된 것이고, 무쓰와 다케코시와의 관계를 보면, 무쓰도 당연히 대강 훑어보았을 것이다.

다케코시의 이 「무쓰 무네미쓰전을 읽다」는 무쓰의 인물평으로서는 아주 흥미롭다. 이토 히로부미·오쿠마 시게노부와 대비하여 무쓰의 특징을 서술하여 무쓰를 프랑스 혁명기의 외상 탈레랑Talleyrand-Périgord에 비겨, 그 드문 재주를 논한 것이다. 물론 무쓰의 청일전쟁시의 외교지도를 "성공으로 삼기를 주저하지 않는다"고 말하고 있다.

물론 다케코시의 이 무쓰론은, 무쓰와 극히 가까운 정치가이자 저널리스트이기도 한 인물에 의한 평전이고 역사적인 조감 하에서 무쓰를 논한 것은 아니다. 거기에서 우리가 이 [I] 시기를 대표하는 것으로 논해볼 필요가 있는 것은 최초의 본격적인 무쓰 전기인 사카자키 빈阪崎斌의 『무쓰무네미쓰』다.

사카자키 빈은 구 도사번土佐藩 출신으로 무쓰보다 열 살 정도 어린 저널리스트다. 메이지가 되자 일시 관직에 올랐으나 정한론을 외치고 사관辭官 이타가키 다이스케板垣退助를 따라 애국공당 결성에 진력, 자유당계의 신문 『自由燈지유노토모시비/자유등』의 주필로 활약했다. 무쓰와의 관계는 상세하지 않으나, 무쓰의 이 전기를 쓰는데 비판秘版 『건건록』을 읽고 있었던 것은 확실하므로 무쓰와 꽤 가까운 곳에 있었던 것은 틀림없는 것 같다.

"편중編中의 사실은 모두 지우知友 여러 사람이 친히 목도한 것으로써 직접 그 오류를 비평하여 바로잡은[批正] 편이다"(小序)라고 하고, 또 "본서는 그 서술하는 바의 사실 모두 근거 있어도 그 재료를 제공한 제 씨의 이름을 밝히지 않음은 대개 이를 비밀로 해달라는 요구가 있기 때문이다"(凡例)라고 말하고 있는 데에서, 이 전기가 상당 부분 청취에 의하고 있음을 알 수 있다. 그 점에서 무쓰와 동시대인들이, 무쓰에 대해 듣거나 느끼고 있었던 것을 나타낸 것으로 생각된다. 그것이 이 책의 큰 특징이다. 그러나 청취에 기초한 서술이 반드시 진실을 말하고 있다고는 할 수 없다. 그것을 주의하여 읽을 필요가 있다.

사카자키는 이 전기에서, 요약컨대 무쓰를 다음의 세 가지로 특징짓는다. 첫째는 '자유민권론자', 그리고 그 연장으로서 '정당정치'의 추진자로서의 무쓰, 둘째는 청일전쟁에 즈음하여 군부에 반드시 동조하지 않았던 무쓰, 셋째는 '세계의 일본'을 이상으로 하고 그 때문에 첫 번째 특징과 관련하여 '정당정치'의 실현이 불가결하다고 생각하고 있었던 무쓰, 라는 세 가지다.

첫 번째 특징에 대해서, 무쓰가 1874년 1월 1일, 기도 다카요시木戸孝允[4] 앞으로 보낸 장문의 의견서=「일본인」을, "번벌 공격에 앞장선[先登] 제일의 명예"(60쪽)라 하고, "타일他日 민선의원건백民選議院建白의 선구임에 족하다. 대저 군이 다른 날 헌정의 충실에 진력하겠다고 기한 것, 그것이 어찌 일조일석의 까닭이 아니겠는가"(66쪽)고 평가하고 있다. 즉「일본인」을, 조금 뒤인 같은 해 1월 17일에 건백된 이타가키 다이스케의 「민찬民撰의원설립건백서」의 선구라 하고. 나아가 청일전쟁 후의 정당 내각을 노리는 무쓰의

---

4   1833~1877. 막말의 죠슈 번사. 근왕파 지사, 메이지 초기의 정치가. 오쿠보 도시미치大久保利通, 사이고 다카모리와 함께 유신 삼걸로 불린다. 이와쿠라 사절단의 일원으로 구미를 둘러본 뒤 의식이 바뀐다. 사이고 다카모리 등의 정한론에 대해 우선은 내치에 치중할 때라며 반대한 일화는 유명하나, 그렇다고 해서 그가 조선관이 변한 것은 아니다/역주.

움직임은 실로 여기서부터 일관하고 있었다고 보고 있는 것이다.

무쓰는 1892년 제2회 총선거에서 행해진 마쓰카타 내각의 대선거 간섭 후의 시말에 즈음하여 마쓰카타 수상에게 의견서를 제출했다. 사카자키는 다음의 내용이었다 한다.

> 즉 그 첫째는 내각의 공고를 꾀할 것. 둘째는 정무관과 사무관의 구별을 분명히 할 것. 셋째는 선거간섭에 관한 처분의 것 등임. 그리고 그 요령을 개괄하면, 첫째, 내각의 공고를 도모함에는 각원 상호 친소의 구별 없이 일치결합 연대책임을 지녀야 하고, 먼저 시정施政의 강령을 공시하여 새로이 순연한 정부당政府党을 조직하고 그 위에 내각을 두지 않으면 안 됨. 그리고 금일은 아직 정부당이라 할 만한 단체가 없기 때문에 의원議院에서 정부의 의견을 대표시키는 편을 결해서는 안 됨. 그러므로 먼저 정부당을 조직할 것 즉 내각을 공고히 함이 급선무라 해야 할 것임.……(129~30쪽)

즉, '정부당'을 조직하고, 그에 따라서 연대책임을 지는 내각이 무쓰에게도 사카자키에게도 공통하는 '정당내각'의 이해였다.

이 전기에 의하면, 무쓰는 타계 직전에 찾아 온 나카지마 노부유키中島信行에게, "내 평생의 두 가지 큰 본래의 소원은 조약개정과 헌정의 완미完美에 있다. 전자는 이미 이루어 효과를 보았으나 후자는 아직 그 반도 달성하지 못했다. 이는 내가 성불成仏해서도 안 되는 망집이다"라고 술회하고 있다(268쪽). 사카자키는 이를 평하여, "역시 군(=무쓰/역주)이 품고 있는 주장은 오직 정당내각에 있음을 알 수 있을 뿐"(286쪽)이라 적고 있다.

그런데 사카자키 무쓰론의 두 번째 특징은 무쓰가 청일전쟁에 즈음하여 군부와 반드시 동조하지 않았다는 논의다. 사카자키가 이 전기를 쓰는 데『건건록』을 읽고 있었던 것은 앞에서 다루었다(제1장, 3 참조). 사카자키의 전기 제5장부터 제8장까지, 청일전쟁 관계의 기술에는 『건건록』을 그대로 베낀 곳이 무척 많아 오직 『건건록』을 보고 썼다고 해도 과언이 아니다.

물론 사카자키는 자신의 평가를 여러 군데에서 서술하고는 있으나, 청일전쟁 관계의 기술에는 무쓰 또 무쓰와 가까운 사람들 사이에서 당시 막연한 말투로 오갔을지도 모를 대화가 반영되어 있는 것으로도 보인다.

1894년 6월 2일 조선 출병 결정 각의에 대해,

> ……그러나 그 결의는 우연히도 해산 주청과 같은 때이므로, 누구는 이 결의를 억측하여 여론의 반항력을 대외적 정열로 전환시키려고 시도하는 일책一策이라고 전하는 자도 있지만 그것은 전적으로 스기무라杉村의 경전警電에 기초하여 비로소 이를 결의한 사실을 굳이 의심해서도 안 된다.(161쪽)

라고 말하고 덧붙여 사카자키는 다음과 같이 말한다.

> 과연 그렇다면 저 27, 8년의 전역戰役(=청일전쟁)은 결코 처음부터 군(=무쓰)과 이토가 충분히 묘산廟算(=국가정책)을 안은 것이 아니다. 오직 그 기호지세騎虎之勢를 중지할 수 없어 마침내 병기에 호소하기에 이르렀을 뿐.(161쪽)

즉 무쓰는 청국의 출병에 대해 "세력 균형상 우리 또한 그 같은 병대를 파견하지 않으면 안 된다"(161쪽)고 생각했고 이토 등도 거기에 동의했음에 지나지 않는다. 전쟁까지 간 것은 '기호지세'였다는 것이다. '기호지세'가 무엇이었는가는 논급하고 있지 않으나 이런 의론은 후에 시노부 세자부로 등에 계승되었다. 시노부는 가와카미 참모차장들의 움직임에 '기호지세'의 근원을 보게 되었다.(자세한 것은 후술할 [Ⅱ]시기 참조)

또 사카자키는 삼국간섭에 의한 요동반도 환부는 '실패'며, 외무대신으로서의 무쓰는 "최우선적으로 그 실패의 책임을 지지 않으면 안 된다"고 적으면서 동시에 다음과 같이 말한다.

> 그렇다 하더라도 군 등으로 하여금 달리 이를 돌아볼 겨를이 없게 한 것이 있음을 알지 않으면 안 된다. 어째서 해륙 군인의 공명열은 곧 이 같은가. 혹자는 말하기를 강화담판이 막 열리려 하는데, 모 장교가 요동에서 군 등에게 한 마디 위언危言(=직언) 하여 말하기를, 우리 동포의 피를 흩뿌린 땅은 가령 조적朝敵으로 지목되어도 감히 손을 떼어서는 안 된다고 했다. 당시 우리 군인사회 일반의 잠재 세력은 극히 맹렬하여 도저히 이토와 군이 이를 제재할 수 없는 형편임은 전혀 다툴 수 없는 사실이다. (257쪽), (강조 부분은 대문자 활자로 인쇄되어 있다)

요동반도 분할은 마치 군인의 의향에 통제되어 강화조건이 된 듯이 말하고 있다. 군인, 특히 육군에 요동반도 분할 의견이 강했던 것은 사실이지만, 그 군의 의견으로써 요동반도 할양이 강화조건으로 된 것처럼 말하는 것은 이미 서술했지만 사실이 아니다. 그러나 이 전기에서 이러한 서술이 있는 바를 보면, 무쓰와 그 주변에는 삼국간섭과 요동반도 환부를 군부의 소행으로 하고자 하는 경향이 상당히 있었음에 틀림없다.

마지막으로 세 번째 특징을 살펴보자.

사카자키는 무쓰의 생애를 총괄한 이 전기의 마지막 장, 제10장을 '병중 및 일생간의 일화와 최후의 대포부'로 하고 그 최종회, 100회 ―사카자키는 이 전기를 백 회로 나누어 서술했다― 를, 「군의 세계 일본주의, 친분 없는 새인물 50명을 요하는 군의 일대 포부」로 제목을 정하고 다음과 같이 쓰고 있다.

> 군이 병들어 작년 5월 오이소에서 니시가하라西ヶ原의 집으로 옮겨 오자 동향의 다케우치 다쓰조竹内達三라는 자가 군을 방문하다. 군이 그와 후원을

산보하면서 귀엣말로 말했다. 나는 서화, 골동骨董, 다도[茶湯], 꽃꽂이[挿花], 바둑, 장기 등의 기호가 없다. 오직 즐긴다고 할 것이 두 가지 있는데 병들어서 색심色心은 없고 겨우 그 하나가 남았을 뿐. 이미 마음껏 정론政論에 몸을 맡겨 쓰러졌다고 말을 끝내고 크게 하하 하고 웃다. 어째서 그렇게 천진난만하고 그다지 거리끼는 바가 없는가. 그리고 지금은 오직 『世界之日本』의 군의 기념물이 있을 뿐. 군이 늘 말하기를, 야마토大和 민족인 자는 부디 일본의 일본주의를 버리고 다시 세계의 일본주의를 취해야 한다. 즉 열강과 대등한 지위에 도달할 목적과 외교상의 방침을 세워야 한다. 경제든 군비든 동양의 한 방면에만 국한되어서 세계의 대세에 뒤처지지 말라 했다. 저소위 『世界之日本』이라는 잡지 및 일간신문의 명칭은 전부 군의 이 주의를 표방했을 뿐. 누가 군에게 묻기를 그 목적을 이루는 방안이 무엇이냐고 하자, 군이 홀연히 놀라 말하기를, 아, 유신 원로는 이미 이 새로운 주의를 실행할 신령한 두뇌를 갖고 있지 않다. 현재 내외의 형세에 통효通曉하는 자로 아직 친분을 갖지 않은 불기독립不羈独立의 신인 오십 명을 요하면 그것으로 충분하다고 했다. 대개 군은 단순히 이 새 주의를 외칠 뿐만이 아니다. 훗날 스스로 필시 새 정당의 새 수령이 되고 또 그 새 정부의 새 수상됨을 기하는 일대 포부가 있다. 군은 또 정당 내각의 희망자에게 고하여 말한다. 작금은 정계의 지도가 이미 그려져 큰 변화가 없다.……오히려 차제에 선거법을 개정하여 피선거인을 무자격으로 함은 물론 선거구역은 이를 일개 현県 아래로 확장하고, 또 중의원 의원 수는 새로이 이를 증가하여 적어도 오백 명 이상으로 해야 한다. 만약 이 선거법 개정안이 실시된다면 어떤 정당이라도 한 번은 틀림없이 과반수를 점하는 것은 필정必定이다. 그런데 위 과반수로써 정부에 반대하여 한 번 해산된 후에 다시 그 과반수를 점하는 것이 여전히 예전과 같다면 그 때야 말로 곧 정당내각의 기초가 확립한 것이라고 말할 수 있다. 이렇게 하여 한 번 의회의 과반수를 기초로 하는 정부를 조직

건건록의 세계

하게 되면 비로소 유신 이래의 번벌의 타성[惰力]은 그러므로 한 번에 청소된다. 그 후 혹은 다시 작은 당이 분열하는 형세를 재현함도 저 번벌의 타성이 이미 일소된 후이기 때문에 영국의 어느 경우와 유사한 연립내각을 보기에 이를 것이다. 그러므로 나는 먼저 선거법 개정안이 정당내각을 촉진하는 데 최첩경이라 생각하는 것이라고 했다.……(341~3쪽)

무쓰는 여기서 두 가지를 말하고 있다. 하나는 일본은 모름지기 '세계의 일본'이어야 할 것, 즉 일본이 구미 열강 수준의 국가이어야 한다는 것이고, 또 하나는 일본이 그렇게 되기 위해서는 무쓰 자신이 생각하는 대로 될 수 있는 정치세력을 가지는 것, 즉 무쓰가 의거하여 설 수 있는 정당을 끌고 그 정당에 의한 정당내각을 조직할 필요가 있다는 것이다.

번벌 아닌 무쓰에게 정당내각은 번벌을 극복하고 동시에 일본의 제국주의적 발전에 불가결하며, 또 그것은 불가피한 것으로 인식하고 있었던 것이다. 그 점에서, 무쓰의 생애는 메이지 초기 이래 일관해 있었다는 게 사카자키의 주장이었다.

후년의 무쓰 무네미쓰에 관련된 논점은 사카자키 빈에 의한 최초의 본격적 전기에 거의 빠짐없이 나와 있다. 그리고 사카자키가 말하는 제2의 논점을 더욱 강조하여 무쓰를 군부와 대립하는 것으로 해서 '무쓰외교'론을 전개한 것이 시노부 세자부로다.

[Ⅱ]의 시기……만주사변 전후부터 1940년 무렵에 걸쳐

시노부 세자부로의 '무쓰 무네미쓰'론·'무쓰외교'론에 대해 논하기 전에 [Ⅱ] 시기의 전체적 특징을 살펴보자.

이 시기는 무쓰 무네미쓰 연구사상 획기적인 시기다. 특필해야 할 것은 1929년 1월, 그 때까지 외무성 비판秘版으로 공간公刊이 허락되지 않았던『건건록』이 무쓰의 다른 논고와 함께『伯爵陸奧宗光遺稿백작무쓰무네미쓰유고』로 이와나미서점에서 출판된 것이다. 무쓰 사후 32년 만의 일이었다.『건건록』은 1933년에는 이와나미문고岩波文庫로 출판되어 널리 독자를 얻게 되었다.

게다가 1931년, 일본은 만주사변을 일으켜 중국 동북에 새로이 침략전쟁을 개시했다. 군사와 외교 관계는 현저한 긴장 상황이었고, 새삼 강력한 정치지도와 외교지도를 기대하는 풍조가 고조되었다.

이런 두 가지 조건이 겹쳐, 무쓰 연구는 이 시기에 극히 성행하게 되었다.

『건건록』에 대해서는 종래, 이판異版이 많이 있음을 지적한 요시노 사쿠조吉野作造의「蹇蹇錄のこと건건록」(『明治文化』第3号, 1928年 1月)과 사이토 쇼조斉藤昌三의「近代禁書考근대금서고」(『グロテスク』1928年 12月号) 등의 논의가 있고, 1940년에는 야마모토 시게루山本茂가 장문의「蹇蹇錄考건건록고」를 쓰고 있다. 이는 앞서 든『도록 일본외교대관』등에서 공표된 무쓰의 편지 등을 이용하여『건건록』에 대한 서지적 연구를 획기적으로 진전시킨 것이었다.

무쓰의 전기로는 와타나베 이쿠지로의『陸奧宗光伝무쓰무네미쓰전』가 출판되었다. 다케코시 요사부로의 추천으로 후카야 히로하루의 도움을 받아 집필한 B6판, 403쪽의 이 전기는, 제2차 세계대전 후 하기하라 노부토시의 일련의 무쓰 연구가 나오기까지는 전기로서 가장 상세한 것이었다. 이 전기는 개조사改造社가 기획한『偉人伝全集위인전전집』(全24冊)의 한 책으로 출판되었다.

최근 영웅대망론이 한창 일어나, 국민 영웅의 출현을 기다림이 극히 절실함이 있다. 이는 첫째는 현대사회 조직 및 제도가 막다르게 되어, 무언가의 타개와 혁신이 더해지지 않으면 국민생활의 안정을 기대할 수 없기 때문이다.……현대의 우리 국가사회 등도 이러하여, 정치제도든 경제제도든 무언가 일대 혁신을 요구하고, 그 혁신은 위인의 힘을 기다리지 않으면 도저히 능히 이룩할 수 없음을 국민이 암묵하는 사이에 느끼고 있기 때문이다. 둘째는, 오랜 군소정치가의 평범한 정치에 싫증난 국민이 국제 위기에 직면했기 때문이다. 확실히 호헌삼파三派내각 성립 당시의 일로 기억하는 이누카이 쓰요시犬養毅는[5] 사람들의 질문에 대한 대답에서 대신 등은 죠쵸町長와 손쵸村長가 감당할 사람이라면, 누구든 감당한다고 했다. 그 말의 옳고 그름은 별개로 하고, 우리 국민은 오래도록 이들 죠손쵸町村長급의 평범한 정치에는 질린 것 같다.……(1~2쪽)

라고 와타나베는 모두에 적고 있다.

와타나베는 무쓰를 "메이지 유신 국가사회 조직혁신의 즈음에 태어나, 몇 번인가 국제위기를 타개하여 발흥 일본의 기초를 구축한 인물이다."(3쪽)로 보고 있고, "……군이 떠난 지 2(3)8년, 1935·6년의 국제위기에 직면하여 군을 회고하고 그 인물됨을 보고자 하는 것은 단지 한 사가史家의 한가한 일[閑事]만은 아니다"(14쪽)며 이 전기를 썼다.

와타나베는 이 무렵 밝혀진 서한 등을 적극적으로 원용하여 사카자키의 전기를 더욱 상세히 했다. 거기에 와타나베 무쓰전의 특징이 있다. 이 전기에서 무언가 독자적 무쓰상을 제시하고자 했던 것은 아니다.

이 [Ⅱ] 시기에, 독자적 무쓰론을 전개하고 그 후의 무쓰 연구, 나아가서 일본외교사, 일본정치사 연구에 파문을 일으킨 것은 이미 여러 번 언

---

5 1855~1932. 비츄쿠니備中国(지금의 오카야마현) 출신의 정치가. 중국진보당 대표, 입헌국민당 총리, 혁신구락부 대표, 문부대신, 체신대신, 내각총리대신, 외무·내무대신 등을 역임했다/역주.

급한 대로 시노부 세자부로의 일련의 연구다. [Ⅱ] 시기의 시대적 풍조와 관련한 흥미 깊고 게다가 현재까지 여러 가지 영향을 미치고 있는 점에서, 이 시기의 무쓰 연구를 시노부의 연구를 바탕으로 논하고자 한다.

전 외교관이자 국제법·외교사·국제정치학자로 알려진 시노부 슌페이信夫淳平의 3남인 시노부 세자부로가 규슈九州 제국대학 법학부(정치학 전공)에 입학한 것은 1931년 4월의 일이다. 아버지의 영향이 있었던 탓인지 일본외교사를 연구 과제로 했다. 그리고 1934년 10월에『日淸戰爭일청전쟁』을 간행했다. 500쪽이 넘는 큰 책을 3년간의 대학 재학 중에 발간한 것은 시노부의 비상한 연찬에 의한 것이다.

이 무렵을 회고하여 시노부는 다음과 같이 술회한다.

……나 자신의 과제를 일본외교사로 하고 공부를 시작했으나 나는 늘 불안했다. 당시의 외교사는, 나중에 핫토리 시소服部之総 씨가 형용했던「外務省派外交史學외무성파외교사학」이 지배적이었으나 나는 불만이었다. 새로운 외교사의 방법을 구하여 계속 모색했다. 1931년 봄은 만주사변 전야의 긴장했던 나날들이었다. 정성껏 신문을 오려내기 시작하여 정세의 추이를 보고 있는 사이, 나는 일본의 외교정책에서 외무성과 군부 사이에 현저한 대립이 있음을 알아차렸다. 나는 이 대립의 분석에 일본외교사의 방법을 생각해가는 어떤 실마리가 있지 않을까하고 느꼈다. 그래서 그 대립을 역사에서 뒤지고 그 대립의 의미를 이해하기 위한 이론을 찾아 헤매고 다녔다. 대학에서의 이마나카 스기마로今中次麿 교수의 독재정치론 강의……가, 나의 모색에 시사한 바가 크다. 나는, 나아가 요시노 사쿠조 박사의『二重政府と帷幄上奏이중정치와 유악상주』와 마르크스의『ルイ・ボナパルトのブリューメル一八日루이 보나파르트의 브류멜 18일』등을 읽고, 차츰 외무성과 군부의 대립을 '이중정부'의 '이중외교'로서 파악하는 방법을 얻게 된 듯이 느꼈다. 역사의 탐구는 나를 무쓰 무네미쓰의『蹇々録건건록』으로 이끌었다. 나

는 이중외교의 발단이 청일전쟁에 있는 것이 아닌가 하고 생각하기 시작, 일본외교사의 경과를 총체로서 좇는 한편, 청일전쟁을 특수 연구 대상으로 삼기로 했다.……[6]

『일청전쟁』은 이런 문제의식에 이끌려 쓴 것이다. 여기에서 시노부는 무쓰 무네미쓰는 '평화주의'였지만, 군(특히 구체적으로 가미카와 소로쿠 참모차장)의 '기호지세'에 질질 끌려 내친걸음에 전쟁이 되었다는 견해를 주장했던 것이다.

『일청전쟁』 서언에서 시노부 자신이 요약한 바에 따라, 조금 더 시노부의 주장을 대략 살펴보자.

……이런 장편에 의해 공연히 독자 제군을 미로로 유인하지 않기 위해서, 여기서 본서의 구성과 내용을 요약하여 독자 제군의 조감에 바탕이 되어야 할 것이다. 그것은 단계적으로 다음과 같이 개관할 수 있다.

제1단계(본서·제2장-제6장). 출병부터 6월 14일까지. 일본의 출병 정책은 5월 하순, 참모차장·가와카미 소로쿠의 현양사玄洋社겐요샤[7]에 대한 "모름지기 기경 등은 한반도에 불을 붙이라. 그리고 불길을 올리라. 불길이 오르면 내가 이를 끈다", 6월 2일·혼성여단 파견결정, 6월 5일·대본영 개설을 관철하는 군부와, 6월 2일·청국파병에 대한 "청일 양국이 조선에 대한 권력의 균형을 유지"(무쓰), 원로에서 가와카미 참모차장 파면론, 6월 11일-15일 사이 오토리 공사·원袁총리(=원세개)의 청일 공동철병 교섭을 관철하는 정부 등 위와 같은 두 가지의 의지意志가 있다. 그 가운데, "천황의 큰 깃발[大纛] 하에 최고의 통수부를 두"(전시대본영조령·제1조)는 대본영 개설이 결정적이고, 이

6 시노부 세자부로, 『日淸戰爭』, 南窓社의 「增補版への序」, 1~2쪽.
7 구 후쿠오카번福岡藩(번주가 구로다黒田여서 구로다번黒田藩이라고도 함, 현재의 후쿠오카현) 번사를 중심으로 1881(메이지14)년에 결성된 아시아주의를 표방한 정치단체, 일본 최초의 우익단체다/역주.

리하여 "아국의 내정을 보면, 기호지세가 이미 형성되어 중도에 이미 정해진 병수를 변경할 수는 없음"(무쓰)에 다다라, 청일 공동철병 협정은 폐기되어야 함과 동시에, 사국事局의 전환책으로서 조선 내정개혁론이 생겨났다. 6월 14일의 결정.

제2단계(본서 제7장-제9장). 6월 14일부터 7월 10일 전후까지. 조선 내정개혁은 "청국 정부와 협심 동력同力하지 않으면 실행할 것이 아니"(무쓰)다라고 하여, 앞의 청일권력 평균유지론에 조응되어 있는 점을 먼저 주의해야 할 것이다.

그러함에 다른 한편, 기성의 '기호지세'는 이 점에서부터, 비로소 청일 양국의 충돌을 생각해야 한다, "이것(내정개혁)이 마침내 충돌의 단서가 됨을 면치 못할 것은 미리 각오했던 바지만, 기호지세 또한 어떻게 해도 할 수 없는 것이다"(무쓰). 이리하여 공동개혁 제의에 대해 청국의 거절과 함께, 6월 22일, 대청「제1차 절교서」가 발행된 것이지만 이 경우도 무쓰의 입장은 그 자신의 '가는 도중에 개전은 피할 수 없다'는 한 구절에 나타난다.

그러나 이 무렵에 이르러 나타나기 시작한 열국—미米·로露·영英의 간섭으로 무쓰는 아직 개전을 결심하지 않았고, 공동 개혁에 대한 단독 개혁으로써 사태국면의 소통을 꾀했을 뿐이다. 다만 그가 이미 '기호지세'를 이 단계에 응하여, ××××××××(제국주의적 요구로화)화하고 있는 어떤 사실(전선 양여·불법과세 폐지·방곡령 전폐)은 가장 주의해야 할 것이다.

제3단계(본서·제10장-제13장). 7월 10일 전후부터 개전까지. 7월 10일을 전후하여 열국 간섭의 요인이 제거되고, 즉 9일·영국의 조정으로 청일타협교섭의 청국에 의한 거절. 13일·러시아露國의 전비戰備불정돈으로써 간섭 포기. 16일·일영조약개정조인. 마지막으로, 23일·영국 상해 중립 제의. 이리하여 정부는 종전 개전을 주저하게 했던 여러 조건으로부터 얼추 개방됨과 동시에, 거꾸로 청일전쟁에서 부르주아적 과제는 이제 그 자체로서 그 최전

216   건건록의 세계

면으로 가져 갈 수 있게 되었다. 따라서 종전의 대립 해소, 청일전쟁에서 그 통일. 7월 25일·풍도風島만 해전. 8월 1일·공식적 선전宣戰. 이상.

시노부의 청일전쟁 외교론을 하나하나 자세히 논평하는 것은 본서의 과제가 아니다. 다만 위에서 인용한 부분만으로도 가와카미 소로쿠의 '현양사에의 지시'라든가 '원로의 가와카미 참모차장 파면론' 등, 시노부의 중요한 논점으로 되어야 할 부분이 얼마나 확실한 사료에 근거한 것인지, 또 그 해석은 이것으로 충분한지, 나타나 있는 출전의 사료적 가치를 고려해도 의문이 들지 않을 수 없다. 또 『건건록』의 인용에서도 타당성을 결여했다고 생각되는 부분이 적지 않은 ―예를 들면 '기호지세'라는 표현의 해석도 그 하나다― 시노부의 청일전쟁론에는 사료비판에 근거한 엄밀한 점검이 반드시 요망된다.

시노부는 그 후, 1938년에 전기『陸奧宗光무쓰무네미쓰』를 썼다. 이에 따르면, 무쓰를 '봉건국가에서 근대국가로의 전환기에 탄생한 중앙집권제 국가 아래서, 자본의 본원적 축적의 과정에 응하여 여러 가지의 자본을 산업자본으로 전화시킬 강력하게 일한 관료', 즉 '근대적 관료'로 규정했다(序, 1쪽). '근대적 관료'에 군부와 대립하는 '개명성'과 '평화주의'를 본 것은, 언외로 군부는 절대주의 세력으로 근대 자본주의 세력에 비해 '야만'이며 '침략적'이라는 인식이 있었기 때문일 것이다. 거기에는 지난 날, 강좌파講座派가 빠질지도 모르는 '근대자본주의'를 장밋빛으로 보는 경향이 그림자를 드리우고 있었다고 볼 수 있겠다.

다음 장에서 상세히 논하겠지만, 젠신자前進座[8]가 「황기2천6백년 봉축 기념예능제」에 후지모리 세키치藤森成吉의 희곡『陸奧宗光무쓰 무네미쓰』를

8　1931년 5월 22일에 창립된 도쿄도都 무사시노시武蔵野市를 본거지로 하는 가부키歌舞伎 극단/역주.

상연한 것도 시노부의 『무쓰 무네미쓰』에서 촉발된 것이었다.

　반세기 훨씬 전인 1930년대에 제기된 시노부의 주장은 결코 과거의 것이 아니다. 시노부에게서 배운 후지무라 미치오에 의해 한층 '발전'된 것은 이미 서술한 대로다(본서, 제2장, 2, 참조).

[III]의 시기……제2차 세계대전 후, 특히 1960년대

제2차 세계대전에서의 대일본제국의 패배·붕괴는 청일전쟁의 승리부터 정확히 50년째 되던 해였다. 패전 후 일본에는 학문 연구의 자유가 비로소 실질적으로 보장되었고 특히 일본역사 연구가 비약적으로 진전되었는데 이는 지금 누구도 의심하지 않는다.

　무쓰 무네미쓰와 관련하여서는, 무쓰가 보관하고 있던 「陸奥宗光関係文書무쓰 무네미쓰 관계문서」가 1952년 국립국회도서관에 양도되어 마침내 공개됨에 따라 그 연구가 비약적으로 전개되었다. 그 경과는 이미 서술했으므로(본서 제1장, 2. 참조) 재론하지 않겠다.

　공개된 「무쓰 무네미쓰 관계문서」를 접하고, 무쓰가 주미 공사 재임 중, 자유민권운동 이론가로 당시 미국에 망명 중이던 바바 다쓰이馬場辰猪[9]의 동정을 오쿠마 시게노부 외상에게 전한 무쓰의 편지(1888년 8월 8일부)를 읽은 것이 계기가 되어, 하기하라 노부토시萩原延壽는 무쓰 무네미쓰 연구의 새로운 경지를 열었다.[10]

　하기하라 노부토시는 그때까지 알려져 있지 않았던 무쓰의 서한 등도 자세히 읽어보고, 또 국내는 물론 멀리 무쓰의 유럽 유학지까지 사료를 여기저기서 찾아 아주 세밀하게 무쓰 연구를 했을 뿐만 아니라 무쓰의 내

9　1850~1888. 도사번 출신 무사, 사상가, 정론가. 가장 급진적이고 국수적인 '국우회國友会'를 조직한 인물이다/역주.

10　하기하라 노부토시, 「三十年前の『たまり場』」, 『みすず』276号, 1983년8·9월, 「憲政資料室の35年」 참조.

면을 척결하는 데 노력하여 무쓰 연구를 새로운 단계로 끌어올렸다. 다만 장편의 전기伝記로 될 터였던 석간 『每日新聞마이니치신분』에 연재한 『陸奥宗光무쓰 무네미쓰』는, 무쓰의 출옥(1883년 1월)까지가 아주 자세하고, 그후 예정되어 있던 「외유, 관도官途, 입각, 외상」의 4개 장은 간략하게만 서술되어 있다. 따라서 내가 지금 문제 삼고 있는 『건건록』의 시기에는 하기하라의 연구는 아직 본격적으로 다루고 있지 않다.

이를 전제로 한 다음, 하기하라 노부토시 「陸奥宗光무쓰 무네미쓰[11]」를 중심으로 하기하라 무쓰 무네미쓰론의 특징을 소개한다.

[Ⅱ]의 시기에 무쓰의 전기를 상세하게 소개한 와타나베 이쿠지로는 "군君(=무쓰)을 그저 음모자라 하고 혹은 일신의 영예를 위해 번벌에 굴복하여 타를 돌아보지 않았다고 하는 것은, 군에 대한 연구가 충분하지 않았기 때문이다. 이렇게 말하는 저자도, 종래 군을 메이지사史 중 가장 싫은 사람이라 했지만 지금은 그 일부를 수정하지 않으면 안 됨을 깨달았다[12]"라고 말하면서,

> 내가 아직 수정할 수 없는 점은, 군이 전반생前半生에서 번민, 초려焦慮, 거취가 일정하지 않고, 때로는 권변權変을 헤아리지 않을 수 없는 것 같은 행동이다. 이것이 과연 용서될 수 있을 것인가, 군은 후반생에서 내부로부터 번벌을 조종한다고 했으나, 군은 이럼으로써 과연 어느 정도로 번벌적 세력을 감삭減削하고 국민적 세력을 증진했는가. 군은 조정에 있는 자 중 유일한 입헌정치가로서 재임하고 있으나, 군의 정당 조종에 있어서 과연 어느 정도, 헌정의 발달에 공헌했는가. 우리는 거기에 많은 의문이 있다. 나는 무조건 찬사를 올릴 수 없다[13].

---

11 앞의 『権力の思想』, 『現代日本思想大系』, 10, 수록.

12 앞의 『陸奥宗光伝』, 序論, 12쪽.

13 위와 같음.

라고도 말하고 있다.

즉, 무쓰는 종래 그의 인물평에, 본질적으로 정치기술자로서, 종종의 정치세력 사이를 '빠져 나가는' 명인에 지나지 않는, 이른바 2류 정치가였다는 평가가 두드러지게 존재하고 있다.

하기하라는 이런 "통설"에 대한 재평가를 과감히 시도했다. 하기하라에 의하면 무쓰는 '권력'과 자유민권의 '이념'에게 찢긴 영혼의 소유자로서 본질적으로는 민권론자이고, '전향'으로 보이는 행동을 통해 '이념'을 현실 속에 실현하려는 노력을 계속하는 동안 숙질로 쓰러진 비극의 영웅이라는 것이다.

하기하라의 무쓰 무네미쓰론에는, 아리이즈미 사다오有泉貞夫의 솜씨 좋은 요약과 비판이 있다(有泉, 「陸奧宗光論」). 아리이즈미의 요약을 빌어 하기하라가 말한 바를 개관해둔다.

하기하라에 따르면 무쓰는 '전향' 즉 메이지 10년 서남전쟁에 편승하여 정부 전복을 꾀한 도사土佐 릿시샤계立志社系의 쿠데타 계획에 가담하여 5년간 야마가타山形·미야기宮城의 옥에 갇혔다. 그 뒤 민권파 진영에 투신할 것이라는 세간의 기대를 외면하고 외유하여, 귀국 후 외무성에 들어가, 주미공사에서부터 번벌 정부의 농상무상, 외상이 되어 초기 의회의 민당民黨 조종에 해당했던 행동도 단순한 변절·굴복이 아니고 "권력의지"에만 기반을 둔 것도 아니라고 여겨진다.

그리고 무쓰의 번벌 정부에서의 효용이 자유당 도사파土佐派와의 가이엔타이海援隊[14] 이래의 '인적 관계'에 머무는 것은 아니며 무쓰의 사상에도 기인했

---

14 막말, 도사번을 탈번한 로시浪士 사카모토 료마가 주도하여 결성한 단체. 1867~1868년간 사설 해군, 무역 등의 활동에 사쓰마 번으로부터 지원금을 받은 근대적 주식회사에 버금가는 조직이었다. 물자 운송과 무역 중개 등 상사商社 활동을 한 것으로 평가된다/역주.

던 것이라 하며, 게다가 그 사상이 번벌 정부에 대한 "원리적" 비판을 내포하고 있음을 강조한다.

먼저 동 씨는 무쓰의 두 가지의 옥중기『面壁独語면벽독어』와『福堂独語복당독어』를 검토하여, "무쓰 정치사상의 기본적인 시각을 구성하고 있는 것은 '외구주의畏懼主義'와 '자유'의 대립이었다"고 한다. 그 위에 서 있는 "정권"과 "인권"의 구별, "정권"의 작용 제한 주장은 "'번벌' 정부의 입장과 이미 '원리적'으로 대립하는 것이었다"고 여겼다. 그리고 "인권"은 "무엇보다도 출판·언론·집회·이주를 포함하는 '자유'의 권리"며, 이것의 '진작'을 "메이지 일본의 정치적 과제"라 생각했던 무쓰의 정치사상이 "어떻게 일반에게 '자유민권'이라는 통명으로 총칭되어 있는 사고방식과 유사할 것인가. 유사하다기보다 그것은 거의 '자유민권'의 '이념'이었다"고 하기하라 씨는 단정적으로 평가한다.

이를 기초로 하여 무쓰의 정치사상史上의 자리매김이 다음과 같이 요약되어 있다.

무쓰는 "'번벌' 세력이라는 실재하는 '권력'"과 "'자유민권'이라는 보편적 '이념'"의 두 가지의 계기를 인식하고 나아가 그것을 매개하는 '조건'과 '기술'의 중요성을 자각하고 있던 인간으로서 번벌 정치가와도 민권파 이론가 바바 다쓰이와도 구별되는 존재라고.

……거기에 더하여, 무쓰의 시도는 병으로 중단되지만 무쓰는 민당의 번벌 정부에의 일방적 굴종을 책한 것이 아니라, 오히려 그 승리를 바라고 확신하고 있었다―자유민권의 "이념"을 버리지는 않았다는 증거를, 세상을 떠나기 반 년 전에『古今浪人の勢力고금낭인의 세력』을 집필하고 특히 그 맺음말에서 보이고 있다.[15]

---

15 아리이즈미 사다오有泉貞夫, 「陸奥宗光論」, 25~26쪽.

즉, 다이가쿠오大岳翁라는 필명으로 쓴 「古今浪人の勢力」[16]의 맺음말은 다음과 같다.

……자유민권을 주장하는 지금의 로시浪人 여러분들이여, 그대들이 앞으로 나아가는 중에는 다소의 반동을 초래, 다소의 장애를 받을 것이지만 최후의 승리는 반드시 여기에 있지 저기에 있지 않다. 적어도 진보 변혁이 사회의 상도常道인 이상 로시는 반드시 승리한다. 영원히 승리한다. 로시가 승리하지 않는 사회는 멸망 화석의 사회다. 적어도 천치 간에 일정한 이법理法이 있음을 믿는가, 승리는 끝끝내 로시에 있지 않겠는가. 어찌 바삐 움직이는 체하여 번벌의 잔효냉배残肴冷杯에 고개를 숙이는가.[17]

그런데 『権力の思想권력의 사상』에 수록된 하기하라의 「무쓰 무네미쓰」는 "국내정치에서 무쓰의 행동양식으로 좁힌"[18] 것으로, 외교지도에 대해서는, "기본적 시각으로 있는 두 가지 점"에 대해 간단히 설명하고 그치고 있다. 그리 길지 않으므로 무쓰의 외교지도에 대한 하기하라가 말한 바 전문을 인용해둔다.

무쓰 무네미쓰를 다루면서, 그의 외교지도를 전혀 언급하지 않은 것은 기이한 감을 줄지도 모른다. 그러나 지면의 제약 때문에 본의 아니게 무쓰 사상의 이 부분을 할애하지 않을 수 없었다. 그래서 필자가 무쓰의 외교지도를 생각하는 경우에 기본적 시각으로서의 두 가지 점에 대해 여기서 간단히 설명해두고자 한다. 첫째는, 무쓰의 개인적 경력과 해당 해의 일본의 국

---

16 1897년 3월 1일 발행, 『世界之日本』第13号 所載.
17 앞의 『伯爵陸奥宗光遺稿』, 108쪽.
18 하기하라 노부토시萩原延寿, 「陸奥宗光」, 後記, 165~6쪽.

가이성 사이에 보이는 유사점이다. 무쓰는, 이미 살핀바와 같이 '번벌'이라는 원군을 전혀 기다리지 않고 자기의 능력만을 믿고, 단신으로 국내사회에서의 권력과 위신의 계단을 올랐다. 그러나 그것은 거의 그대로, 국제사회에서의 권력과 위신의 계단을 올라가고 있었던 당시의 일본의 모습이었다. 그래서 국내사회에서 '권력경쟁'할 무렵에 무쓰가 배운 지혜와 술책은 상당히 큰 폭으로 일본의 외교지도에도 원용할 수 있었던 것이었다. 그러나 둘째, 무쓰에게 국내정치관과 국제정치관 사이의 연속은 이 점에 머물지 않았다. 국내정치에서 무쓰의 리얼리즘의 기초가 '번벌'세력의 '권력'과 '자유민권'의 '이념' 사이를 부단해 매개해가는 '기술'에 있었다면, '무쓰외교'의 리얼리즘의 기초는 '유럽 열강'이라는 실재하는 '권력'과 '국가평등'이라는 보편적 '이념' 사이를 매개해가는 '기술'의 가운데 있었다. 예를 들면, '국가평등'의 '이념'은 '조약개정' 문제의 경우처럼 '강자' 유럽에 대한 '약자' 일본의 자기주장의 무기였다. 그러나 그와 동시에 '국가평등'의 '이념'은 일본에 의해 청국과 조선 사이에 존재하고 있던 '종속관계'라는 전통적 질서에 도전하는 무기로서 원용되어 청국을 조선으로부터 구축하는 수단으로 사용되었다. 그것이 청일전쟁에서 '무쓰외교'의 하나의 중요한 측면이다. 그러나 나아가 같은 '국가평등'의 '이념'은 그 보편적 성격 때문에 이제는 거꾸로 '약자' 조선에 의해 '강자' 일본에 대한 자기방위의 무기로서 원용될 수 있다. 조선의 '내정개혁'에 대해 무쓰가 극히 회의적이었던 이유의 하나는 '국가평등'의 '이념'의 이 기능 변동에 대해 그가 지극히 자각하고 있었기 때문이다. 그리고 '삼국간섭'은 '유럽열강'이라는 실재하는 '권력'에 대해, 일본이 직접 대결해야 할 시기가 도래했음을 보여줄 수 있는 것이었다.[19]

---

19 하기하라, 위의 논문, 147~8쪽.

위의 소개로 명료해진 것처럼, 하기하라 노부토시의 무쓰 연구는, 무쓰의 본질을 기본적으로 자유민권론자로 보고 그 내외정책을 논한 것이었다. 그것은 사카자키 빈 연구 이래의 "민권론적 측면"을 무쓰의 생애로 일관시켜 정리한 것에 큰 특징이 있다.

그러나 아리이즈미가 했던 비판처럼 무쓰의 '번벌비판'이 사실은 '입헌정우회'로 결실 맺는 길과 같은 것이었지는 않을까 하는 점과 병행하여, 하기하라가 논하는 '무쓰외교'론에서는 그 제국주의적 성격이 배경에 숨어버리고만 유감은 없을까.

[IV]의 시기……1980년대 이후

[IV]의 시기는 1980년대 이후 바로 현재의 무쓰 연구다. 이 시기에, 하나는 이미 본서 제1장에서 소개한대로 미국의 역사가 고든 M. 버거의 『건건록』 영역본이 간행된 것이다. 버거는 이 영역에 즈음하여 『건건록』에 사용된 외교문서의 원본과 대조하고 또 무쓰 연구·청일전쟁 연구의 내외 문헌을 자세히 조사하여 그 리스트를 동서에 수록했다. 이런 업적은 앞으로의 국제적인 무쓰 무네미쓰 연구 및 청일전쟁 연구에 획기적인 것이라 할 수 있다.

또 야마베 겐타로山辺健太郎의 유지를 이어 나카쓰카中塚가 『건건록』의 초고·제1차 간본과 현재에 이르기까지의 유포본(제2차 간본)과의 동이를 밝혀 이와나미문고岩波文庫에서 『신정건건록』으로 간행했다. 이것도 '무쓰외교' 연구에 새로운 소재를 제공한 점에서 하나의 시기를 그은 것이라 할 수 있다. 이미 사케다 마사토시酒田正敏의「『건건록』고」를 비롯하여, 이런 소재에 기초한 새로운 무쓰 연구가 나타나기 시작하고 있다.

한편, '무쓰 무네미쓰'론·'무쓰외교'론에 대해 사료적으로는 종래의 연구에 주로 의거하고는 있으나, 국제적으로 일본의 경제적·정치적 비

중이 높아짐을 반영하여, 역사적 평가의 면에서 종래에 없는 새로운 주장이 전개된 것도 이 시기의 특징이다. 오카자키 히사히코의 일련의 '무쓰 무네미쓰'론이 그것을 보여준다.

사카자키 빈阪崎斌부터 하기하라 노부토시까지의 논의에는 뉘앙스의 차이는 있으나 무쓰의 정치지도에서 '민권'이라든가 '평화', '평등' 등의 이념을 보고, 거기에 번벌 정치가와 군인과의 차이를 주장하는 공통성이 있다. 물론 그 공통성이 과연 무쓰의 역사적 평가로서 타당한지의 여부는 별개의 문제다. 그러나 그 문제는 잠시 제쳐두자. 그런데 오카자키의 무쓰론은 위와 같은 주장과는 그 톤이 현저히 다르다. 오카자키는 무쓰의 종형제였던 오카자키 구니스케岡崎邦輔[20]의 손자로, 게다가 제1선 외교관 (전 외무성 정보조사국장, 사우디아라비아와 타이 주재대사를 역임)시절의 저작으로서 그의 무쓰론은 주목된다.

오카자키는 잡지 『Voice』의 1985년 9월호부터 만 2년, 24회에 걸쳐 『評伝·陸奥宗光평전·무쓰 무네미쓰』를 연재했다. 거기에 약간 손을 대 800쪽이 넘는 『陸奥宗光무쓰 무네미쓰』 상·하를 출판했다. 그에 앞서 오카자키 저작의 하나로 『戦略的思考とは何か전략적 사고란 무엇인가』가 있고, 여기서도 그가 '무쓰외교'를 어떻게 보고 있는가가 곳곳에 나타나 있다.

기본적으로 오카자키에게는 인류의 역사, 특히 제국주의 시대는 국익 본위의 철저한 이기주의가 국가관계의 기본을 이루고 있다는 역사인식이 있다. '무쓰외교'야말로 모럴리즘과 환상과는 전혀 무관하고 냉철한 판단에 일관되어 있었던 이 제국주의 시대의 외교였다고 한다. 그리고 섬나라이기 때문에 국제정치에 대해 "무엇이든 주관적으로 생각하기 쉬운 일본의 풍토에서 이 만큼의 냉철한 판단을 하는 데는 대단한 지적인 배짱

---

20 1854~1936. 메이지·다이쇼·쇼와의 정치가. 가토 다카아키加藤高明 헌정3파 내각의 농상.

이 필요하고", 그것은 "유신 이래 생사를 몇 번인가 헤쳐 나온" 무쓰와, 그를 지지했던 이토 히로부미 등의 경험 덕택이었다고 한다.[21]

따라서 오카자키는 '무쓰외교'에서 '평화주의'와 '국가의 평등' 등의 이념을 보는 관점은 전혀 취하지 않는다. 그런 것이 아니라, 예를 들면 "청일전쟁 때, 진짜 주모자는 일본입니다만, 청국이 먼저 시작한 것처럼 하려고 무쓰가 얼마나 부심했는가", 거기에야 말로 '무쓰외교'의 본령이 있었다는 것이다. 그에 비해 "처음부터 진주만 공격 같은 것을 해서는 문제 밖"[22]으로, '무쓰외교'를 태평양전쟁시의 '군의 독주'와 '전쟁 중의 집단 히스테리'(공히 오카자키의 말)에 대치함으로써, '무쓰외교'의 일본근대사에서의 위치를 보여주는 것이다.

오카자키에게 있어 그 '무쓰외교'론은 바로 오늘 일본의 선택의 문제로서, 보다 명확히 말하면 현대 일본의 외교적 선택의 다시 없는 본보기로서 논하고 있는 것이다.

『무쓰 무네미쓰』 상·하는 무쓰의 전기이기도 하고 '무쓰외교' 찬가이기도 하다. "『건건록』은 예술작품이기도 하다. 청일전쟁을 통해 무쓰의 외교 그 자체가 예술작품임과 동시에『건건록』의 문장 자체 또한 하나의 예술이다"[23], 보불전쟁에서 "비스마르크의 개전 외교가 제국주의 외교의 예술이었다고 한다면, 이토, 무쓰의 그것도 예술이었다"[24]고 한다. 이 말에 오카자키의 '무쓰외교'에 대한 평가가 단적으로 드러난다.

오카자키의 대저大著에 대한 평론은 지금 당면한 목적은 아니다. 다만 오카자키의 '무쓰외교'론에 어떤 문제가 숨어 있는가를 밝히기 위해 오카자키가 말하는 바를 조금 더 들어 보자.

---

21 오카자키 히사히코岡崎久彦, 『戦略的思考とは何か』, 31~4쪽 참조.
22 위의 책, 90~1쪽.
23 오카자키 히사히코, 『陸奥宗光』 하, 270쪽.
24 위의 책, 286쪽.

건건록의 세계

오카자키 히사히코는 "이 무쓰전에서 내가 노력했던 것은 등장인물이 그 시대를 어떻게 끝까지 살아왔는가를, 현대사회의 색안경을 통해서가 아닌 그 당시의 시대정신과 각자가 태어나 자란 전통과 교양으로부터 가능한 한 정확히 그려내고자 하는 데 있었다"[25]고 한다. 그리고 "제국주의 시대의 인간을 붙들고 '제국주의적'이라고 비난하는 것은 중세의 인간을 '중세적' 또는 '전근대적'이라고 비난하는 것과 같은 것으로, 그리 틀린 것은 아니지만 시간 낭비이기도 하고, 오히려 역사와 인물을 직시하고자 하는 노력에 방해가 된다"[26]고 한다. 그리고 이 책에는 없지만 『Voice』 1987년 4월호의 서술에서는, 이 뒤에서 "그 중에서 누가 미쳐 날뛰는[狂躁] 감정적 제국주의자였던가, 누가 냉정하고 현실적인 제국주의자였던가, 또 누구의 정책이 일본의 제국주의적 발전을 위해 보다 합리적이었던가라는 시점에서 논하지 않으면 제국주의 시대의 역사를 놓쳐 버리고 만다"(동 잡지, 244쪽)고도 한다. 이런 한에서는 특별히 이론은 없다. 그러나 그래서 '무쓰외교'의 분석이 전부 정리되었는가.

오카자키는 청일전쟁의 개전을 논한 곳에서 다음과 같이 말한다.

> 일본 측으로서 최후의 수단은 조선 정부의 의뢰에 의해 청나라 군대를 조선 영토에서 쫓아낸다는 것이었다. 이렇다면 명분은 확실히 선다. 그러나 조선 정부에는 본래 그런 의사가 없었기에, 이 의뢰를 내도록 하기에 상당히 강력한 강압적 수단을 취하지 않을 수 없다.
>
> 그러나 이것이 제국주의 시대의 통례다. 결국 힘을 가진 자는 무엇이든 가능하다.[27]

---

25 위의 책, 상, 머리말, 4쪽.
26 위의 책, 하. 235~6쪽.
27 위의 책, 하, 261쪽.

이 말처럼, "힘을 가진 자가 무엇이든 가능한 것은 제국주의 시대의 통례다". 그것을 '냉정하고 현실적'으로 완수한 '무쓰외교'야 말로 제국주의 외교의 신수神髓라는 것이다.

그러나 생각건대 이런 역사관에서는, 예를 들면 1894년 7월 23일의 조선왕궁(경복궁) 점령은 '제국주의 외교'의 '근사한 성공'일 뿐이고, 당연히 그 조선왕궁 점령의 보다 깊은 사실 분석은 등한시 되었을 뿐만 아니라, 그 사실이 어떤 모순을 낳고 그 모순이 청일전쟁을 통해, 또 일본 근대사에서 어떤 의미를 갖는가라는 등의 문제는 그 관심조차 생길 수 없다. 문제는 만일 "냉정하고 현실적인 제국주의자였다"고 해도, 그 취한 정책, 그 실제의 운용 실태는 어떤 것이었는지, 그리고 취한 정책이 어떤 모순을 잉태하고 있었는지, 그것까지 분명히 하지 않으면 그 '제국주의자', '제국주의 외교' —여기서는 결국 무쓰 무네미쓰, '무쓰외교'지만— 의 역사적 의미는 오늘에 살아나는 형태로 밝혀질 수 없을 것이다.

나는 일찍이 재일 조선인 평론가 정경모鄭敬謨의 「ペリ一提督と井上艦長페리 제독과 이노우에 함장」[28]을 읽고, 일본근대사를 연구하는 데서 유념해야 할 중요한 점을 깨우친 바가 있다. 정경모의 이 짧은 평론은 전문 학술지에 실린 것이 아니므로 역사가들이 간과하고 있으나, 더욱 읽어야 할 글이라고 나는 생각한다.

페리 제독이 함포로 공갈하여 일본에 개국을 압박하고 그 후 일본은 같은 수법으로 한국의 쇄국을 부수었다는 것은 많은 역사가들이 말하는 바다. 그러나 양자의 수법이 똑같았다고 하는 것은 좀 지나친 말이 아닐까.[29]

---

28 정경모, 『ある韓国人こころ』, 朝日新聞社, 1972年, 수록.
29 위의 책, 98쪽.

라는 것이 이 평론의 서두다.

정경모는 양자가 과연 같은 방식이었는가를, 일본을 개국시킨 페리와 조선 '개국'의 계기가 된 강화도 사건의 주역이었던 일본군함 '운요雲揚'의 함장, 이노우에 요시카井上良馨가 각각 취했던 방식을 대비하여, 일본에서 말하는 위와 같은 의견을 비판했다.

위급한 경우는 물론 무력행사도 불사한다는 방침을 가지면서 신중히 무력행사를 피했던 페리와, 수도 바로 앞의 영해에 잠입하여 조선 측이 어쩔 수 없이 포대 발사를 하도록 상황을 만들고, 게다가 그 포격으로 실제 피해는 없었음에도 불구하고 바로 실탄으로 응사, 이어 군대를 상륙시켜 포대를 파괴했을 뿐만 아니라 민가를 몽땅 불태우고 조선측 35명의 전사자와 전리품으로 대포 38문을 탈취, 의기양양하게 돌아온 이노우에 요시카의 차이를 무시해도 좋은가라는 것이 정경모의 이 논평의 골자다.

> 어느 시대는 필경 제국주의 시대이며 모두가 나빴다는 논리는 즉 누구도 나쁘지 않았다는 논리로 연결되어, 일본이 범했던 과오에 대해 도의적 책임을 얼버무려버리게 될 지도 모르는 것이다.[30]

라고 이 평론을 맺은 정경모의 말은, 일본근대사를 분석할 경우 반드시 마음에 담아두어야 할 대목이라고 생각한다. 이는, '역사가'든 '비전문가'든, 오늘날 일본인 누구에게도 요구되는 '역사를 보는 눈'이 아닐까 한다. 나는 그런 관점에서 '무쓰외교'를 고찰해볼 필요가 있다고 생각한다.

이런 시각이 희박한 오카자키 같은 견해로 역사를 보게 되면, 그 후 역사의 전개에 대한 인식이 어떤 방향으로 전개되어 가는가. 그것을 고찰해봐도 흥미롭다. 오카자키가 무쓰의 청일전쟁의 방식에 대해 "처음부터

---

30 위의 책, 106쪽.

진주만 공격 같은 것을 해서는 문제 밖입니다"라고 쓰고 있는 것은 앞서 말했다. 그 '문제 밖'의 방식에 대해, 오카자키가, 태평양전쟁 직전의 일본이 취해야 할 '합리적 전략'으로 대치하고 있는 의론은 다음과 같다. 청일전쟁 문제는 아니지만 조금 언급할까 한다.

거기까지 몰리고 나서 생각할 수 있는 가장 현실적 전략은, 먼저 네덜란드령蘭領과 영국령英領만을 공격하여 석유를 억제, 우선 곤란하지 않을 태세를 만드는 것이었겠지요. 처칠 회고록에 의하면 히틀러는 말레이반도와 네덜란드령 동인도[蘭印]만 공격하면 미국은 움직이지 않을 것이라고 말했는데 일본은 그것을 무시했다고 합니다. 일본에서도 이 말이 없지는 않았던 것 같습니다만, 영미는 일체일 것이다라는 것으로 받아들여지지 않습니다. 처칠은 영국·네덜란드英蘭만 공격받을 경우 미국이 개입할 경우와 개입하지 않을 경우의 둘을 고려하여, 하지 않을 경우는 영제국을 지킬 방법이 없다며 호주 뉴질랜드의 안전까지 정말 염려하는 한편, 미국이 개입하면 "모든 것이 해결된다"고 말하고 있습니다. 그 '모든 해결'을 일본 자신이 붙였기 때문에 처칠로서는 돌 볼 필요가 없었던 것입니다.

일본으로서 할 수 있는 것은, 영국·네덜란드만 공격하고, 그것은 석유를 확보하기 위한 자위행동으로 미국과는 전쟁할 의사가 전무함을 반복하여 표명하고, 또 점령지역의 미국인의 신변과 재산의 보호에 만전을 기하여 그것을 미국 내에 선전으로 팔아넘기고 그런 다음 미국이 무리하여 참전해와도 그것이 분명히 트집이라는 것이 미국민이 알게 되는 형태로 개전시켜, 전쟁 중에도 러일전쟁 때처럼, 짐짓 미국인 포로를 우대해 보이고 그 사이에 미군을 맞아 싸워, 바다에서는 일본해 해전 또는 진주만 같은 승리를 거두고 육지에서는 유황도硫黃島와 같은 용감한 싸움을 보이면, 그것이 미국 국내에서 압승 기분을 일으켜 상호 타협에 의한 강화를 맺는 유일한 찬스였겠지요. 그

건건록의 세계

런 합리적 전략 아래에서야말로 세계 최고 수준의 우리나라 군대의 전투 능력이 국가의 이익을 위해 정말로 살아나 몇 십만이라는 생령의 희생이 있더라도 헛되지 않은 것입니다.[31]

이것을 '가장 현실적 전략', '합리적 전략'으로 생각할 수 있는지를 독자는 어떻게 읽고 있는가. 오카자키에 따르면, 일본의 '자위행동'을 위해서는 영국과 네덜란드가 영유하고 있던 아시아의 식민지는 점령하는 것이 부득이하고, 또 그것이 가능했다는 판단에 서 있는 것은 분명하다. 이것도 '제국주의 시대의 관습'이고 '결국은 힘 있는 자가 무엇이든 가능하다'는 것인가.

오카자키의 『무쓰 무네미쓰』에는 청일·러일 전쟁에 승리한 일본은 "그 후 40년간 일본의 안전 환경을 확보했으나, 승리에 우쭐해져 무모한 확장주의 노선으로 나아가 대일본제국 붕괴의 쓰라림을 겪게 되었다"(하, 241~2쪽)는 대목이 있다. '무모한 확장주의 노선으로 나아갔다'는 것이 일본의 '자위'를 위해서라면, 조선뿐만 아니라 중국도 그리고 동남아시아 제민족의 이익 등도 짓밟아 당연하다는 것과 같은 뜻일 것이다. 오카자키의 태평양전쟁 직전에 취했던 '가장 현실적 전략', '합리적 전략'이라는 것과 이 '무모한 확장주의 노선'과는 어디가 다른가.

'무쓰외교'를 '제국주의 외교의 예술'이라고까지 하는 의론의 행선지가 어떤 것인가를 생각할 때, 오카자키의 이 의론이 시사하는 바는 대단히 흥미롭다. '무쓰외교'의 예찬·신봉자에, 이런 주장이 지금도 존재한다는 것이 내가 '무쓰외교'의 모순과 후견을 문제 삼지 않을 수 없다고 생각하는 이유의 하나다.

---

31 오카자키 히사히코, 『戰略的思考とは何か』, 91~2쪽.

2. 무쓰외교의 역사적 조건

일본의 근현대사상史上, 자주 보이는 '무쓰대망론'과 '무쓰찬미론'에는 공통적으로 '무쓰외교'가 전개된 역사적 조건의 분석이 결여되어 있다. 그것이 하나의 특징이다. 나는 '무쓰외교'를 논하고자 할 때는 19세기말부터 20세기 초의 이른바 제국주의 형성기, 나아가 동아시아의 구체적 역사적 상황 속에서 진행할 필요가 있다고 생각한다.

왜냐하면 첫째, '무쓰외교'의 이른바 '성공'도 당시의 역사적 조건에 규정된 것이라 보기 때문이고 둘째, 구체적인 역사적 조건을 논함으로써 '무쓰외교'를 상대화하여 생각할 수 있다고 생각하기 때문이다. 또 셋째, '무쓰외교'라고 할 때 '냉철한 판단'에 기초한 '리얼리즘 외교'라는 것이 움직일 수 없는 '정설'로 되어 있는데 역사적 조건을 분석함으로써 '무쓰외교'의 '리얼리즘'이 어떤 의미에서 리얼리즘인가 하는 문제를 생각해 볼 수 있기 때문이다.

봉건적 분산 할거제도로부터 중앙집권 통일국가를 수립한지 20여년, 그 일본을 어떻게 하여 제국주의 열강과 대등한 지위로 격상시킬 것인가. 청일전쟁은 바로 그 호기였다. 무쓰는 수상인 이토 히로부미와 긴밀히 협력하면서 당시 국제적인 역사적 조건을 주로 교묘히 이용하여 그 호기를 현실화하는 민완한 솜씨를 발휘했다.

그 국제적 조건의 하나는 극동에서의 제국주의 열강 특히 영국과 러시아의 대립이다. 당시 일본이 침략의 대상으로 삼은 조선과 중국은 아직 특정 제국주의의 지배 하에 있지 않았다. 그럼에도 열강에 의한 세계 분할의 최후 지역으로서 이 지역이 주목되고 있는 시기였다.

일본은 메이지 초년부터 조선침략 정책을 대외정책의 하나의 기둥으로 삼고 있었고, 이미 1876년, 조선에 대해 일방적으로 불평등 수호조규를 강제로 맺었다. 그러나 일본의 이 조선정책으로 인해 첫째, 조선 관민 속에 반일 움직임이 양성되었고 둘째, 조선의 종주국임을 주장하는 청국과의 대립이 해가 갈수록 심화되었다.

임오군란(1882)·갑신정변(1884)을 거쳐 톈진 조약(1885)의 체결로 청일 대결은 일시적으로는 타협된 듯 했으나 조선에서의 청일 양국의 대립은 그 모순이 계속 증식되었다.

청일 양국의 이런 대립에 더하여 갑신정변 후에는 영국과 러시아의 대립이 조선에까지 미쳤다. 1885년, 영국은 조선의 남해안과 제주도 사이에 있는 거문도 점령사건을 일으켰다. 또 1891년의 시베리아 철도 기공으로 러시아의 동진에 대한 경계심이 고조되었다.

본래 일본에서는 당시부터 지금까지 러시아를 지나치다 할 정도로 경계했다. 청일전쟁 전에도 당시 러시아의 조선 정책에 대해 정확한 판단을 내렸는지는 의심스럽다. 청일전쟁 전 조선을 둘러싼 청국·러시아·영국의 관계는 일반적으로 일본에서 이해하고 있는 것보다 복잡하고, 그 실태에 대해서는 사사키 요의 연구가 정확하고 세밀하다.[32]

사사키의 상세한 연구를 요약하는 것은 쉽지 않다. 독자가 직접 사사키의 논문을 읽어 볼 것을 권한다. 다만 청국·러시아·영국 각국의 사료에 근거한 사사키의 상세한 연구 결과로 밝혀진 것은, 거문도사건 후의 러시아의 대조선 정책은 일본에서 보통 생각하는 것처럼 러시아가 조선을 침략하고 자신의 지배하에 두고자 하는 것이 아니었다는 것이다. 러

---

32 이에 관한 사사키의 주요 논문은 다음과 같다. ①「日淸戰爭前の朝鮮をめぐる露淸関係」, 佐賀大学教育学部『研究論文集』第28集, 第1号(Ⅰ), 1980年. ②「イギリス極東政策と日淸開戦」, 同第29集, 第1号(Ⅰ), 1981年. ③「ロシア極東政策と日淸開戦」, 同第30集, 第1号(Ⅰ), 1982年.

시아는 조선이 청국 또는 일본의 수중에 떨어지면 러시아의 우스리주_州
에 중대한 위협이 될 수 있다는 인식은 하고 있었다. 그러나 대국적으로
조선은 경제적으로 빈곤하고 군사적으로는 해안선이 길기 때문에 방위
가 곤란하며 외교적으로 조선침략은 영·청의 결렬을 초래하고 그 때문
에 "조선획득은 러시아에 어떤 이익도 보장하지 않을 뿐 아니라 반드시
상당히 불리한 결과를 초래할 것"[33] 이라는 인식이 러시아의 조선정책의
기본이었다.

아래에 사사키의 위의 세 가지 논문의 정리라 할 수 있는 논문 ③의 마
지막 부분을 소개해 둔다.

돌이켜보면, 1888년 5월 특별회의[34]는 러시아의 조선침략 구상을 물리치
고 조선의 현상유지가 러시아 극동정책의 중심과제라고 함과 동시에 이에
대한 위협은 일본이 아닌 영국의 지지를 받은 청국 측에서 해올 것이라 단
정, 이 판단에 기초하여 청국에 대해 1886년 톈진합의[35]에 의거하여 조선 현
상유지를 준수하게 한다는 정책노선을 채택하고 있다. 그러나 1894년 6월
초의 청일 양국의 조선출병부터 약 2개월 사이에 걸친 외교 분규로부터 청
국이 아닌 일본이 조선에 진출하여 지배할지도 모른다는 가능성이 대두됨
과 동시에, 영국은 러시아가 예상하고 있었던 것처럼 반드시 청국을 지지
하지는 않을 것이라는 것도 러시아 정부 당국자가 알게 되었다. 즉 1888년
회의에서 채택된 조선의 현상유지 정책의 전제였던 정세판단이 현실과 꼭
적합하지 않다는 상황이 드러났던 것이다.

---

33 1888년 5월, 페테르부르크에서 개최된 러시아 정부의 극동 문제특별회의가 작성
한 각서. 사사키 논문 ①, 42쪽.
34 페테르부르크에서 연沿아무르주 총독 코르프과 러시아 외무성 아시아국장 지노
베프에 의해 개최된 극동 문제 특별회의.
35 주청 임시대리공사 라쥬젠스키와 이홍장과의 교섭. 사사키 논문, ①참조.

하지만 그럼에도 불구하고 러시아 정부는 청일 개전 전에 러·청·일 삼국위원회의안을[36] 각하하여 러시아의 조선내정 불개입, 청일전쟁 불간섭 노선을 선택하고, 개전 후 8월 21일의 특별회의에서도 기본적으로 러시아에 있어서 극동 문제는 제1차적으로 조선 문제였고 러시아는 조선의 현상유지에 힘쓰지 않으면 안 된다는 1888년의 회의 노선을 답습하여 하등의 현상 변경적인 적극적 정책을 결의하지 않았다는 것이다.

그러나 청국이 아닌 일본이 조선의 현상을 파탄낼지도 모른다는 가능성에 대해서는 개전 당시부터 러시아 정부당국자도 이를 인식하고 있었다. 그리고 청일전쟁이 일본의 승리로 전개됨에 따라 이 가능성은 점점 현실적으로 됨과 동시에 다른 한편으로 일본이 전선을 청국 영토로 확대하여 1895년 시모노세키 강화회의에서 요동반도 할양을 요구하게 되자 극동 문제는 제1차적으로 조선 문제라는 러시아의 극동정책의 전제는 완전히 무너지고 극동 문제는 눈앞에 닥친 청국 분할을 둘러싼 문제로 변모된 것이 분명해졌다. 이에 러시아 정부는 청일 개전 이래 불안정 요인을 안고 있으면서도 계속했던 극동 문제에 대한 영·러 협조가, 영국이 일본의 강화조건을 묵인함으로써 붕괴되는 급변하는 상황에 입각하여 요동반도 할양을 저지할 것인가 아니면 그것을 용인하고 러시아도 그에 걸맞는 대가를 청국의 희생에서 획득할 것인가라는 선택을 강요당하게 되었다. 그리고 아는 바와 같이 러시아는 전자의 길을 택해 삼국간섭이 실현되었다……[37].

이런 상황 하에서 갑오농민전쟁에 의한 청국의 조선 출병을 호기로 삼

---

36 1894년 6월말 경 러시아 주청공사 카시니·주일공사 히트로보 등이 구상했던 "러·청·일 삼국위원회를 조직함으로써 일본에게 조선 내정개혁을 보장해주고 철병거부·단독 내정개혁의 실시 근거를 빼앗으며 또 조선 인접국으로서의 러시아의 조선 문제에 대한 발언권을 확보하기 위한 것으로 해석된다"─사사키 논문 ③, 61쪽.

37 사사키 논문, ③, 69쪽.

아 이 기회에 조선을 세력 하에 넣고자 출병한 일본 정부가 청일전쟁에 즈음하여 가장 우려했던 것은 열강의 간섭으로 인해 그 목적 실현이 방해받는 것이었다. 영·러 양국 공히 조선·중국의 현상을 변경할 가능성이 강해 이 지역에서의 전쟁은 바라지 않았고 영·러 양국은 기본적으로 대립 관계에 있으면서도 청일전쟁을 저지하고자 하는 점에서는 일치할 가능성도 없지 않았다. 청일전쟁 저지를 영·러 누가 이니셔티브를 쥐고 갈 것인가의 의중을 서로 떠보고 있었으나 1894년 7월 17일 경에는 대청 청일 외교에 영·러가 비로소 일치하여 청일 양군의 상호분리를 실현시킬 움직임을 개시, 거기에 독일·프랑스가 참가했고, 이탈리아도 이를 지지하는 상황이 되었다.[38] 그러나 그 때 일본 정부는 대청對淸 개전의 최종 결의를 하고 개전을 향한 최종 단계인 조선왕궁(=경복궁) 점령을 목전에 두고 있었다(본서 제2장, 2참조).

무쓰 무네미쓰는『건건록』제1차 간본에서 "나는 원래 청일 교전의 결과에 따라 조만간 유럽 각국 중에서 다소의 간섭이 있을 것이라 생각하고 있었지만, 동방의 국면에서 영·러 연합 간섭은 다만 하루라도 현재의 전쟁 판국에 현저한 불편을 초래할 뿐 아니라, 실로 동방 장래의 큰 불행일 것이라는 의견을 갖고 있었음은……"[39]이라 적고 있다. 이는 강화가 문제가 되었던 무렵에 관련한 무쓰의 말인데, 영·러의 공동간섭은 개전 직전에도 실현 가능성이 있었던 것이다.

그러나 결과적으로는 공동간섭 시기가 현저히 지연되고 게다가 영·러 양국 공히 일본의 군사행동을 달가워하지 않았음에도 불구하고, 청일 양국의 전쟁 불개입을 원칙으로 하고, 더구나 군사력을 동원해서까지 그것을 저지하고자 하지 않았다.

---

38 사사키 논문, ③, 66쪽, 참조.
39 『蹇蹇錄』, 398~9쪽, 교주 328·3 참조(역서 428쪽).

건건록의 세계

이런 열강 대립의 특수한 구체적 상황을 무쓰는 적극적으로 이용했다. 마침 그 때 진행되고 있던 대영 조약개정 교섭에 양보를 거듭하여 일본에 대한 영국의 호의적 중립을 이끌어내어 영국·러시아의 공동간섭 가능성에 쐐기를 박았을 뿐만 아니라 영·러의 대립을 이용함으로써 일본의 조선 제압을 실현시키고자 했던 것이다.[40]

사사키 요는 앞의 논문 ①의 '맺음말'에서 흥미 있는 문제를 제기한다.

……만약 86년의 톈진교섭(주청 임시대리공사 라쥬젠스키와 이홍장의 교섭) 혹은 88~89년의 페테르부르크 교섭[41]에서 조선불침략·현상유지의 성문협정이 체결되었더라면 사태는 어떻게 진행되었을까. 러·청 사이에 성문협정이 존재하고, 특히 1888년의 러시아 측의 제안처럼 여기에 영국을 비롯한 열국이 가입했더라면 —조선영토 보전의 다국 간 조약체결안은 원래 1886년 4월에 영국이 청국에 제의했던 것이다— 그것이 일본의 조선침략, 청국과의 개전을 어느 정도 억지하는 작용을 했다고 생각할 수 있지 않을까.

……예를 들면 야마가타山縣 수상은 1890년 3월의 「외교정략론」에서 러시아의 조선 진출에 두려움을 표명함과 동시에 이에 대항하기 위해 청·일·영·독에 의한 조선중립 조약 체결을 시사하고 있다. 러·청·영 사이에 조선불침략·현상유지 협정이 존재한다면 일본 정부는 그 협정에의 가입을 검토할 것이고, 만약 가입하지 않아도 그런 협정이 존재한다는 것은 일본의 대對청·한 외교에 어느 정도 제약을 가했을 것이다—라고.[42]

---

40 동아시아에서의 제국주의 형성에 대해서는 사에키 유이치佐伯有一, 「日本帝国主義 と東アジア」, 『岩波講座世界歴史』12, 近代9, 1969年, 292쪽, 참조.

41 러시아 외무성과 주러 청국공사 홍균洪鈞과의 교섭. 조선 문제를 둘러싸고 어떤 교섭이 행해졌다는 것이 청국 측의 사료로 판명되나 구체적 내용은 불상. 이 교섭도 1889년 9월 1일, 무기 연기되었다. 사사키 논문, ①, 44~7쪽, 참조.

42 사사키 논문, ①, 49쪽.

무쓰는 『건건록』에서 "또는 아주 경솔하게도 이때 곧바로 우리나라가 열국회의를 소집하여 조선을 구주 대륙의 벨기에白耳義, 스위스瑞西처럼 열국이 보장하는 중립국으로 해야 한다는 등의 여러 가지 의견이 있었다……"(『건건록』 62쪽)라며 조선중립화 구상을 부정적으로 적고 있다. 그러므로 '무쓰외교'에서 조선중립화를 위한 다국 간의 협정이 위의 서술처럼 영국·러시아·청국의 여러 가지 형편으로 성립하지 않게 된 것은 '다행'한 조건이었다. 이 조건을 최대한 구사하여 '무쓰외교'의 '성공'이 실현되었는데 그것은 또 조선의 민족적 자립을 파괴한 다음 결정적으로 작동한 것도 분명할 것이다. 청일전쟁에서 일본의 강제적 개전이, 조선은 물론 극동의 정세에 어떤 격변을 초래했는지를 객관적 사실로서 잊어서는 안 될 것이다.

그런데 '무쓰외교'를 가능하게 한 또 하나의 국제적 조건은 일본이 침략 대상으로 삼은 조선과 중국의 사정이다.

조선에서는 청일전쟁을 전후하여 남부의 동학교도를 중심으로 한 농민의 반봉건적 운동이 격화함에 따라 조선왕조의 지배가 불안정해지고 일본을 비롯한 밖으로부터의 침입자에도 적절한 대책을 취할 수 없었다. 게다가 이 봉건왕조를 대신하여 국가의 내외 정책을 통일적으로 추진할 수 있는 정치세력은 아직 존재하지 않았다.

청일전쟁 전후의 조선에서 사회적으로 주목해야 할 움직임으로서 농민의 반봉건 투쟁과 깊은 관계가 있는 동학, 정통 주자학을 신봉하는 위정척사파(이 중에서 청일전쟁 중 유자가 농민을 끌어들여 결기하는 반일 의병운동이 벌써 일어난다), 근대적 개혁을 지향하는 개화파 등 이 세 움직임이 있었다. 그러나 이 세 갈래 운동은 이 시기에는 제각각 서로 용인하지 않아 일본의 침략에 힘을 모아 반대할 수 없었다.

　　　　　　　　　　　　　　　　　건건록의 세계

개화파 관료는 본래 권력의 주변에 있었고, 봉건왕조의 정책 결정에 참여하여 조선의 근대화를 추진할 가능성이 있었으나, 이미 1884년 갑신정변의 실패로 개화파에 의한 봉건왕조 혁신 기도는 파탄났다. 잔존 개화파도 반봉건적 지향이 강했던 농민과 결합하지 않고 그들은 그 정치적 지향으로부터, 오히려 메이지유신 이래 근대화 정책을 추진한 일본에 대해 일종의 환상을 갖게 되었다.

일본 정부는 청일전쟁으로 조선을 사실상 군사적으로 지배함과 동시에 조선의 이런 사회적 제세력의 분열 상황을 적극적으로 이용하여 개화파에게 일본 점령하의 '내정개혁'을 행하게 하고, 농민군의 재봉기를 탄압하게 하는 등으로 조선의 사회적·정치적 제세력의 대립과 분열을 더욱 조장하여 조선의 민족적 결집을 방해했다.

한편 중국에서도 군사·외교의 주요 국면을 좌우할 힘을 지닌 양무파洋務派 관료는 "청국 국내 통치 집단으로서 특징적 형태, 즉 봉건적 지배 군벌로서 자기를 형성하고, 대외적으로는 전통적인 종주 번속藩屬적 이념으로 동아시아 제민족의 자립화 운동의 압살자가 되어, 그 경우, 그 때문에 제국주의 열강의 침략에 대해 무능함을 드러냈을 뿐 아니라 도리어 침략적 활동에 대해 주관적으로는 이용한다[以夷制夷]면서 사실은 결합하여 봉건적 지배집단으로서의 그들 본래의 주체성을 확인하고자 했던 것이다."[43]

즉, 양무파는 안으로는 민중을 제압하고 밖의 열강에 대해서는 이에 대한 의존이 깊어, 중국의 민족적 에너지를 결집할 정치세력은 아니었다. 그리고 한편 조선 등 주변의 제민족에 대해서는 중화의식에 의한 종속관계를 주장하며 민족적 제압자가 되어 있었던 것이다.

게다가 양무파 자체가 정돈된 정치세력이라고는 할 수 없었다. 당시

---

43 앞의 사에키佐伯 논문, 301쪽.

청조 정부는 제당帝党과 후당后党으로 분열되어 있었다. 전자는 영국을 믿고 교전을 명분으로 이홍장 세력의 약화를 꾀했고, 후자는 이에 대항하여 러시아의 조정을 기대하여 가능한 한 전쟁을 피하고 세력의 온존을 목표로 했다. 즉 양무파는 중국을 통일적으로 지도할 외교·군사적 방침을 결여하고 있었던 것이다. 이런 상황은 당연히 청국 군대의 규율·사기에도 누를 끼쳐 청국 패전의 주 원인이 되었다.[44]

조선과 중국의 이런 상황 하에서 무쓰 외상 등은 청국의 조선에의 '종주번속적 이념'에 대해 '국가평등'이라는 근대주의 국가의 '만국공법'을 덮어 씌워 개전의 구실로 삼았다. 구미 열강에 대해서도 또 국내에 있어서도 청국의 '야만'에 대해 일본의 '문명'이라는 여론을 형성했는데, 전술한 청국과 조선의 상황이 유리하게 작용한 것은 말할 것도 없다.

이렇게 조선과 중국이 통일적인 민족적 역량을 발휘하지 못했을 때, 일본은 거꾸로 20수년 동안 통일국가로서 정책의 큰 줄기의 일관성을 가지고 있었다. 청일전쟁을 둘러싸고 정부, 특히 외무성과 군 사이에 원칙적인 정책의 차이가 있었던 것처럼 말하는 '이중외교론'은 찬성하기 어렵다. 예를 들어, 조선 주재 오토리 공사의 주도하에 무쓰 외상도 승인한, '청한종주 문제'를 청일 개전의 구실로 삼는 것이 실행되고, 결국 청일 양국이 개전한 직후를 서술한 『건건록』 초고에 "이 때부터 우리나라와 청국의 관계는 외교를 선구로 하여 군대가 후원하는 국면이 이에 일변하여 완전히 군대 독단의 무대가 되었다"[45]라고 되어 있는 것은 이미 본서 2장

---

44 이구치 가즈키井口和起,「日淸·日露戦争論」,『講座日本歴史』8, 近代2, 東大出版会, 1985年 참조.
45 『蹇蹇録』, 386쪽, 교주, 138.4(역서 417쪽).

2에서 서술한 바다. 어디까지나 일본군의 조선 주둔을 지속시켜, 군사력을 배경으로 개전에 이르지 않을 수 없는 상황을 만든 '무쓰외교'의, 개전의 주도권 역할을 여기서 볼 수 있다. 그것은 메이지 초년 이래 일본 정부의 조선침략 정책의 연장선상에 있고, 군부가 주도하고 정부 특히 외무성이 그에 이끌린 결과는 아니었다.

그러나 조선·중국의 민족적 결집이 아직 강력하지 않고 그 때문에 일본의 침략은 보다 용이하고, '무쓰외교'라 불리는 외교정책도 항상 고려의 대상으로 삼은 것은 영국·러시아를 비롯한 열강의 움직임이었다. 조선과 중국의 민족적 의향이 일본의 외교정책을 좌우하는 요인으로 자각된 것은 거의 없었다고 해도 좋다. 가령 그것이 고려된 것처럼 보여도 그것은 조선과 중국의 움직임에 열강이 어떻게 반응하는가 하는 한에서였다.

3. 무쓰외교의 모순과 그 여파

'무쓰외교'는 위의 서술처럼 19세기 말 동아시아의 특수하고 구체적 조건 속에서 가능했다. '무쓰외교'는 이 역사적 조건을 이용하여 발전했고 동시에 또 새로운 모순을 만들기도 했다. 게다가 나는 그 모순을 모순이라고조차 느끼지 못하는 곳에 '무쓰외교'의 본질과 관련된 문제가 숨어 있다고 생각한다. 그러나 종래의 '무쓰외교'론은 이런 문제에 전혀 유의하지 않았다. 오직 그 '리얼리즘'을 찬미하고 혹은 그 '평화주의'를 말하며, 혹은 오늘날에의 그 긍정적 계승을 주장함으로써 '무쓰외교'의 실태분석 심화가 결여되어 있으며 나아가 그 역사적 평가가 일면적일 수밖에 없는 공통점을 갖고 있다고 생각된다.

그러면 '무쓰외교'의 모순이란 무엇을 말하는가. '무쓰외교'에 대해 당연히 평가가 높은 이 일본에서 독자는 괴이하게 생각할지도 모른다. 그래서 무엇을 '무쓰외교'의 모순이라 생각하는지 미리 사견을 서술한다.

먼저 '무쓰외교'는 청일전쟁의 외교지도指導와 같은 의미이므로, 청일전쟁의 외교, 혹은 청일전쟁 그 자체가 생산한 모순을 반드시 고려해야 한다. 일본이 청일전쟁을 수행하고 승리함으로써 먼저, 조선·중국과의 민족적 모순이 커졌다. 특히 일본의 침략으로 일본에의 종속을 강요당한 조선과의 민족적 모순이 첨예화되었다. 둘째, 이런 민족적 모순에 더하여 삼국간섭에서 분명해졌듯이 동아시아를 침략하고자 하는 제국주의 열강과의 대립, 특히 일본 침략의 창끝이 조선·만주로 향함으로써 제정 러시아와의 대립이 심화되었다. 이는 이른바 객관적·객체적 모순이다.

그러나 여기서 논하고자 하는 것은, 일본이 청일전쟁에 승리함으로써 새로이 발생한 위와 같은 객관적 여러 모순에 대한 것이 아니다. 그 객관적 모순과 깊이 관계된 '무쓰외교'의 주체적인 모습이 그 여러 모순을 한층 복잡하게 하고 또 격화시킨 것이 아닌가 여겨지는 문제에 대한 나의 견해를 피력하고 싶은 것이다. 물론 이는 무쓰 개인의 퍼스낼리티만으로 설명될 수 있는 문제가 아니다. 그것은 근대 일본의 세계인식과 관계되어 문제화된 것이다.

종래 '무쓰외교'의 '리얼리즘'이 칭송된 것은 이미 몇 번 언급한 대로다. 주관적 바람[願望]과는 전혀 무관한, 사태의 객관적 인식과 그것에 대응하는 외교기술이 '무쓰외교'의 '성공'을 가져다주었다는 것이다. 삼국간섭에 대한 히로시마広島 어전회의의 결정을 뒤집은 무쓰의 판단 등도 그 하나의 근거가 된다.

그러나 '무쓰외교'의 '리얼리즘'은 도대체 무엇에 대한 '리얼리즘'인가. 재음미할 필요는 없는가. 그것은 주로 열강이 어떻게 움직일까에 대

건건록의 세계

해 결사적으로 신경썼다는 것이고, 조선과 중국, 특히 조선에 대해 어느 정도를 알고 있었던 것일까.

주지하는 바와 같이 막말幕末 이래 이 일본에서는 열강에 대한 '자존자위'를 위해서는 스스로 나서서 조선과 만주를 일본의 세력 하에 두어야 한다는 주장이 유력했다. 메이지 정부의 외교정책도 기본적으로는 그런 인식에서 진행되었다. 즉 조선은 일본으로서는 이른바 '약취'의 대상이었고, 조선의 주권 등은 일본의 외교정책에서는 대구미열강과의 관계에서 고려되는 점은 있어도 기본적으로는 존중할 가치가 없는 것으로 생각했다.

그러나 조선의 민족적 주권에 대한 고려 등은 '낭만적 환상'이었고 그런 생각을 갖지 않았던 것에 정말 '무쓰외교'의 진면목이 있다는 반론이 반드시 있을 것이다. 무쓰 스스로도,

> 나는 본래부터 조선 내정개혁은 정치적 필요 외에는 어떠한 의미도 없는 것이라 했다. 또 의협義俠 정신으로서 십자군을 일으킬 필요가 추호도 없다고 보았기 때문에, 조선의 내정개혁은 무엇보다도 우리나라의 이익을 주안점으로 하는 정도에 그치고, 이를 위해 굳이 우리의 이익을 희생할 필요가 없다고 했다.…… 나는 처음부터 조선 내정의 개혁 그 자체에 대해서는 각별히 무게를 두지 않았다. 또 조선 같은 나라가 과연 능히 만족스러운 개혁을 잘 완수할 수 있을지 여부를 의심했다.……[46]

고 말했다. 이것이 바로 '무쓰외교'의 '리얼리즘'이고 '제국주의적 외교'란 이런 말을 하는 것이라는 반론이다.

그러나 여기에 '무쓰외교'의 실태를 깊이 생각하고 그 역사적 의미를

---

46 『蹇蹇錄』, 62쪽(역서 61쪽).

물어보는 기본적인 문제가 잠재되어 있지는 않는가. 앞 절에서 언급했던 것처럼, 청일전쟁 당시 조선의 민족적 결집은 아직 강력하지 않았고 그 때문에 일본의 조선침략은 보다 용이했다. 이런 조선의 상황은 무쓰를 포함한 일본 지도자의 조선 인식을 보다 안이하게 했고, 안이하게 된 것을 자각하지 못한 것이 그 후 일본의 외교를 오히려 제약한 것은 없었는가, 일본 외교에 '음의 유산'을 축적하게 되지 않았는가 하는 문제다.

이것을 묻는 것은 "제국주의 시대의 인간을 붙잡고, '제국주의적'이라고 비난하는"(岡崎久彦) 것이 아니다. 일본의 제국주의 외교의 실태를 사실 그 자체로 인식하고 그 역사적 의미를 묻는 것이다. '무쓰외교'에 그치지 않고 일본 외교사 연구에는 이런 관점에서 사실분석이 깊지 않다는 느낌이 든다. 그런 예는 충분하다. 따라서 개개 외교정책의 역사적 평가도 일면적으로 되어 그 결과, 근대 일본에서 오늘날까지 얽혀 있는 아시아 멸시의 고질화에 메스를 대지 않고 오히려 그 재생산에 손을 빌리는 경우가 많다.

그래서 청일전쟁의 개전외교를 예로 들고 구체적으로 사견을 제시하고자 한다. 청일전쟁 전체의 외교를 논하는 것은 이 책의 목적이 아니지만 특히 개전 외교를 논하는 것은 '무쓰외교'의 실태가 이 개전 외교에도 응축되어 있고 그 모순에 대해 생각하는 데 적당한 소재를 제공하고 있기 때문이다.

1894년 7월 23일의 조선왕궁 점령사건이 청일전쟁 개전에 미친 결정적 역할과 그 사건에 무쓰 무네미쓰가 깊이 관여했다는 것은 제2장 2에서 상술했다.

일반적으로 청일전쟁은 1894년 7월 25일의 '풍도해전'에서 시작되었다고 알려져 있다. 그러나 그 이틀 전 7월 23일의 일본군의 '조선왕궁 점령사건'이 청일 개전의 결정적 의미를 갖고 있음을 분명히 한 것은, 재일 조선인 역사가 박종근朴宗根의 『日清戰爭と朝鮮일청전쟁과 조선』(靑木書店, 1982年)이 연구사상 처음이다. 그러나 무쓰도 자신의 외교지도의 특필해야 할 업적이라는 의미도 담아 이 사건을 극히 중시했다. 이것도 이미 제2장 2에서 논한 대로다. "어쨌든 오직 개전함으로써……그가 외교상의 성공이라 함을 주저하지 않았음이다"[47]라고 다케코시 요사부로가 적고 있듯이 '무쓰외교'가 '성공'했다고 말할 때, 그것은 중요한 국면의 하나였다.

나는 지금 개전 방식이 '교활'했음을 비난하고자 하는 것이 아니다. 그게 아니라 이 '교활함'이 전승의 외침에 매몰되고, 이 '교활함'이 조선에 그리고 일본에 무엇을 초래했는가에 대해 무쓰를 포함한 일본 정부와 군의 지도자가 어느 정도로 자각했는가, 아마 그것을 거의 자각하지 못했던 것은 아닌가, 거기에 큰 문제가 있는 것은 아닌가 하는 것에 대해 고찰하고 싶을 따름이다.

무쓰 역시도 "한국의 전선이 끊기고, 오히려 바쁜 중에 조금 한가함을 얻는 것 같은 마음이 되었다"고 쓰고 있는 것은, 그 수단이 아무리 '교활'할망정, 열강의 간섭을 배제하여 이윽고 개전으로 들어간 것에 한시름 놓은 심정을 갖게 된 것이라고 나는 추측한다. 무쓰에게는 다른 일본 지도자와 마찬가지로 '일본의 안전을 위해서는' 조선의 내정에 마음대로 간섭해도 당연하다는 조선관이 있었다. 무쓰는 청국에 대한 이른바 제1차 절교서(1894년 6월 22일)에서 다음과 같은 조선관을 피력하고 있다.

……조선반도는 항상 붕당 투쟁과 내홍 및 폭동이 빈번하며 사변이 자주 일어나는 것은 오로지 그 독립국으로서의 책무를 다 할 요소를 결여하고 있기 때문이라고 확신한다. 그리고 우리나라와 저 나라는 좁은 바다를 사

---

47 앞의, 「陸奥宗光伝を読む」.

이에 두고 국토가 근접하여 피차 교역상 중요함은 물론이며, 일본 제국帝
国의 조선국에 대한 각종의 모든 이해는 아주 긴절하고 중대하다. 때문에
지금 조선에서의 참상을 수수방관하여 이를 바로 잡을 모책謀策을 시행하
지 않은 것은 이웃 나라의 우의를 저버리는 것일 뿐만 아니라, 실로 우리
나라의 자위의 길과도 어긋난다는 비난을 면치 못할 것이므로, 일본 정부
는 조선국의 안녕과 평온을 구할 계획을 담당함에 추호도 의심하여 주저
할 바가 없다.……"[48]

또, 예를 들면 무쓰가 높이 평가하고 있던 일등서기관 스기무라 후카
시杉村濬는 조선주재 일본 외교관이 되자, 훨씬 노골적이었다.

조선주재 제국帝国 공사는 그 책무가 다른 나라에 주재하는 제국 공사보다
훨씬 중하고 또 넓다. 즉 통상의 외교 사무 외에 사실상 조선의 정략을 감독
하여 그 국안國安을 보호할 책무가 있다. 조선은 형식상 독립국이고 우리 제
국과 대등하다 해도, 사실상 아국[일본]이 보호 유도 및 감독의 지위에 서 있
음은 명백하여 세상에 감출 바 없다.……[49]

열강의 각축장에서 일본의 안전을 위해서는 조선에 대해 이런 태도로
임하는 것도 제국주의 시대의 권력정치를 실행하는 것으로서는 당연하
다고 무쓰도 생각하고 있었을 것이다. 그리고 재조선 일본 외교관이 되어
서는 그 의식이 훨씬 노골적이고 그것은 실천적으로도 일상의 외교활동
에서 체현되었다. 즉 일본 외교는 조선에 대해서는 "주권국가 간의 이해
조정이라는 외교 활동 본래의 본질"이 성립되어 있지 않고, 사실상 일본

---

48 『蹇蹇錄』, 56쪽(역서 54~55쪽).
49 「杉村濬等被告事件陳述書」, 伊藤博文編『秘書類纂·朝鮮交涉資料』중, 1936年, 527쪽.

의 종속국으로 대했던 것이다. 청일전쟁을 승리로 이끈 일본외교의 '성공'은 이런 경향을 한층 더 조장하게 되었다.

그러나 조선의 민족적 자주성을 조금도 고려하지 않은 일본 외교관의 이런 모습은 두 가지 방향에서 그에 어울리는 결과를 낳았다. 하나는 일본의 조선 침략을 점점 노골적으로, 어느 때는 무궤도화하는 방향에서다. 다른 하나는 정반대로 조선의 반일민족운동을 질적으로 고양시키는 방향에서다.

전자는 청일전쟁이 끝난 약 반 년 뒤 1895년 10월 8일에, 조선주재 일본공사 미우라 고로 자신이 주도하고 계획을 짜서 궁전을 습격하여 왕비인 민비를 학살하는 행위가 되어 드러났다. 이른바 '민비 살해사건'(명성황후 시해사건)이다. 스기무라 후카시에 따르면, 본래 이 사건을 기도한 "유일한 목적은 궁중에서의 로국당魯国党(그 수령이 물론 왕비임을 알았다)을 억제하고 일본당의 세력을 회복시키는 것에 있다", "살해 건은 전혀 부차적으로 일어난 것이고 주요한 목적이 아니다"[50]라고 한다. 일국의 왕비를 살해하고 그것이 "부차적으로 일어난 것"이라는 표현에서도 스기무라의 조선관의 일단이 보이는데, 그것은 차치하고라도 미우라 공사 등이 이 '일본당'을 정권에 앉히는 쿠데타에 즈음하여, 왕비 살해를 교사하고 있던 것은 남아 있는 사료에서도 불충분하지만 분명하다.

"그날 밤의 광경을 실제 목격하고,……사실의 진상을 쓰고 있는 점만은 다른 통신보다 낮지 않을까 하고 조용히 믿고 있습니다"[51]라고 호리구치 구마이치堀口九萬一(당시 서울의 일본영사관에 있었던 영사관보)가 하라 다카시 외무차관에게 보냈던 1895년 10월 11일부의 사신私信[52]이 있다. 이에 따르

---

50 스기무라 후카시杉村濬, 『在韓苦心録』, 1932年, 199쪽.

51 참고로, 이 서간의 원문은 다음과 같다. "当夜ノ光景ヲ実際目撃シ, ……事実ノ真相ヲ畫キ候点丈ケハ他ノ通信ニ優ルベキカト窃ニ信シ居申候"/역주.

52 앞의 『原敬關係文書』 第3卷, 書翰篇3, 214~8쪽.

면, 호리구치는 7일 오전 4시 지나서부터 일본공사관에서 미우라 공사와 스기무라로부터 지금부터의 행동에 상세한 지시를 받고 대원군을 데리고 나오는 주역이 된 오카모토 류노스케岡本柳之助의 전령사를 명받았다. 그는

> 공사관을 떠나 돌아오려고 할 때, 공사는 소리를 낮춰 말하는 듯, 왕비는 반드시…………라고. 소생 그 뜻을 요해했습니다. 이 때 스기무라 씨가 말씀하신 것에는, 작년 사변에 관계한 자가 성내 사정을 잘 알아, 만사 형편이 좋을 수 있다면 상당한 사람을 데리고 갈 수 있다고 말씀하신 고로, 그렇다면 하기하라萩原 경부警部가 적당할 것이라는 말씀이었습니다만, 좋다고 말씀하심에 따라, 즉 경부 순사를 변장시켜 모두 조선 순사복을 입혀 수행하고 있습니다. 기율이 있어 잘 움직이는 자는 이 경부가 통솔한 순사가 제일이라고 생각합니다.

라고 쓰고 있다. 이 편지의 "…………" 부분은 호리구치의 편지 원문 그대로다. 아무리 사적인 편지라도 글로 적는 것을 굳이 꺼려야 할 정도의 말이었다. 그것은, 도리어 '왕비 살해'를 미우라가 입으로 말한 것을 입증하는 것일 것이다. 그리고 하라 앞으로 보낸 호리구치의 이 사신은 사건 관계자의 처분을 어떻게 하느냐의 일본 정부의 방침이 확정되기 전의 것이다. 사건 조사를 위해 외무성 정무국장 고무라 쥬타로小村寿太郎가 급거 조선 출장을 명받은 것이 10월 10일이고, 사건 관계자 처분은 고무라의 조선 도착 이후부터의 일이다. 따라서 사건 당일의 일을 숨겼다는 것[53]

---

53 10월 14일부 사이온지西園寺 외무대신 임시대리로부터 조선주재 미우라 공사 앞으로의 전신, 市川正明編, 『日韓外交史料·5·韓国王妃暗殺事件』, 原書房, 1981年, 86~7쪽 참조.

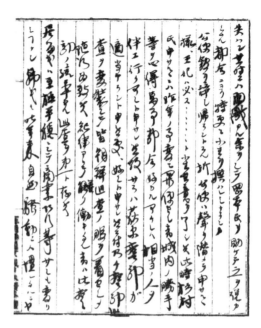

堀口九萬一書簡の當該部分(京都大学藏)

보다는 사실을 있는 그대로 보고한 것이 틀림없다.

그런데 이 '민비 살해사건'은 미우라 공사와 스기무라 서기관이 중심이 되어 일으킨 것으로 추측되는데, 사건의 전모에 대해서는 분명하지 않은 바가 많다. 일본 외무성이 사주하지는 않았다 해도, 국제정치사상 이 공전의 만행의 역사적 의미를 지금 생각할 때 중요한 것은 없는가. 그것을 고찰해보고자 한다.

사건 주모자 중 한 사람인 스기무라 후카시는 이 사건에 대해 다음과 같이 언급하고 있다.

그 목적은 오토리와 이노우에 양 공사가 행한 바와 동일하고, 그 수단은 멀리 작년 7월의 움직임[54]보다 온건했다고 믿는다. 그러나 정부가 만약 올해

---

54 조선왕궁 점령 사건을 말한다.

의 움직임을 공사의 과실이라 하여 혹여 죄려罪戾로 인정한다면, 정부는 왜 작년의 행동을 시인했는가. 정부가 이미 작년의 거동을 시인한 이상은 후임 공사가 그 예를 본 떠 행한 금년의 행동 또한 이를 책망할 수 없다고 확신한다.[56]

즉, '민비 살해사건'[55]은 무쓰가 '교활한 수단' 등으로 일컬은 '경복궁 점령사건'과 똑같은 짓을 했음에 지나지 않는다는 전임 외교관의 자각 하에 '일본당 회복 쿠데타'에 의해 난폭하게 일어난 것이다.

게다가 일본 정부는 '민비 살해사건'의 일본인 관계자를 조선에서 데려와 형식적으로는 군법회의와 재판소의 심리에 부쳤으나 결과는 전원 무죄, 증거불충분이라 하여 어느 누구도 처벌하지 않았다. 처벌하지 않음으로써 이 무법을 암묵적으로 정당화했다. 조선과 중국에 대한 그 후의 침략 수행에 있어서 이런 불법이 버젓이 통하는 전례를 만들었던 것이다.

또 이 '민비 살해사건'의 주모자 미우라 고로는 사건 후 10월 24일 관직에서 면직되고 이어 10월 25일 화족령 제15조 제2항에 의거, 화족 예우가 정지되었다.[57] 그러나 히로시마 지방재판소의 예심종결, 그리고 증거불충분으로 면소免訴되자 다음해 1월 20일 화족예우 정지가 해제되었다.[58] 그리고 1910년 10월 14일, 추밀원 고문에 임명되었다. 일본이 조선을 완전히 식민지로 만들었던 이른바 '한국병합'(8월 22일 조인, 29일 발표)으로부터 2개월도 지나지 않았던 때다. 마치 '한국병합'에 미우라의 공적도 지대했다는 듯이.

---

55 민비(명성왕후) 암살사건을 말한다.

56 「杉村濬等被告事件陳述書」, 앞의 『秘書類纂·朝鮮交涉資料』 중, 533~4쪽.

57 앞의 『明治天皇記』 第8, 923쪽.

58 위의 책, 第9, 15쪽.

그런데 이 '민비 살해사건'과 무쓰 무네미쓰의 관계에는 눈에 띌 정도의 사료가 거의 남아 있지 않다. 당시 무쓰는 오이소에서 병으로 요양 중이었고 외무대신 임시대리를 사이온지 긴모치가 맡고 있었다. 그러나 사건의 정보는 무쓰에게도 하나하나 도달되었다. 『일본외교사』에 다음과 같은 문서가 있다.

> 메이지28년 10월 9일 오후 6시 45분 발
>
> 오후 7시 30분 착
>
> 무쓰 번역관이 휴대한 각 전신을 일독함. 또 동인에게 전언의 취지를 갖추게 하니 양해바람. 비견鄙見을 참고하시도록 다음과 같이 말씀드림. 이번의 사건에 대해 가장 주의해야 할 것은 노국露国 및 기타 각국이 어떤 방침을 취해 올 것인가를 아는 것임. 그러므로 노국 등의 거동이 명확하지 않은 동안은 우리가 무엇도 먼저 하지 않고 잠시 금후의 형세를 보고 어떤 방책을 시행함이 적당할 것임. 또 상세한 것은 무쓰 번역관이 말씀드릴 것임.
>
> 사이온지 긴모치 외무대신대리   오이소 무쓰 무네미쓰

'민비 살해사건'에 대해 무쓰가 보인 최초의 반응이다. 무쓰의 관심은 조선 관민의 동향보다도 러시아를 비롯한 열강이 어떻게 움직이는가에 있었다.

또 다음 해, 1896년 1월 22일부 오카자키 구니스케 앞의 편지에서는 다음과 같이 말한다.

> 어젯밤 지진은 어떻습니까. 지장 없겠지요. 그런데 오카모토 류노스케岡本柳之助도 면유免諭된 이상 가까운 시일에 귀경하리라 생각합니다. 동인이 귀

---

59 『日本外交文書』第82卷, 第1冊, 362号 문서.

경한 뒤에는 잠시 침묵하는 것이 상책일 것입니다. 저 또한 일단 면회는 하고 싶지만 제가 부르는 것이 떠벌리는 것이 될 것이므로, 오로지 노형이 알아차릴 것을 권하며 당지에 가도록 말씀해 주십시오.[60]

겨우 이러한 자료를 통해 무쓰와 '민비 살해사건'의 관계와, 이 사건에 대한 무쓰의 생각을 적는 것은 어렵다. 그러나 한편으로, 사건의 중심인물인 오카모토 류노스케와 무쓰가 극히 친했다는 것은 다만 와카야마 출신이라는 것에 머물지 않고, 청일전쟁 중 오카모토의 조선에서의 활약이 무쓰의 종용에 의한 바가 크다는 것에서도 분명하다.[61]

사건 전의 조선 정계와 그를 둘러싼 이른바 일본인 민간 장사壯士오토코들을 포함한 일본 측의 움직임에 대해서는 그 전부는 아니지만 상당한 정보를 무쓰도 얻고 있었던 것은 아닐까. 후쿠시마 신고福島新吾는 '민비 살해사건'에 대해 "병 요양 중의 무쓰 외상과 이토 수상은 그 목적을 살피면서 반은 묵인하여 결과를 보려 하고 있었던" 것이 아닌가라고 미루어 살피고 있다.[62] 무쓰 자신의 '민비 살해사건'에 직접 관련한 위 두 개의 문서가 전하는 것은, 의외여서 놀랍다기보다, 후쿠시마가 미루어 살핀 것이 적확하다고 생각되는 뉘앙스다.

동시에 스기무라가 말하고 있듯이 이 '민비 살해사건'은 전년의 '조선 왕궁 점령사건'과 또는 이노우에 공사에 의한 대원군 경질 처분 등, 조선 궁중의 권력을 완력으로, 일본측이 좌우한 청일전쟁 중의 방식과 똑같이 행했음에 지나지 않는다는 인식에 주의해야 한다. '민비 살해사건'에는 사

60 이토 다카시伊藤隆·사케다 마사토시酒田正敏, 『岡崎邦輔関係文書·解説と小伝』, 自由民主党和歌山県支部連合会, 1985年, 119쪽.

61 「岡本柳之助訊問調書」, 同(続), 앞의 『秘書類纂·朝鮮交渉資料』 중 수록.

62 후쿠시마 신고福島新吾, 「壬午·甲申·閔妃事件関連の『杉村君日記』(続)—研究と史料解読—」, 『專修史学』 第22号, 1990年.

전에 의논하지 않고 이른바 모기장 밖에 두어져, 사건 그 자체에도 극히 비판적이었던 우치다 사다쓰치內田定槌 경성 영사관조차 다음과 같이 말한다.

이번 사건은 지난번에도 말씀드린 바와 같이 소생으로서는 실로 아닌 밤중에 홍두깨 같은 일로서, 처음에는 이것이 과연 우리 제국 정부의 의지에서 나올 만한 것인지 아닌지, 만약 제국 정부의 의지가 아니라 해도, 작년 7월 23일의 왕성 사변에서와 같이 우리 정부에서 이를 추인하는지 아닌지 판연치 않고, 설마 정부의 속뜻에서 나올 만한 것이 아니라고 생각은 합니다만, 우리 정부에서 본 건의 시말을 어떻게 붙일 것인지 짐작이 간다고 말씀드릴 수 없어, 소생으로서도 관계인의 처분 방법에 당혹스러운 바……[63]

누차 언급한대로 '조선왕궁 점령사건'은 청일전쟁을 개전으로 이끈 '무쓰외교'의 빛나는 '성공'의 하나로 꼽히는 일이었다. 그것이, 빛나는 '성공'이라 일컫는 것이 행선지 외교관으로 하여금 다음 해에 이 만행으로 치닫게 한 큰 원인이었던 것이다. 내가 '무쓰외교'의 모순을 생각하는 이유 중 하나는 바로 여기에 있다.

게다가 사건이 일어난 뒤에도, 이 사건에 대해 무쓰를 비롯한 일본 정부의 책임자가 그 재발 방지의 근본책을 취했다고 할 수 없다. 행선지 외교관 감독 불충분이라는 국내의 비난에 대항할 필요도 있었을 것이나, 기본적으로 사건의 주모자를 엄벌에 처하지 않았던 것은, 만약 그렇게 하면, 그 반발이 바로 무쓰에게도 덮칠 가능성이 있었기 때문이다. 결과적으로는 묵인하여 사건을 정당화한 것이다.

본래 '민비 살해사건'은 물론 정당화될 수 없다 해도, 미우라와 스기무

---

63 1985(메이지28)년 하라 외무차관 앞으로의 10월 19일부 서간, 앞의 『原敬関係文書』 第1卷, 書簡篇1, 245쪽.

라 등이 사건을 계획한 동기는 틀림없이 '국가이성' —오해를 무릅쓰고 통속적으로 말하면 '국익'을 도모한 것— 이었고, 최근까지의 소련의 동구 지배와 미국의 카리브해 제諸他지역 침공 등이 스스럼없이 실행되어 온 것을 생각하면 세계가 제국주의 시대로 돌입하게 되는 19세기 말의 사건을 비난하는 것은 무리라는 의견도 있을 것이다. 그러나 가령 그렇다 해도, 벌어진 일의 진상을 밝히는 것의 중요성과, 일국의 왕비를 왕궁의 침실까지 습격하여 살해하고 그 사체를 능욕한 뒤 소각해버린 그 사건의 특이성, 게다가 그것이 전년의 정부가 긍정한 사건의 답습에 불과하다는 행선지 외교관의 언동을 불문에 붙여도 좋다는 것은 결코 아니다. 일본의 조선침략의 독특한 모양에 주목해야 한다. 세계의 제국주의라면 어떤 나라에서든 일어나는 일이라는 인식에는 "누구도 나쁘지는 않았다는 론으로 이어져 일본이 범한 잘못에 대한 도의적 책임을 어물쩍 넘기려 할지 모른다"는 정경모의 말은 여기서 반추되어야 할 것이다.

그러면 한편, '교활수단'으로써 청일 개전의 돌파구를 연 '조선왕궁 점령사건'과 같은 정책이 조선 민족에 무엇을 야기시켰는가.

종래, 조선에서의 반일 의병투쟁은 '민비 살해사건' 후에 시작되었고 결정적으로는 1895년 11월 김홍집 내각에 의해 강행된 단발령을 계기로 본격적으로 전개되었다고 논해져왔다. 그러나 박종근은 전년의 '왕궁 점령사건' 후 곧바로 서상철徐相轍 등이 결기한 경상북도, 대구 북쪽 약 80킬로미터에 있는 안동지방의 반일봉기를 분석하고, 그것이 반일 의병투쟁의 시작임을 실증했다.[64]

또 국내의 가렴주구에 대한 민란의 성격이 강한 갑오농민전쟁도 1894년 가을에는 일본의 침략에 반대하는 기색을 선명하게 하며 재봉기했다. 농민의 이런 움직임이라든가, 지방 유자를 핵으로 하는 민중의 무장

---

64 박종근, 앞의 책, 179~80쪽.

결기라든가, 또 조선의 신문사상 처음으로 민중에 친한 한글로 발행한 신문=『독립신문』이 창간되고 그로써 '독립'을 고취한 독립협회(1895~98)의 움직임 등 청일전쟁 중부터 전후에 걸쳐 조선에 퍼진 이런 움직임은 청일전쟁 전에는 볼 수 없었으며 조선의 민족운동의 새로운 단계를 보여준다.

이런 요소들이 서로 의사소통하고 문자 그대로 조선을 통 털어 민족적 결집을 성취하기까지는 시간이 꽤 걸렸다고 해도, 청일전쟁 중의 일본의 침략에 대항하여 조선의 민족운동이 새로이 고조된 것은 부정할 수 없다.

그러나 조선의 민족적 자발성을 인식할 수 없었던 일본 관헌은 조선 궁정 내의 반일 움직임도 단순한 권력투쟁과 제3국의 사주에 의한 것으로 밖에 볼 수 없었고, 민비마저 죽이면 반일 움직임을 봉쇄할 수 있다고 쉽게 생각하여 '민비 살해사건'을 일으키므로 조선과의 모순을 한층 더 심화시켰던 것이다.

이 민족운동의 자발성을 인식하지 못하고, 그것이 권력 내부의 세력 다툼이나 타국의 사주에 의한 것이라는 견해는 그 후 오랫동안 일본외교 정책에도 일관되었고, 또 일본인의 사상에 고질화하여 현재에 이르게 되었다.

'무쓰외교'는 과연 이 고질화와 관계없다고 할 수 있을 것인가.

제4장

태평양전쟁 전야前夜의 무쓰 무네미쓰

'무쓰외교'를 어떻게 볼 것인가. 이는 메이지 일본을 논하고 나아가 근대 일본의 외교, 그리고 근대 일본 그 자체의 논의와 연결된다. 무쓰 무네미쓰는 근대 일본 외교의 상징적 존재이며, 무쓰를 논하는 것은, 그것을 하나의 척도로서 의식하고 있든 아니든 간에 근대 일본에 대한 자신 나름의 역사적 가치를 표명하는 것이 되기 때문이다.

이 장에서는 젠신자前進座가 1940년에 상연했던 연극芝居시바이 『무쓰 무네미쓰』를 다룬다. 그것은 태평양전쟁 전야의 일본에서 젠신자 사람들이 '무쓰 무네미쓰'를 어떻게 보았는가 하는 데 머물지 않고, 당시 일본이 피할 수 없는 사태로 빠져 들어갈 것 같다고 생각하고 그것에 비판적이었던 사람들이 이 근대 일본을 어떻게 보고 있었는가도 연극에는 자연스레 반영되어 있기 때문이다. 그리고 연극에서 묘사된 '무쓰 무네미쓰상像'이 무쓰의 실상이었는지, 젠신자가 무쓰 무네미쓰에서 무엇을 보고 무엇을 놓쳤는지, 시대의 제약은 분명했는지, 놓친 것이 있다면 그것은 일본인의 역사인식의 어떤 문제의 반영이라 생각할 수 있는지 등에 대한 사적인 견해를 피력하고자 한다. 그 문제는, 태평양전쟁 전야의 문제에 그치지 않고 현재 일본인의 역사인식에 관계된다고도 생각하기 때문이다.

1. 젠신자前進座의 연극芝居 『무쓰 무네미쓰』

젠신자는 1940년 3월 도쿄 신바시엔부쵸新橋演舞場에서, 이어 5월 오사카 나카자中座에서 후지모리 세키치의 신작 희곡 『陸奧宗光무쓰 무네미쓰[1]』를 「황기皇紀 2천6백년 봉축기념예능제」의 참가작품으로 상연했다.

배역은, 이토 히로부미-쵸쥬로長十郎, 무쓰 무네미쓰-간에몬翫右衛門, 무쓰 부인 료코亮子-시즈에しづ江, 후루카와 이치베古河市兵衛-쓰루조鶴蔵, 고노 히로나카河野弘中[2]-엔지筵司 등으로, 이홍장 역에는 극장[座] 외부 인물로 사사키 다카마루佐々木孝丸가 특별 출연했다. 연극은 성공했고 다음해 1월 「봉축기념예능제」의 최우수상을 수상했다. 젠신자에 극단상이 수여된 것을 비롯, 후지모리 세키치가 각본상, 오카쿠라 시로岡倉士朗가 연출상, 이토 기사쿠伊藤熹朔가 장치상, 간에몬이 연기상을 각각 수상했다.[3]

3막 10장으로 이루어진 『무쓰 무네미쓰』가 어떤 연극인지 일별해 보자.

제1막 [휴전]

제1장 메이지28년 3월 24일 오후. 바칸馬関, 아미타지마치阿弥陀寺町 슌판로 春帆楼, 강화회의실,

제2장 전장前場 다음날 〈25일〉 오전. 인죤지引接寺 〈이홍장의 숙소〉 안채

제3장 전장 바로 뒤. 인죤지 문앞,

제4장 전장 바로 뒤. 료칸旅館 「우메노보梅の坊」 〈이토 히로부미 숙소〉 2층

제2막 [강화]

---

1   후지모리 세키치藤森成吉, 『創作集 陸奧宗光』, 高見沢木版社, 1940年 수록.

2   1849~1923. 무쓰노쿠니陸奧国 미하루번三春藩(현재의 후쿠시마현福島県) 번사 출신의 정치가. 제11대 중의원의장, 메이지 유신 후 자유민권운동에 투신했고, 제1대 중의원선거(1890)부터 1920년 14대 중의원선거까지 중의원 연속 14선. 후쿠시마현청 앞에 그의 동상이 있다/역주.

3   나카무라 간에몬中村翫右衛門, 『劇団五十年―わたしの前進座史』, 未來事, 1980年, 225쪽.

제1장 4월 5일 오후. 료칸「다이키치大吉」〈무쓰 무네미쓰 숙소〉의 별채,

제2장 4월 10일 오전부터 저녁. 순판로〈제1장 제1막과 같음〉,

제3장 4월 20일경 밤. 도쿄 긴자銀座 부근

제3막 [간섭]

제1장 4월 25일 이른 아침. 반슈播州 마이코舞子 해안海岸, 숙실〈무쓰 무네미쓰
　　　의 요양원〉의 별채,

제2장 5월 13일경. 도쿄 시가지,

제3장 그 해 섣달 그믐날 밤. 오이소의 무쓰 별장

　　이렇게 ▲시모노세키 강화회의 시작 ▲이홍장의 피습 ▲그에 따르는
휴전 실시 ▲이어 강화의 성립, 그리고 일전하여 ▲삼국간섭, 마지막은 ▲
'메이지28년 섣달 그믐날 밤', 무쓰가『건건록』을 완성한 것으로 끝난다.
　　연극 제목이『무쓰 무네미쓰』인 것에 대해 후지모리 세키치는 이렇게
말한다.

> 제목이 반드시 맞지는 않는다. 왜냐하면 이토 히로부미와 이홍장도, 무쓰
> 와 거의 같은 무게로 그려져, 작자의 뜻은 오히려 저 강화 조건에 있었기 때
> 문이다. 그러나 무쓰의 정치적 정화精華가 거의 저 외교(다년 현안의 조약개정을
> 병행적으로 전진시킴)에 진력했고, 그의 모습이 시대의 한 상징이 되어 있다는
> 의미에서는 적당하지 않은 제목도 아니다. 일종의 사정이 좌우한 것이다.[4]

2. 상연 관계자의 의도

(1) 시대 배경

후지모리 세키치는『月刊前進座월간 젠신자』의 1940년 3월호에 다음과 같

4　후지모리, 앞의 책, 跋, 1쪽.

이 쓰고 있다.

> 무쓰 무네미쓰는 별명이 '면도칼 대신'일만큼 칼같은 정치가입니다.……
> 무쓰 외교의 '2대 걸작'은 청일강화와 조약개정입니다. 청일전쟁 전후, 그
> 중에서도 강화조약체결 전후의 그의 수완은, 오늘에서 보아도 감탄할 가치
> 가 있습니다.
> 이 두 가지의 일 만으로도, 메이지사, 아니 유신 이래의 일본외교사, 정치사
> 에서의 그의 모습은, 불후입니다. 그런데 그는 평행적으로 거의 동시에 해
> 내고 있습니다. 희곡『무쓰 무네미쓰』는, 그간의 경위를 그린 것입니다.
> 젠신자의 후의厚誼에 대해서도, 작자는 대단히 분발하여 썼습니다. 작품의
> 만듦새야 어쨌든, 이 전의 졸작『江戸城明渡し 에도죠아케와타시/에도성 명도』[5]
> 이상으로 보다 큰 스케일의 공감적인 소재라 생각합니다.

이는 젠신자 기관지에 선전을 겸하여 쓴 글이며 이로써 이 희곡을 썼
던 의도를 전부 다 말한 것은 아니다.

그러면 상연 관계자들은 이 연극을 어떤 목적으로 기획했는가. 그것
을 생각하기 전에 먼저 당시의 정치적·사회적 상황을 살펴보자.

후지모리가 이 연극의 각본을 집필한 것은 1939년의 일이다. 젠신자
에 기증된 후지모리 세키치의 각본 초고『陸奥宗光下書帖 무쓰무네미쓰초고
첩』에는 "완完, 12월 16일"이라 적혀 있다. 이는 '1939년'의 '12월 26일'

---

5 게이오慶応4년(1868) 4월 11일, 에도시대 마지막 쇼군(15대) 도쿠가와 요시노부
   德川慶喜를 치려는 정부군에게 도쿠가와家가 사죄의 조건으로 에도성을 무혈로
   명도하기로 한 것. 막부측의 가쓰 가이슈勝海舟와 신정부측의 사이고 다카모리의
   회담에서 실현되어 에도를 전화戰火로부터 구한 것으로 평가된다. 그 달 도쿠가와
   요시노부가 이에 순순히 따를 뜻을 표하고 동정東征대총독인 아리스가와노미야타
   루히토신노有栖川宮熾仁親王에게 에도성을 명도했다. 교섭부터 명도까지의 과정은
   소설, 연극, 드라마, 영화 등에 소재로 빈번히 채택되었고, 위 후지모리의 작품도 그
   중 하나/역주.

藤森成吉『陸奥宗光』脚本下書きの表紙(前進座藏)

이다. 그 해부터 이 연극이 상연된 1940년에 걸쳐, 일본 외교의 선택은 극히 혼미했고 국내 정국도 혼돈했었다.

1939년, 이 해, 중국 동북 침략(만주사변)으로부터 이미 8년, 중일 간 전쟁이 전면전으로 치달은 지 2년이 경과하여 전쟁의 판국은 일본 측의 의도와는 정반대로 완전히 경색되었다. 또 만몽 국경에서 노몬한 사건을 일으켰던 일본군은 궤멸적 패배를 맛보았다(8월).[6] 한편 유럽에서는 독일·이탈리아 간에 군사동맹을 체결, '베를린-로마 추축'이 과시되어 그에 연동하여 일본의 지배층 내부에 「일독이日独伊 삼국동맹」 체결 움직임을 둘러싼 불화가 발생했다. 그러던 중 8월 23일, 허를 찔린 듯이 모스크바에서

---

6   1939년 5월, 중국 동북부(=당시의 만주)와 몽골의 국경 노몬한에서 일어난 러시아와 일본의 국경분쟁 무력 충돌 사건. 일본은 관동군 병력 1만5천을 동원했으나, 8월 소련 공군과 기계화 부대의 반격으로 궤멸적 타격을 입고 패배. 게다가 8·23 독·소 불가침조약이 체결됨으로써 9월 정전협정을 맺는다/역주.

「독소独蘇불가침조약」이 조인되었다. 히라누마 기이치로平沼騏一郎[7] 내각이 「구주정세 복잡기괴」라는 성명을 내고 겨우 7개월 남짓 만에 내각을 해산한 것이 이 시기다. 이어 아베 노부유키阿部信行[8] 내각, 요나이 미쓰마사米内光政[9] 내각도 단명, 다음해인 1940년에 걸쳐 네 번이나 내각이 바뀌는 상태였다.

이런 혼미 중에, 1940년 2월, 사이토 다카오斉藤隆夫[10]가 대중국정책을 비판하여 중의원에서 제명되었고, 3월에는 왕조명汪兆銘왕자오밍[11]이 난징南京에 괴뢰 '국민 정부'를 수립했으며 그리고 9월에는 「일·독·이 삼국동맹」이 조인되었다. 이렇게 중국 전선戰線이 막히자, 전쟁을 보다 확대하는 방향으로 타개하고자 하는 움직임이 강해졌다. '황기2천6백년기념'이라는 대대적인 캠페인도 이런 움직임의 하나였다.

연극계에서도 만주사변 이후, 특히 중일 전면전 이래 전쟁의 중압감

---

7   1867~1952. 미마사쿠노쿠니美作国 쓰야마번津山藩(지금의 오카야마현岡山県) 출신의 사법관료, 정치가. 법학박사. 사법대신, 대심원장(최고재판소장), 35대 내각총리대신, 국무대신 등을 역임했다/역주.

8   1875~1953. 이시카와현石川県 가나자와시金沢市 출신의 육군군인, 정치가. 육사9기, 육군대장. 제36대 내각총리대신, 외무대신, 마지막 조선총독(9대, 이때 패전을 맞이함) 등을 역임했다/역주.

9   1880~1948. 이와테현岩手県 모리오카시盛岡市 출신의 해군 군인(해군대장), 정치가. 해군 요직을 거친 뒤 1940년 제37대 내각총리대신. 일·독·이 삼국동맹을 희망하는 육군과 대립, 내각 총사퇴 후 해군대신으로서 전쟁종식과 해군 해체에 임했다/역주.

10 1870~1949. 단지마노쿠미但馬国(현재의 효고현兵庫県) 이즈시군出石郡 출신 변호사, 정치가. 도쿄전문학교(현 와세다早稲田대학)·미 예일대 출신, 1912년 이래 중의원 13선. 입헌주의·의회정치·자유주의를 옹호, 제국의회 중의원에서 만주사변 후 군부의 정치개입에 저항, 1940년 '반군反軍연설'로 중의원에서 제명된다. 1942년 총선에서 효고현 최고 득표로 재기. 제1차 요시다吉田내각에서 국무대신을 역임했다/역주.

11 1883~1944. 중국 광동성 출신의 중화민국 정치가, 행정원장, 중국국민당 부총재. 신해혁명을 이끈 손문孫文의 측근으로 활약. 러일전쟁 당시 광동성 관비 유학생으로 일본에 유학한 지일파. 왕조명정권(1940. 3~1945. 8. 16, 중일 전쟁 때 일본 점령지에 세워진 친일정권) 주석/역주.

이 가중되었다. 그 가운데 양심적 작품을 어떻게 상연할까하는 여러 가지 시도가 있었다. '황기2천6백년'「봉축예능제」에의 참가는 여러 극단으로서는 쓰디 쓴 물이 가득 찬 길이었다. 공연활동을 계속하려면 반드시 참가해야 하고, 참가하면 하는 대로 전쟁 확대의 의도에 빠지게 될 위험이 자명했다.[12]

(2) 젠신자 문예부장 미야가와 마사하루宮川雅靑의 선택

이런 상황에 젠신자는 어떤 선택으로『무쓰 무네미쓰』를 상연하게 되었는가. 후지모리에 따르면, 이 각본은 "황기2천6백년 봉축예능제 제정制定 각본으로서, 일본문화중앙연맹이 젠신자에 의뢰하고, 젠신자는 작자에게 의뢰하여, 극단座과 의논한 끝에 결정한 재료에 기초하여 쓰고『改造개조』지에 발표한 것"[13]이라 한다. 사전에 일본문화중앙연맹이『무쓰 무네미쓰』를 결정하고 그 구체화를 젠신자에 의뢰한 것으로도 받아들여지는 글투다. 그러나 사실과 다르다.

프롤레타리아 연극연구회 제1기생으로, 젠신자와는 창단 흥행 연습 시절부터 관계했고 그 후 오랫동안 젠신자의 문예부장이었던 미야가와 마사하루의 말에 따르면,『무쓰 무네미쓰』를 상연키로 한 것은 다음과 같은 경위에서 였다.[14]

젠신자는 창립 50주년인 1936년 초엽에「신대중극연극·영화의 수립」,「전국 관객과의 완전한 결합」,「발전적 집단생활의 건설」의 3대 목표를 내걸고, "가부키歌舞伎의 발굴 상연을 포함하는 전통계승은 물론, 그 비판

---

12 이 무렵의 신극계新劇界 상황에 대해서는, 스가이 유키오菅井幸雄,「ファシズムと 演劇人ー日本の場合」,『文化評論』277号, 1984年 4月 참조.

13 후지모리, 앞의 책, 跋, 1쪽. 한편『改造』에는 1940년 3월호에 발표되었다.

14 이하, 미야가와의 회상은 1984·쇼와59년 6월 15일, 젠신자에서 필자가 직접 그에게 들은 것이다.

적 수용부터 나아가 현대에 생동하는 사회성, 진보성을 가진, 게다가 대중에 널리 받아들여지는 예술수준이 높은 연극·영화를 만들자"고 했다.[15] 그해 1월, 나고야名古屋에서 공연한 『シーボルト夜話(시볼트야화)』[16]는 그것이 구체화된 최초의 작품이며 그 이후 대중적인 역사극을 만들자는 노력은 더 강렬해졌다.

일본문화중앙연맹(1937년 8월 발족)이 「황기2천6백년 봉축기념예능제」를 기획하고 각 극단에 그 기획의 제출을 요구한(기획은 각 극단에 맡겼다) 것은, 젠신자가 바로 그 목표를 추구하고 있었던 시기다.

젠신자를 대표하여 일본문화중앙연맹의 회의에 참석한 미야가와 마사하루는 많은 연극인과 마찬가지로 「봉축기념예능제」에 마음이 무거웠다. 프롤레타리아 연극의 길을 모색해 온 미야가와에게는 계속되는 전화戰火를 감내하기 어려웠고, 전쟁을 찬미하는 분위기에는 전혀 익숙해지지 않았다.

그때, 미야가와는 한 권의 책을 만났다. 시노부 세자부로의 저작 『무쓰 무네미쓰』다. 시노부는 이미 『무쓰 무네미쓰』를 간행했으나(叢文閣, 1935年) 미야가와는 이 책을 읽지 않았다. 미야가와가 읽은 것은 1938년 6월, 백양사白揚社에서 『人物再檢討叢書(인물재검토총서)』 중 한 책으로 간행했던 『무쓰 무네미쓰』였다.

앞서 서술한 바와 같이, 시노부는 이 책에서 무쓰 무네미쓰를 "봉건국가로부터 근대국가에로의 추전기推転期에 생긴 중앙집권제국가 아래에서, 자본의 본원적 축적 과정에 응하여 여러 자본을 산업자본으로 전화시키는 강한 힘으로서 일했던 관료"[17]의 한 사람으로 보고, "외상으로서의

---

15 나카무라 간에몬, 앞의 책, 165~6쪽 참조.
16 후지모리 세키치가 처음으로 젠신자를 위해 새로 쓴 희곡. 연출 및 장치는 무라야마 도모요시村山知義.
17 시노부, 위의 책, 序, 1쪽.

활동도 이른바 근대적 관료로서 생애의 마무리에 다름 아니었다"는 관점에서 무쓰의 전기를 썼다. 그리고 예를 들어, 요동반도 반환의 '책임론'에 대해서도 오직 『건건록』의 서술에 의지하면서, 군부의 대망과 국민의 애국심의 헛된 상승에 있었다고 썼다.

"이거다!"라고 생각한 미야가와는 시노부의 책을 들고 후지모리 세키치를 방문, "이걸로 연극이 안 되겠습니까?!"라고 부탁했던 것이다. 미야가와는 시노부의 이 책을 연극으로 한다면 「봉축기념예능제」에 일단 어울리고, 동시에 "전쟁 찬미는 아니라고 생각했다"고 했다.

미야가와의 바람은 후지모리가 참여하는 것이고, 시노부의 저작을 어떻게 심화시키는가는 후지모리에게 맡겼다. 그 결과로 나온 것이 후지모리의 희곡 『무쓰 무네미쓰』다.

(3) 후지모리 세키치藤森成吉·사사키 다카마루佐々木孝丸의 목적

젠신자의 의뢰를 받은 후지모리 세키치는 『무쓰 무네미쓰』를 썼는데, 이로써 과연 무엇을 말하고자 했던가. 앞에서 든 『월간 젠신자』의 문장만으로는 그것을 알 수 없다.

후지모리 세키치는 1929년 일본 프롤레타리아 작가동맹나르프·ナルプ의 초대 위원장으로 취임한 이른바 '프롤레타리아 작가'였다. 그런 그가 '황기2천6백년기념'에 어떤 생각을 넣어 이 희곡 『무쓰 무네미쓰』를 썼던 것일까. 앞서 말한 바와 같이 후지모리가 이 희곡의 제목을 『무쓰 무네미쓰』로 한 것은 "일종의 사정으로 그렇게 되었다"고 쓰고 있는데, '일종의 사정'이란 무엇인가. 앞의 책의 발문에서 계속하여 그는 다음과 같이 말하고 있다.

상연 당시 『가정신문』에도 썼지만, 무쓰는 희곡 가운데 다섯 겹의(의지와 지력의) 싸움과 투쟁하고 있었다. 첫째, 병마와 싸우고, 둘째, 각내閣內 반대파와 싸우며 셋째, 소위 '대외강경파' 등의 국내 반대파와 싸우고 넷째, 청국의 전권 등과 싸우며, 다섯째, 세계열강과 싸운다. 넷째, 다섯째는 특히 국력의 배경이 큰 역할을 하고 있다.

그 다섯 개의 싸움을 소재로 타협 없는 당시의 신관료(지금의 관료와는 다른 적극·소극 양측면을 가진)의 모습을 그리고, 일본의 모습을 그릴 작정이었다. 이 점을 이해하지 않은 비평도 있으나 그러면 이 희곡을 이해한다고 할 수 없다.[18]

우리는 여기에서 후지모리가 『무쓰 무네미쓰』에서 무엇을 쓰고자 했는가를 거의 파악할 수 있다. 이 희곡에서 '무쓰 무네미쓰의 다섯 개의 싸움'을 말하고 있지만, 무쓰 무네미쓰와 이토 히로부미의 입을 빌어, 민중의 열광적인 배외주의와, 군의 최고 간부에의 비판, 또 중국과의 우호가 중요하다는 의견 등을 말하고 있는 것이 이 희곡 여기저기에 있어 흥미롭다. 그 몇 가지를 들어 보자.(후지모리의 앞의 책에서)

먼저 첫째, 제1막 제4장, 이토의 숙소 '우메노보'에서 무쓰와 이토의 대화.(이홍장의 피습 후, 이홍장의 속소로 병문안하는 군중을 보고……)

▷ 이토 : 이홍장에 대해 충심으로 딱하다고 생각하는 자도, 국제 예의상 미안하다고 생각하는 자도, 강화담판의 장래를 근심하는 자도 있겠지?

▶ 무쓰 : 없다고는 할 수 없지. 그러나 전체의 경박스러움과 당황한 건 어떻고? 개전 이래 신문 잡지는 물론, 공개장소에서도 개인 자리에서도 모이기만 하면 일본인은 청국인을 험담하고 결점을 과장하고, 쟝코로チャンコロ다 쟌챤보즈チャンチャン坊主라고 경멸하고 조롱해 오

---

18 후지모리, 앞의 책, 跋, 1~2쪽.

지 않았나? 이홍장에 대해서도 차마 입에 담을 수 없는 매리잡언罵詈雜言을 퍼붓고, 마치 도둑이나 깡패처럼 조롱해 오지 않았나? 그런데 이제 그가 부상당했다고 하니 갑자기 태도를 싹 바꿔, 과거의 무훈과 공적을 칭찬하여 마치 동양의 한 인물이고 구세주며, 극동의 장래 안위는 그의 한 몸에 달려 있는 것처럼 소란을 떨고 아첨하며 다니지. 이건 기고만장해 있을 뿐만 아니고 그다지 부상을 애석해 하고 있는 것도 아니야. 오히려 밖에서 일어나는 비난을 두려워하고 있는 게야. 게다가 딱하기 이를 데 없는 것은 어제까지 해륙 대승리의 뜨거움에 들떠 미치광이처럼 떠들며 돌아다니던 모든 사회가 갑자기 장례식장처럼 풀이 죽어 침잠해 있는 것이지.

▷ 이토 : 전부터 이홍장을 알고 있을 뿐, 나도 닌죠人情의 반복에는 좀 그렇다는 생각이 드네.

▶ 무쓰 : 나는 오히려 기개 없음을 느끼네. 이런 국민을 두고 진정한 외교가가 능할건지, 일본의 장래는 어떻게 될 건지라고 생각하네.

다음, 같은 막 같은 장에서 휴전을 제안함에 있어 군 간부에 대한 비판적 어조

▷ 이토 : 그건 그래. 그러나 휴전하려면 먼저 육해군의 양해를 얻어야 할 텐데, 대본영 무리들이 과연 고개를 끄덕일까.

▶ 무쓰 : 끄덕이게 하지 않으면 안 돼.

▷ 이토 : 그러나 고마쓰노미야小松宮 대총독이 대병을 인솔해 여순구旅順口로 출정할 시기도 다가오고 있고……

▶ 무쓰 : 실전 예정은 아직 2, 3주 뒤이므로, 별로 군기를 그르치게 할 정도는 아닐테지.

▷ 이토 : 음. —그러나 아무튼 연전연승의 기세에 편승해 군인들의 콧대가 높

아서 말이지.[19]

▶ 무쓰 : 일본의 안위에는 변함 없지.

또, 제3막 제1장, 삼국간섭 처리를 둘러싼 마이코 숙소에서 무쓰와 이
토의 대화에서 이토는 극중에서 다음과 같이 말한다.

▷ 이토 : 나는 메이지12년, 자네가 막 감옥에 들어가 있던 중, 미국의 전 대통

령 그랜트가 일본에 들러 충고해준 말을 곰곰이 회상하네. 그랜트

는, "일본은 결코 지나와 전쟁해서는 안 됩니다. 지나가 이겨도 물론

이고 일본이 이겨도 결국 가장 곤란한 입장이 되는 것은 일본입니다.

유럽 제국諸国은 아시아인을 굴복시키는 것만 생각하지 아시아인의

이해 등은 생각해보지도 않았기 때문에, 일단 양국 간에 불행이 벌어

지면, 지나는 금새 각국 사이에서 분할될 것입니다. 그러면 일본은

어떻게 합니까? 즉 누가 이겨도 실제의 이익은 전부 유럽 각국이 취

하게 됩니다."라고 했네. —나는 그 말이 가슴에 와 닿아, '연약'하다

하고 '억병'이라 해도 지금까지 일관하여 평화를 위해 싸워왔네. 그

러나 이번만큼은 아무래도 피할 수 없어 부득이 전쟁의 책임자가 됐

지만, 역시 하루도 그 방침을 잊은 적이 없네.

마지막으로 한 대목을 더 들어 둔다. 그것은 제3막 제3장 그믐날 밤, 오
이소로 무쓰를 방문한 후루카와 이치베古河市兵衛와 무쓰의 요동반도 분할
·반환에 관한 대화다.

▷무쓰 : 자네는 옛날부터 쓸데없는 겉치레 말이나 거짓말은 하지만, —요동

---

19 강조 부분은 검열에 의해 "상당히 강경한 의견을 갖고 있는 자도 있어서 말이지"
로 바뀌었다. 앞의 젠신자 소장 『陸奥宗光』 무대본에 의함.

건건록의 세계

반도 반환은 어떻게 생각하나?

▶ 후루카와 : 아아, 그 일로 꽤 심한 말을 하는 사람이 있었군요.

▷ 무쓰 : 지금도 있지.

▶ 후루카와 : 저는 정치 쪽은 조금도 모릅니다만, 거기까지 갖는 것은 좀 욕심
    이 지나치다는 말처럼,……

▷ 무쓰 : 그런가.

▶ 후루카와 : 첫째, 지금 일본의 힘으로서는 가져 봤자 득이 되는 것보다 짐이
    되는 것이 고작입니다.

▷ 무쓰 : (얼굴에 기쁨을 나타내고) 실업에 몰두하고 있을 뿐이지만, 자네는 역시 말
    을 알아듣는군.

▶ 후루카와 : 세상 물정 모르는 사람이 떠들어 대는 말은 신경 쓰지 않습니다.

또, 이홍장 역으로 출연한 사사키 다카마루는 거의 같은 시기에 그가
연출했던 신극단의 『小村寿太郎고무라 쥬타로』(히라노 고로 작平野五郎作)와 맞
추어, 이 『무쓰 무네미쓰』에도 어떤 목적을 정하고 있었던가. 그가 신문
기자와 했던 대담[20]을 소개해 둔다.

▷ 기자 : 고무라 쪽은 어떤 게 중심입니까?

▶ 사사키 : 그건 포츠담 회담이 중심이고, 고무라는 무쓰의 비장의 아들로, 무
    쓰의 총애를 받아 그 위치까지 되었기 때문에, 말하자면 무쓰 외교
    의 계승자이고, 굴욕 외교라 비난받는 것을 참고 지금의 도관濤関
    경영의 백년 계획을 세워, 히비야日比谷 화공 사건[21], 고무라를 매장

20 게재지 불상, 젠신자 소장 파일, 1935년 5월~1940년 10월에 수록.

21 1905년 5월, 도쿄 히비야 공원에서 열린 포츠담 조약(러일전쟁 강화조약) 반대 국
    민대회에서 민중과 경찰이 충돌, 집회측이 내상內相 관저, 어용 국민신문사, 경찰
    서, 파출소, 시가지 등을 불태운 사건. 위 주3)의 고노 히로나카가 이 국민대회의
    의장이었고 동 사건을 주도한 것으로 알려져 있다/역주.

하라는 등 모든 비난 가운데도 흔들리지 않은 신념을 갖고 끝까지 해냈다는 것이 테마이고, 무쓰 쪽은 청일전쟁 후의 삼국간섭을 목적으로 하고 있습니다.……

▷ 기자 : 도쿄에서 굉장히 인기를 모은 것 같습니다. 위인극이 인기를 모은 것은 시국 관계 때문입니까?

▶ 사사키 : 그렇습니다. 전기극伝記劇으로 나오는 것은 당면한 사변을 어떻게 수습하는가가 매우 큰 관심사임을 반영하고 있습니다. 때문에 나도 무쓰 무네미쓰와 고무라 쥬타로로 관객이 올까 걱정했습니다. 하지만 보통의 경우라면 식상함을 느낀 관객층이 보러 옵니다만, 뭔가 친근함을 느끼는 것이죠. 도쿄에서 공연할 때는 바로 의회 회기 중이어서 외무성 패들과 대의사代議士=국회의원들이 보러 와서, 지금 무쓰와 고무라 같은 사람이 있었다면 하고 복도에서 서로 이야기들 했습니다만,

사사키 다카마루는 1920년 일본사회주의동맹에도 가맹하여, 1925년 이래, 일본 프롤레타리아 연극의 개척 시대를 걸었던 지도적 연극인이다. 그리고 이 『무쓰 무네미쓰』 상연 뒤, 1940년 8월의 신협新協·신축지新築地 양극단의 주요 멤버를 포함한 연극계 대탄압 때 그도 검거되었다. 이런 경력을 가진 사사키가 『무쓰 무네미쓰』와 『고무라 쥬타로』의 상연에 무엇을 기대했는가는 위의 대화에서 쉽게 미루어 살필 수 있다.

사사키 다카마루는 타계하기 전, 노령임에도 『무쓰 무네미쓰』와 『고무라 쥬타로』의 연극에 대해 이야기를 듣고 싶다는 나의 부탁을 선뜻 들어주었다. 엷은 기억을 더듬어가며 "우익적 연극이 전혀 불가능한 가운데 어떻게든 숨을 되돌릴 것 같은 기분이 있었다"고 하고, 그리고 "고무라가 『비전론非戰論』이라면 지나친 말일지 모르지만……"이라고 말을 우

물거리면서, 세이조成城의 집에서 당시를 회상한 것이 내게는 극히 인상 적이었다.[22]

3. 관객과 그 수용

이 연극의 흥행 성적은 소상하지 않지만, 『월간 젠신자』 기사와 여러 극 평 등을 들여다보면 꽤 성공적이었던 것 같다.

관객에는 이토 히로요시伊藤博精(공작, 히로부미계)·무쓰 요노스케陸奧陽之助 (무쓰계)·나카타 다카노리中田敬義(무쓰 외상 비서관, 전 외무성정무국장) 등, 등장인물 관계인들을 비롯하여, 고노에 후미마로近衛文麿(전 수상)·아베 노부유키阿部 信行(전 수상)·마키노 료조牧野良三(국회의원)와, 또 아리타 하치로有田八郎(외무대신) ·스마 야키치로須磨弥吉郎(정보부장) 등 외무성 고관의 모습도 보인다.[23]

특히 외무성 관계자의 감개는 한결 더 한 것 같았다. 아리타 외상은 막 간에 분장실[樂屋]가쿠야을 찾아가 후지모리 세키치에게 사료와 관련하여 여러 가지 질문을 하면서 "전시 하 외교를 등에 짊어진 무쓰 무네미쓰의 고충이 꽤 괜찮게 표현되어 있어 감격했다, 시국 상 이런 연극은 크게 해 주었으면 한다"[24]고 격려했다. 또 스마 정보부장 등 외무성 간부는 도쿄 공 연 종료 후 3월 29일 밤, 니혼바시日本橋의 스에히로末広에 후지모리 세키 치·오카쿠라 시로·이토 기사쿠와 젠신자 단원 모두를 초대하고, 그 자리 에서 "지나사변의 이 한 복판에서 우리가 느끼지 않을 수 없는, 모든 것이 피가 되고 살이 되어 흘러넘친다, 비상시에 만나는 철학이 넘쳐흐르고 있

22 사사키 다카마루로부터 들은 것에 의함. 1984년 6월 16일, 도쿄 세이조의 사사키 의 자택에서 나카쓰카가 행했다.

23 『月刊前進座』 1940년 4월호, 5월호에 의함.

24 위의 잡지, 4월호.

어 감격했다[25]"고 말하고 있다.

나카무라 간에몬에 의하면, 『무쓰 무네미쓰』 비평은 "포폄이 상반되었다[26]"고 한다. 그러나 적어도 상연 관계자의 의도를 꽤 잘 이해한 극평도 물론 있었다. 『演芸画報연예화보』에 게재된 누카다 롯푸쿠額田六福의 평이[27] 그 한 예다.

이 거물급 두 작품(『陸奥宗光』과 『助六』-中塚)으로 끝까지 해낸 기획의 대담성에 나는 먼저 호의를 표한다.

대체로 오늘의 각좌各座에는 교겐狂言이 너무 많다.……(그러나 이 젠신자 공연은-中塚)연일 대만원이다. 스케로쿠助六[28]가 부른다고 해서 이렇게 흥행하지 않을 것이다. 확실히 첫 번째 『陸奥宗光』(-中塚)가 반은 부르고 있다고 생각한다. 그 저력은 무엇인가. 구체적으로 그 하나하나의 사항을 들어 지적하는 것은 삼가야겠지만, 지금이야 막판에 가까워져 있고 이번 사변의 여러 모습과 결합되어 관람객 대중의 마음에 강하게 메아리치는 것이 있기 때문이라 생각된다. 기획자가 처음부터 이 눈으로 볼 수 없는 효과를 노렸다고 한다면, 이 기획은 만점 이상이라고 말하고 싶다.

---

25 위와 같음.

26 나카무라 간에몬, 앞의 책, 226쪽.

27 「陸奥宗光と助六―新橋演舞場の前進座」, 『演芸画報』, 1940年 4月号. *누카다 롯푸쿠(1890~1948): 오카야마현岡山県 출신의 극작가, 대중소설가, 번역가/역주.

28 죠루리浄瑠璃, 가부키歌舞伎 온교쿠音曲 등의 등장인물 및 이를 주인공으로 한 작품의 통칭. 교사카京坂 지방은 주로 남녀 연애물, 에도는 이를 탈피한 협객물이 중심이다. 특히 에도의 고전 가부키를 대표한다. '스이粋'를 구현한 세련된 에도 문화의 극치로서 두고두고 일본 문화에 결정적 영향을 끼쳤다. 가부키 종가 이치가와 단주로가市川團十郎家의 가예家芸인 가부키쥬하치반(18번)의 하나로, 그 중에서도 특히 상연 횟수가 많고 상연했다 하면 대만원을 이루는 인기 제목이다. 본제목은 주역 '스케로쿠'를 연기하는 배우에 따라 바뀐다/역주.

다만 앞에서도 인용했지만, 후지모리 세키치가 이 희곡의 목적을 이해하지 못했다는 평도 있음을 다시 생각하고 싶다. 자신들의 목적이 관객에게 반드시 전달되기 힘든 안타까움이 후지모리에게도 있었을 것이다. 언제의 경우라도 관객에게 상연 관계자의 의도를 적확히 받아들이게 한다는 것은 쉬운 일이 아니다.

더구나 1940년 경에는 일본인의 대다수에게 청일전쟁은 일본의 '영광물'의 하나로 되어 있었다. '삼국간섭'도 쓰라리긴 했지만 이미 과거의 일에 지나지 않았다. 연극에서 45년 전의 청일전쟁의 승리를 추억하고, 그리고 당면한 중일전쟁의 막다른 곳을 어떻게 일본에 유리하게 타개할 것인지, '무쓰와 같은 수완'을 기대하여 이 연극을 보는 사람이 많았을 것으로 미루어 짐작된다.

4. 연극 『무쓰 무네미쓰』의 역사적 의의

이상의 고찰을 바탕으로 마지막으로 「황기2천6백년 봉축기념예능제」 참가 작품으로서 젠신자가 『무쓰 무네미쓰』를 상연한 역사적 의의를 살펴보자.

상연 관계자들은 '황기2천6백년'의 대중투쟁에 참가하지 않을 수 없는 상황 하에서, 이 기회에 역사에서 소재를 찾고, 한편으로는 탄압의 빌미를 주지 않고 「봉축기념예능제」에 걸맞는 내용으로 함과 동시에 다른 한편으로는 당면한 정치상황에 비판적 대사를 가능한 한 무대에서 해 보자 생각했던 것은 거의 틀림없다. 아니면 더 적극적으로 전쟁 종식 그 자체를 호소하려 하고 있었다고 할 수 있을지도 모른다.

이런 목적은 전쟁의 중압에 눌리지 않겠다는 연극인의 고투를 말하는 것이기도 하다. 신극의 세계에는 이미 만주사변 이후 특히 1930년대 후

반이 되자 현실에서 소재를 찾은 창작극의 상연이 어려웠고, 역사극이 왕성했다.[29] 게다가 젠신자는 전술한 것처럼 독자적인 대중적 역사극 창조라는 목표가 있었다. 게다가 시노부 세자부로의 저작도 만났다. 젠신자로서『무쓰 무네미쓰』상연 선택은 극히 자연스런 방향이었다고 할 수 있다.

그런데「일본문화중앙연맹 주최·황기2천6백년예능제 특별대흥행」홍보를 통해『일청외교 무쓰 무네미쓰』라는 제목으로 상연된 이 연극은, 당연하지만 전체로서의 청일전쟁의 승리자로서의 일본, 그리고 그 승리로 이끈 주역인 이토 히로부미와 무쓰 무네미쓰와, 패자로서 일본의 중압을 조금이라도 경감시키고자 하는 이홍장 등 청국 측 전권단의 움직임이 대칭적으로 그려지고 있는 것은 말할 것도 없다. '황기2천6백년'의「봉축기념예능제」참가 작품인 이상, 그것은 당연하다 할 수 있다.

게다가 후지모리 세키치가 그린 이토와 무쓰의 이미지는 완전히 그의 주관에서 나온 것이 아니었다. 그것이 시노부 세자부로의 연구와 깊이 관련되어 있다는 것은 미야가와 마사하루의 회상에서도 이미 분명하다.

그리고 시노부 세자부로가 묘사한 무쓰 무네미쓰상은 결코 태평양전쟁 전야의 특수한 정치상황 하에서만 두드러지는 것은 아니다. 현재에도 그런 무쓰 무네미쓰상이 계승되고 있는 것은 본서에서 이미 여러 차례 언급했던 바다.

본서, 제2장, 1에서 소개한대로, 과연『건건록』초고부터 현재의 유포본의 원본인 간본(제2차 간본)에 이르는 무쓰의 구술·수정·가필의 흔적을 조사해보면 무쓰가 가와카미 소로쿠와 가바야마 스케노리 등 청일전쟁 당시의 군간부에 대해, 그들이 과대한 영토분할 요구를 하고 있음에 비판적인 필치로 기록하고 있는 것을 알 수 있다.

---

29 스가이 유키오菅井幸雄, 앞의 논문 참조.

건건록의 세계

그러나 이로써 무쓰를 군과 대립하는 인물로 본다거나 혹은 국민 사이에 있었던 열광적인 징고이즘을 무쓰가 냉정하게 마치 그것에 부정적이었던 듯이 받아들여도 좋은 것인가. 무쓰를 그렇게 보는 것이 과연 '무쓰외교'의 본질을 적확히 알아맞힌 것이 될 것인가. ─지금, 우리는 새로이 검토해 볼 필요가 있다고 생각한다.

젠신자의 『무쓰 무네미쓰』에는, '쇼와15년(1940)' 당시의 객관적, 주체적 상황에서 볼 때, 그런 검토를 행할 여유가 없었다는 것이 충분히 이해된다. 각본을 쓴 후지모리 세키치, 그리고 미야가와 마사하루를 비롯한 젠신자 사람들이, 작가로서 또 연극인으로서 질식할 것 같은 정치적 상황 속에서 이 연극을 상연한 그 의도 또한 잘 이해할 수 있다.

게다가 청일전쟁에 즈음하여 무쓰는 군간부들에게 분명히 동조하지 않았고, 요동반도 분할은 무쓰의 본의가 아니며 군인의 공명功名 열기에 제어된 것이었다는 주장은, 이미 본서에서도 소개한 것처럼 무쓰 사후부터 오래되었다. 시노부가 역사가의 입장에서 그것을 '이론화'했던 것도 이미 언급했다.

군부는, 천황제 하의 일본에서 절대주의적 번벌藩閥 전제세력을 대표하고, 비번벌 정치가와 정당·의회는 '근대적'이며 마치 군부와 기본적으로 대립하는 세력인 듯한 이해가 1920년대 후반부 이후 일본 자본주의 논쟁에서 강좌파[30] 학통 속에서 싹트고 있었다. 시노부의 무쓰 무네미쓰 연구는 그런 경향을 현저히 보여주는 것이었다. 프롤레타리아 문학과 연극의 길을 걸어온 사람들이 시노부의 연구에 매력을 느낀 것도 그런 강좌파적 발상에 의한 '인물재검토'의 '새로운 맛新味'도 더해진 것이었는지

---

30 1925~35년경, 일본자본주의의 성격규정을 둘러싸고 일본의 마르크스 경제학계를 양분한 '일본자본주의 논쟁'에서, 일본자본주의의 본질은 군사적, 반半봉건적 성격에 있다고 주장한 학파. 메이지유신을 불철저한 부르주아 혁명으로 규정한 것이 특징이다/역주.

도 모른다.

그러나 이런 역사인식에는 중대한 함정이 있다는 것을 이제는 생각해야 한다. 이토 히로부미와 무쓰 무네미쓰, 그리고 고무라 쥬타로에게서 '군부에의 비판자' 나아가 '비전非戰'의 모습을 보았다면, 태평양전쟁 전야의 군부와 전쟁확대파의 중압을 아무리 쓰라리게 느끼고 있었다 해도, 그럼으로써 어떤 결과가 발생하는가. 지도자로서 이토와 무쓰·고무라 등이 진행해 온 메이지 일본의 조선과 중국, 특히 조선에의 침략 사실이 시야 밖에 두어질 뿐만 아니라, 그것이 만주사변부터 중일 전면전쟁, 그리고 태평양전쟁에의 길과 어떻게 연결되어 있는가 하는 질문조차 망각시키게 되지 않는가.

그리고 이런 역사인식은 저 태평양전쟁 전야 시대의 제약에 그치지 않고, 현재의 일본에도 여러 가지로 계승되고 있는 만큼, 오늘의 문제로서 생각해 보아야 할 성질인 것이다.

종장
현재와 연결된 문제

올해는 일본이 중국의 동북(만주)에 새로이 침략전쟁(만주사변)을 일으킨 지 60주년이자 태평양전쟁 개시 50년이다. 최근 천황 세습에 즈음하여 그 전쟁의 원인과 책임 소재에 대해 여러 가지 말들이 있었다. 태평양전쟁 책임에 대해 일본의 군부, 특히 육군에 주요한 책임이 있다는 설이 주된 것도 주지의 사실이다. 이런 군부책임론은 또 "위대했던 메이지 선각자들의 일을 3대째가 망쳐버렸다"처럼 세상 사람들 귀에 솔깃한 이야기와, 청일·러일전쟁까지는 국가 지도자의 눈이 맑았고, 국제적으로도 선택을 그르치지 않은 일본이 이 이후 점점 군부가 독주하고, 국민도 집단 히스테리가 된 듯이 전쟁과 파국의 길로 치달았다는 견해 등과 근원을 모두 같이 하고 있다.

과연 그러한가. 군부와 국민을 광분시키고 만주사변부터 중일 전면전, 그리고 태평양전쟁의 길로 향하게 한 그것과 청일·러일 전쟁은 무관한가. 이토 히로부미와 무쓰 무네미쓰, 또 고무라 쥬타로 등의 선택은 그 군부와 국민의 광분과 관계없는가. ─이 부분이 지금 의문시되어야 하는 것은 아닌가. 이 물음 없이 무쓰와 고무라의 선택의 정당성을 이야기 한다면, 그들이 앵글로 색슨(바꿔 말하면 영미제국주의다)과의 협조 아래 추진한 조선과 중국 침략의 사실이 매몰되어 오늘날까지 여러 가지로 이어지는 역사적 후유증이 자각되지 않은 채 허구를 겹겹이 쌓는 결과가 되지 않겠는가.

1990년 12월호 『文芸春秋문예춘추』지에 「쇼와천황의 독백 8시간」이라는 글이 실렸다. 전범을 재판하는 '극동국제군사재판'(도쿄 재판)을 염두에 두고 스스로의 전쟁 책임 회피를 목적으로 한 것으로 생각되는 이 '독백'에서 천황은,

> ……만주는 시골이기 때문에 사건이 일어나도 큰일은 아니나, 톈진과 베이징에서 일어나면 반드시 영미의 간섭이 심해져서 피아가 충돌할 우려가 있다고 생각했다……[1]

라고 말해 그의 중국 나아가서는 아시아에 대한 모멸적 인식이 지금 다시 새삼스레 폭로되었다. 이런 인식에서, 조선을 "자기 집 뒤뜰" 정도로 밖에 보지 않았던 것은 아닌가.

이 일본에 이런 인식은 유독 천황만이 갖고 있는 것이 아니다. 1945년 5월의 일이다. 일본의 패전이 이미 자명해져 일본 정부는 소련을 통해 '종전 공작'을 기도했다. 당시 소련에 중개를 의뢰할 때 「대소對蘇교섭방침」(우리 양도범위)을 최고전쟁지도회의 구성원회의가 결정했다. 1945년 5월 11~14일의 일이다.

그 '대소방침'에는 일본이 침략전쟁의 결과로 취득한 것이 아닌, 정당한 외교적 합의 하에 일본 영토로 확정된 "치시마千島 북반을 양도하는 것도 부득이하다"고 하는 한편 "다만 조선은 이를 우리 쪽에 유보해야 하며, 남만주는 이를 중립지대로 하는 등 가능한 한 만주제국의 독립을 유

---

1 『文芸春秋』 1990년 12월호, 105쪽.

지해야 함……"[2]을 결정했던 것이다.

일본의 정치·군사 최고지도자는 필패의 시기에, 조선·만주라는, 청일·러일 전쟁의, 그리고 태평양전쟁으로 직접 이어지는 만주사변의 '획득물'은 여전히 유지할 수 있다고 생각했었다. 영국·미국과의 친분을 통해 스탈린 치하의 소련과 거래하면, 조선과 중국의 민족주권을 계속 짓밟는 것이 아직 가능하다고 판단한 것이다.

아시아 여러 나라와 태평양의 섬에서 2천만 명의 사람들을 죽이고 일본인도 310만 명의 희생을 강요한 15년이나 되는 전쟁으로부터도 일본의 정치·군사 지도자의 세계 인식은 크게 변하지 않았다. 그들의 세계 인식이, 어느 정도로 아시아의 민족운동의 역량과 그 역사적 의식을 몰각한 데서 성립했는가를 보여주고 남음이 있는 결정이었다.

게다가 독자들에게 주의를 환기시키고 싶은 것은 유감스럽게도 이 인식이 다만 정부와 군부의 최고지도자들만의 것이 아니었다는 점이다. 태평양전쟁 때 쓰여, "다만 전쟁만을 비판한 것이 아니고,……일본사회 비판의 가장 응축된 모습을 거기서 볼 수 있는"[3] 것으로 높이 평가되고 있는 기요사와 기요시의『暗黒日記암흑일기』조차 다음과 같이 적고 있다.

> 가토 다케오加藤武雄 군(작가)이 조선에서 돌아온 이야기
>
> 조선인들 가운데 일본에 대한 불만이 있다. 조선에 있는 일본인은 이를 보고 알면서도 모르는 척 한다. 자기는 이것을 경고하고 왔다고.
>
> 나는, 미국의 전후 요구 가운데 조선 독립 같은 것은 없겠지만(그것은 합법적으로 이루어진 것이기 때문에) 그러나 국민투표로 돌려주기를 결정하는 것 같은 것

---

2 外務省編纂,『日本外交年表並主要文書 1840~1845』下, 日本国際連合協会, 1955年, 612쪽.

3 기타오카 신이치北岡伸一,『清沢洌기요사와 기요시』, 中公新書, 1987年, 178쪽.

은 있을 것 같다고 했다.[4]

또 다음과 같이 쓰고 있다.

외교에는 가진 것을 패로 하여 최소한 양보하는 수를 쓸 수밖에 없다. 일본
이 갖고 있는 것은 만주와 외국의 주둔군이다. 그 둘을 써서 조선과 대만을
막아낼 수 있다면 최상이다.
……조선은 일본의 아일랜드 문제다.[5]

앞의 최고전쟁지도회의의 결정, 「대소교섭방침」^(우리의 양도범위)이 일본
의 이런 '양식'과 관계 있다는 것은 아마 부정할 수 없을 것이다.

일본의 이런 '양식'이 청일·러일 전쟁과 아시아의 관계, 그것이 조선
과 중국의 민족주권에 대한 정면 도전이며, 일본의 '획득물'이 조선과 중
국 인민의 피로 성립된 것임을 간과한 논의와는 유감스럽게도 현재도 맞
닥뜨린다. 그것은, 지금 이 일본에서 결코 이른바 '극우반동'의 논의에 머
물지 않는다는 것에 주의하고 싶다.

그 예를 하나 들어본다. 파리에 머물며 역사와 현재에 관한 '좋은 에세
이'를 일본에 보내고 있는 후지무라 신藤村信이라는 인물이 있다. 그 「파리
통신」은 잡지 『世界세카이』에 게재되어 단행본으로 출판되었다. 나도 거
기서 참고한 것이 적지 않다. 그 중 하나에, 『夜と霧の人間劇―バルビイ
裁判のなかのフランス밤과 안개의 인간극―바르비 재판 속의 프랑스』(岩波書店, 1988
년)가 있다. 제2차 세계대전 중의 나치스에 대한 레지스탕스 운동의 빛과
그림자를 분석한 좋은 책이다. 그러나 좋다는 책만으로는 다음과 같은 기

---

4 1943·昭和18年 6月 18日 日記. 復初文庫, 『暗黑日記』, 評論社, 1985年, 76쪽.
5 1944·昭和19年 12月 10日 日記, 위의 책, 494쪽.

술을 보면 정말 갑자기 웅덩이에 빠지는 것처럼 놀라고 만다.

물론 과거의 모든 전쟁은 민중의 희생에서 치러져왔습니다만, 적어도 근대에는 제1차 세계대전 말기 무렵까지 전쟁 당사자에게는 전쟁과 관계없는 양민의 희생을 강요하여 고통을 주지 않았다는 일종의 기사도와 같은 정신이 있었고, 그 정신은 실제로 행동으로 옮겨졌습니다. 러일전쟁에서 일본 장병은 무사도의 모럴로 패적敗敵을 향하여 그윽한 여유를 갖추고 있었습니다.……[6]

도대체 언제부터 전쟁 당사자는 전쟁에 관계없는 인민을 거리낌 없이 죽이게 된 것일까. 바로 지금부터 50년 전 1937년 4월, 나치 공군의 실험적 폭격에 의한 게르니카 학살, 그리고 같은 해 12월의 난징대학살이 예기치 않은 하나의 분수령이 된 것은 아닌가. 물론 모든 전쟁은 양민의 희생으로 행해지고, 전쟁과 하등 관계없는 양민이 피해자가 된 것은 그때까지 있었으나, 적어도 러일전쟁과 제1차 세계대전 말기까지는 전쟁 당사자 속에 양민은 살상해서는 안 된다는 기사도 정신의 흔적이라고 할 무언의 룰이 있었다. 이 룰을 파괴하여 인민의 대량학살을 전략의 하나로 더한 것은 나치즘과 일본의 파시즘에서 시작한다.……[7]

나치의 범죄를 고발하고 만주사변 이후 일본 군국주의의 폭거를 밝히는 것은 물론 필요하다. 대량학살 사상이 금일의 핵전략과 거기에 근거한 이데올로기로 이어지고 있음을 비판하는[8] 것도 물론 중요하다. 그 점에

---

6   후지무라 신, 『夜と霧の人間劇—バルビイ裁判のなかのフランス』, 11쪽.

7   위의 책, 138쪽.

8   위와 같음.

서 후지무라의 주장은 정당하다.

그러나 위 후지무라의 주장에서 다음과 같은 여러 사실은 잊혀지고 만다.

예를 들어, 청일전쟁 당초에 격침된 고승호에서 일본군이 구조한 사람은 세 명의 서양인뿐이고 청국 장병은 전혀 구조되지 않았다는 것.

1894년 11월의 여순 공격 때, 일본군이 포로, 부녀자와 노인을 포함한 비전투원을 무차별하게 학살한 이른바 여순 학살사건(현재 중국에서는 이를 '여순대도살'이라 하고 피해자는 약 2만 명이다. 또 구미에서는 Port Arthur Massacre 또는 Port Arthur Atrocities라 부르고 있다)[9].

전후의 대만 식민지 과정에서 1898년부터 1902년까지의 5년 동안에도 11,950명의 대만인을 살해한 사실[10].

러일전쟁 이후, 일본에 의한 식민지화에 반대하여 국권회복을 꾀한 조선의 의병활동을 일본군이 강력한 화력과 초토화 전술로 진압하고 1906년부터 1911년 사이에 17,777명을 살육한 사실[11].

또 1919년 4월, 조선의 3·1독립운동이 한창일 때, 이를 진압하기 위해 출동한 일본군이 독립운동 참가자를 훈시를 빙자하여 교회에 모으고, 문을 잠근 뒤 사살, 건물을 함께 태워 버린 제암리 사건의 사실—등등.

최근, 문부성 학습지도요령의 강력한 지도 아래 역사교과서에 부활하여 등장한 도고 헤이하치로東鄕平八郎는, 위 청일전쟁 개전 초기 청국병을 수송한 영국 선적의 고승호를 격침한 일본 군함 '나니와浪速'의 함장이었다. 그의 보고에는 "……오후 한 시 반 침몰함. 잠시 후 청국병을 치기 위해 '카터' 두 정을 내리고 잠시 뒤 귀환함. 그 때 상선의 선장 및 제일 가까

---

9   오타니 다다시大谷正, 「旅順虐殺事件の一考察」, 『專修法学論集』 第45号, 1987年 3月 참조.

10   고토 신페이後藤新平, 『日本植民政策一斑』, 拓植新聞社, 1921年, 27~28쪽.

11   朝鮮駐箚軍司令部編, 『朝鮮暴徒討伐誌』, 1913年, 附表 第2.

운 2명(英人) 그리고 안침수 1명(서반아인)을 도와 데리고 돌아 옴……"[12]이라고 되어 있다.

이 때의 상황을 목격한 유럽인들은 기이하게 생각했다. 그들은 말한다. "고승호에서 도망친 지나인이 무기도 없이 물 없는 곳으로 달릴 때, 일본 군함이 가트링건(다총신의 회전식 기관총-나카쓰카)으로 사격하는 것을 보았다. 이 같은 것을 구주인은 이해할 수 없다.……"[13] 또, "세관의 서양인은 처음에 군함의 사관 등은 일본은 거룻배도 아주 많고 군함도 수중에 있기 때문에 병기를 갖지 않은 불행한 지나 병사를 구하여 이를 생포하는 것이 보통인데 이를 생각지 않는 것은 인仁(휴먼)의 행위가 아니라고 평하고 있다."[14]

'무사도 모럴', '기사도 정신의 자취' 등의 미사여구 하에, 이런 사실을 망각해도 좋은가. 적어도 과거의 사실은 사실로 인정하는 것에서 출발하지 않으면 어떤 의론도 그 정당성을 주장할 수 없다.

이 책은 독자와 함께, 현재까지 이어지는 이런 독선 —적어도 과거 1세기 사이에 일본의 침략을 받은 여러 민족은 그렇게 봄에 틀림없다— 이라해도 좋을 일본인의 역사인식의 문제에 대해 생각해보기 위해 쓴 것이다. 독자의 의견을 기대하며 여기서 붓을 놓는다.

---

12 『日本外交文書』第27卷, 第2冊, 710号 文書, 附書 第1, 강조 - 저자.
13 위와 같음, 715号 文書,「仁川港税関雇用伊太利人'ボリヲニ'氏ノ談話槪略報告ノ件」.
14 위와 같음.

후기

"헌정실에도"가 아니라 여기를 주로 해주십시오. 외교문서실에 두어야 할 게 아닌 것이 여기 있습니다. 그 외 국내정치와 관련된 게 굉장히 많으므로 단기간이라면 여기를 중심으로 하는 쪽이 좋겠습니다.

위는 1961년 2월 말, 야마베 겐타로山辺健太郎 씨가 내게 보낸 엽서의 글이다. 당시 『岩波講座日本歷史이와나미 강좌일본역사』(旧版)에 「일청전쟁」을 쓰기 위해 나는 야마베 씨의 협력으로 사료를 모으는 데 애쓰고 있었다. 이미 발간된 사료집은 거의 대충 보았고 원고 개요는 완성되었으나, 아직 공개 간행되지 않은 사료를 구하기 위해, 봄방학 때 도쿄에 가려던 참이었다. 우선 외무성의 청일전쟁 관련 파일에서 『일본외교문서』에 미수록된 사료를 찾는 것이 목적이었다.

사전에 야마베 씨와 연락을 취하고 있던 나는 시간도 많이 없기 때문에 외무성을 위주로 하고 만약 여유가 있으면 국회도서관의 헌정자료실에도 가고 싶다는 편지를 보냈는데, 그에 대한 야마베 씨의 답장이 위의 엽서다.

이미 뻔질나게 헌정자료실을 다녔던 야마베 씨는 거기 있는 풍부한 사료를 알아차리지 못한 나를 답답하게 생각했던 것 같다. 시간이 없기 때문에 오히려 헌정자료실로 와야 한다고 권했던 것이다.

1968년 11월말, 덴리도서관 앞에서 야마베 씨와 필자.

* * *

간사이關西에 있어 그 때까지 근대일본의 정치가들이 남긴 원 사료를 접할 기회가 거의 없었던 나는, 처음 방문한 헌정자료실에 눈이 휘둥그레졌다. ―당장, 청일전쟁 관계 사료를 찾고, 정리가 끝나 막 공개된『陸奥宗光関係文書 무쓰 무네미쓰 관계문서』에 나는 문자 그대로 몰입하게 되었다.

야마베 씨가 말하듯이 "외교문서실에 두어야 할 게 아닌 것"이 여기에는 한 가득 있기 때문이다. 무쓰 외상과 재외 공사와의 왕복 서한(그 부본과 사본 등), 가필·수정의 흔적이 생생한 훈령과 조약 초안, 그리고 무쓰가 청일전쟁 후 그 저술에 심혈을 기울인『건건록』의 초고 등등―. 벌써 20년도 전의 일이 지만 처음 이들 문서를 눈으로 보았을 때의 흥분은 지금도 잊을 수 없다. 그 뿐만 아니라, 편찬되고 인쇄된 사료류와 전기 등에서는 캐낼 수 없는 역사의 사실을, 원사료로부터 발굴하는 재미와 소중함을, 이 헌정자료실에서 배운 것은 나의 연구 생활에서 정말 획기적인 일이었다.

건건록의 세계

그 뒤로는 도쿄에 가면, 히가시구루메東久留米 공단公団 주택으로 이주한 야마베 씨 댁에 묵으며 야마베 씨와 함께 히가시구루메에서 이케부쿠로池袋, 그리고 지하철로 곳카이기지도마에国会議事堂前로 와서 국회도서관의 헌정자료실에 다닌 것이 나의 정해진 코스가 되었다.

위의 문장은『みすず미스즈』276호(1983년 8·9월)의 특집, 「헌정자료실의 35년」에 실린 졸고, 「ここで学んだこと여기서 배운 것」의 전반 부분이다. 지금 이 작은 책을 상재함에 있어서 야마베 겐타로 씨와 헌정자료실은 잊을 수 없고, 그 일 없이 이 책도 없었음을 상기하여, 옛 글을 '후기'로 재록하게 된 것이다.

헌정자료실에서『무쓰 무네미쓰 관계문서』를 통람하고, 그 당시는 아직 자유로이 사진촬영이 허락되었던 그 곳에 카메라를 갖고 들어가『蹇々餘録草稿綴건건여록초고철』전문을 촬영했던 것이 벌써 30년 가까이 지났다. 본문에서도 썼지만,『건건록』초고와 제1차 간본·제2차 간본을 대조하면서 처음으로 그 같고 다름을 밝히고자 했던 것은 야마베 씨다. 야마베 씨는 타고난 꼼꼼함으로 관계 사료의 수집을 정성들여 다루어, 그 성과를 미스즈쇼보みすず書房에서 출판할 것을 생각하고 있었다. 그러나 안타깝게도 1977년 4월 16일, 72세의 생일을 1개월 정도 앞두고 회맹부암回盲部癌으로 도쿄의 구가야마久我山 병원에서 타계했다.

야마베 씨가 돌아가신지 5년 정도 지나 이와나미문고岩波文庫가『건건록』을 개정하게 되어 그 일을 이와나미 편집부의 히라타 겐이치平田賢一 씨가 내게 의뢰했고, 미스즈쇼보의 협력도 얻어 1983년『신정 건건록』으로 출판했다. 그 때, 제2차 간본(1941년 이와나미서점에서 간행한 단행본『건건록』)을 카피하여 거기에 헌정자료실 소장의 제1차 간본(오두鼇頭를 써 넣은 원본)과의 차이를 한 자, 한 구 붉은색 글자로 써서 제1차 간본과 제2차 간본의 동이를 밝힘과 동시에 나아가 제1차 간본의 전문을 테이프에 담고 그것을 들으면서 『건건여록초고철』과 제1차 간본과의 차이를 조사했다. 이런 작업을 통해, 거기서 밝혀진 동이의 주된 것을 『신정건건록』에 교주로 실었다.

이 작업으로 나는 새삼 여러 가지를 알게 되었고, 야마베 씨의 유지를 이어 『건건록』에 대해 한 권의 책을 쓸 준비를 시작했다. 공사公私 여러 가지 일로 방해받는 날이 거듭되었으나 마침내 여기서 작은 책을 간행할 수 있게 되었다.

이와나미문고의 교정에도 그리고 이 작은 책에 실려 있는 내용에 대해서도 실로 많은 분들의 귀중한 가르침이 있었음은 말할 것도 없다. 가급적 본문에 성함을 넣어 감사의 뜻을 표했으나 누락의 염려가 없다고 할 수 없다. 미비함이 있겠고 모쪼록 바다처럼 너그러운 이해를 바란다.

이 책 제1장의 1과 3은 「陸奥宗光論 ─ 『蹇蹇錄』の著述目的─무쓰 무네미쓰론-『건건록』저술목적」(『寧楽史苑』第30号, 1985年 11月), 2는 「『蹇蹇錄』刊行事情건건록간행사정」(岩波文庫 『新訂蹇蹇錄』 解説), *「発見の陸奥宗光書簡に出会うまで무쓰 무네미쓰의 미발견 서간을 접하기까지」는 「新たに見つかった陸奥宗光手紙새로 발견한 무쓰 무네미쓰 편지」(岩波書店, 『図書』, 1983年 7月)를, 또 제2장 1은 이와나미문고의 『신정건건록』 교주, 2는 같은 표제의 논문(『立命館文学』第509号, 1988年 11月. 『みすず』 343号, 1989年 11月에 가필전재), 3은 「日清戦争と明治天皇청일전쟁과 메이지천황」(『벽사碧史 이우성李佑成 교수 정년퇴직기념논총, 민족사의 전개와 그 문화』 下, 韓国, 창작과 비평사, 1990年 9月 발행에 한국어로 기고. 뒤에 동 논총간행위원회의 승인을 얻어 『歴史論評』 486호, 1990년 10월 전재)을, 제3장은 「日本近代史における '陸奥外交'の意味일본근대사에서 무쓰외교의 의미」(日本史研究会, 1985年度大会報告, 『日本史研究』 283号, 1986年 3月)를, 제4장은 「『陸奥宗光論』序説─太平洋戦争前夜の '陸奥宗光'─무쓰 무네미쓰론』 서설-태평양전쟁 전야의 '무쓰 무네미쓰'」(奈良女子大学文学部 『研究

288 건건록의 세계

年報』第28号, 1984年)를, 각각 저본으로 했으나 제4장을 제외하고는 모두 새로운 사료를 추가하고, 대폭 더하고 빼서 보정하여 원본과는 크게 바뀌었다. 또 서장, 제2장의 4, 종장은 모두 새 글이다.

나는 1993년 3월로, 1963년 12월 이래 근무해 온 나라奈良 여자대학을 정년퇴직할 예정이다. 그건 대학 졸업 후 꼭 40년째다. 학생 시절은 물론이고 졸업 후 지금까지 대학 안팎에서 많은 분들로부터 가르침을 받았고 지적 자극을 받았다. 돌이켜보니 감사하기 그지없다.

특히 본서의 출판과 관련해서는, 수록한 사진에 대해 국립 국회도서관 전문자료부의 히로세 요시히로広瀬順皓 씨, 젠신자의 마쓰자카 구니에松坂邦江 씨, 나가노켄長野県 오마치시大町市의 히라바시 도미코平林富子 씨, 교토대학 문학부의 마쓰오 다카요시松尾尊兊 씨가 힘을 보태주었고, 또 나라 여자대학에서 가까이에 연구실을 쓰고 있던 중국근대사 전공의 이노우에 히로마사 씨에게는 중국사의 사료와 한문해독에 대해 적잖은 신세를 졌다. 마찬가지로 여러 가지 도움을 주신 하기노 미호萩野美穂 씨·김문자金文子 씨에게도 아울러 마음 깊이 사례의 말씀을 드린다.

야마베 겐타로 씨는 미스즈쇼보와 친교가 있었다. 지금 이 작은 책을 동 출판사에서 간행하게 되어 야마베 씨의 학은에 작게나마 보답하게 된 것 같다. 출판의 기회를 주신 미스즈쇼보의 전 편집장 오비 도시토小尾俊人 씨 및 본서의 간행에 진력을 다해주신 가토 게이지加藤敬事 씨에게 마음깊이 감사드린다.

1991년 9월 8일
일본의 중국동북(만주) 침략전쟁 개시 60주년 되는 날에.

어떤 사람이 한 역사적 사건에 관한 모든 것을 분명한 사실이라고 확신하거나 혹은 진실로 여기고 있다고 하자. 그런데 그런 역사적 사건의 실체와 의미 및 배경에 대한 해석과 해명이 실제로는 특정 이데올로기에 의해 왜곡되었음이 객관적 사료에 근거하여 사실로 입증되었다면 그는 무척이나 혼란스러울 것이다. 왜냐하면 그런 역사관에 의해 형성된 인생관, 사회관, 세계관이 올바른 방향으로 재수정되어야 하기 때문이다.

위와 같은 설정이 어떤 역사 해석에 대한 가정에 불과할 뿐이라는 비판에 직면할 수 있음을 안다. 그러나 그런 상황이 실제로 벌어졌고, 그리하여 그런 역사관이 수정될 때까지 그 오류가 일반 시민의 의식 속에 그리고 정권의 성향에 따라 국가 정책에 뿌리 깊이 존속하고 있었다면, 그 폐해의 정신적·물질적 여파의 강도는 가늠하기 쉽지 않을 것이다. 지나간 역사적 사실을 바로 잡는다는 것은 개인은 물론이고, 어쩌면 한 나라의 과거와 현재, 미래가 완전히 뒤바뀔 수 있는 사안이기 때문이다. 그 과정에서 수많은 논란과 저항이 있을 것이며 따라서 결코 쉬운 작업은 아닐 것이다. 한일 양국 과거사 문제가 그렇고, 1차 세계대전의 원인 규명이 그렇고, 만주사변에 이은 중일전쟁, 제2차 세계대전, 태평양전쟁, 한반도 분단 문제와 6·25 전쟁을 포함한 지금 북한의 수정 사회주의 역사 왜곡이 그러하며, 동북공정을 위시한 시진핑 중국의 '중국몽' 및 중화주의 역사의식이 그러하고, 특히 '민족' 개념을 앞세운 우리나라의 일부 역사가들과 이른바 80년대 운동권의 현대사 왜곡이 그렇다.

눈을 일본으로 돌려보자. 구체적이며 가장 비근한 예로, 제국주의로 치닫던 메이지明治 시대(1868~1912) 중기에 일본이, 조선 침략을 발판으로 [물론 그 시초는 1876년의 조일수호조규일명 강화도조약다] 대륙 진출 계획 하에 의도적으로 일으킨 청일전쟁(1894~1895)의 실체와 그 배경에 대한 역사적 평가가 대표적이다. 이는 일본도 일본이지만 한국에게도 해당되는 사안이다.

결론을 앞세우면, 일본의 경우, 청일·러일전쟁(1904~1905)을 의도적으로 기획하고 벌였던 메이지 시대가 휴머니즘적이었고 위대했다는 '메이지 영광론'*이, 『고지키古事記』, 『니혼쇼키日本書紀』 등 일본 신화서와 에도江戸 막부 말기의 『다이니혼시大日本史』, 『신론新論』 등에 바탕한 국학国学의 '야마토다마시이日本魂' 정신을 기반으로 한 정치인·역사학자·관료·일부 작가[특히 시바 료타로司馬遼太郎의 『언덕 위의 구름』(1968~1970)을 보라!]들, 그리고 거기에 아무 생각 없이 부화뇌동하는 민중들에 의해 확대 재생산되고 그것이 후대인 지금까지도 무비판적으로 받아들여지고 있는 것과 같은 경우가 단적인 예다.

부언하자면 지금까지도 일본의 많은 정치인들특히 자민당 소속과 다수 국민들 사이에 '국수론'과 '메이지 영광론'에 의지하여 무의식적으로 배타

---

* '메이지 영광론'은, "1931년(쇼와6년)의 만주사변부터 제2차 세계대전에서의 패전(1945년=쇼와20년)에 이르는 쇼와 시대 전반기는 중국을 비롯하여 동남아시아와 태평양의 섬들까지로 확대한 무모한 전쟁으로, 일본 내외에 많은 희생을 낳은 참혹한 시대였다. 이에 비해 청일전쟁(1894~1895년·메이지27~28년)이나 러일전쟁(1904~1905년·메이지37~38년) 당시의 '메이지 일본'은 훌륭한 시대였다. 정치와 군사 지도자도 제대로 서 있었고 나라를 잘못 지도하지 않았다. 국제법도 잘 지켜 포로를 학대하는 것과 같은 일도 없었다"라는 견해다. 이는 일본 역사가들을 비롯, 많은 비평가들과 소설가들이 이러한 관점을 취하고 있으며, 거의 상식이 되어 있다(中塚明, 2007:2).

건건록의 세계

주의적 일본 우월주의 의식에 젖어 있음을 자주 확인할 때, 역사에 대한 정확한 인식이 개인과 사회 나아가 국가의 진로에 지대한 영향을 끼치고 있음을 알 수 있다. 그와 관련하여 아직도 일본의 젊은 세대가 역사를 정확히 알 수 있도록 하기 위한 교과서를 올바로 만들지 않은 것은 심각한 사안이다. 사실을 은폐하거나 왜곡하는 것은 과오를 반복하는 일이기 때문이다.

단적인 예로 "일본 정부는 패전 후 현재에 이르기까지 일본 근대사 전체를 체계적으로 정리한 '정부 견해'를 공표한 적이 없다"中塚明, 2007:9는 사실이 이를 증명한다. 다만 그 대신 일본 외무성이 정보공개법에 의해 「일본외교의 과오」라는 문서를 2003년 4월 3일 공개했는데, 이 문서는 외무성 내부 자료이므로 일본 정부의 공식 견해라고는 할 수 없지만 패전 후 일본이 왜 패전에 이르게 되었는지를 외교 당국자의 눈으로 정리한 것이므로 거의 '정부견해'에 준하는 것으로 생각해도 될 것이다. 이 문서는 1951년 1월 경 요시다 시게루吉田茂1878~1967 당시 수상이 만주사변부터 패전에 이르는 일본 외교의 과오를 조사하여 후세에 참고로 했으면 좋겠다고 명령한 것을 계기로 작성되었다.中塚明, 2007:9~10 여기에도 메이지 시대 일본이 일으킨 청일·러일전쟁의 과오에 대해서는 일언반구도 없다. 요시다 수상을 포함, 당시 일본 외무성 관계자는 "청일·러일 전쟁을 포함하여 그 때까지의 일본의 전쟁에서는 '과오'라고 할 만한 문제는 없었다. 오히려 '성공'한 전쟁이었다"는 시각에 입각해 있다고 봐도 될 것이며, 특히 요시다가 태평양전쟁에 이른 일본의 파탄은 메이지의 '유산'이 아니라 이에 대한 '배신'이라는 흔들림 없는 신념을 갖고 있었다中塚明, 2007:11는 점이 그 반증이다.

이런 시각에서 지난 역사의 해석 차이가 해당 국가 및 국민의 의식 및 역사관 형성에 얼마나 많은 영향을 끼치게 되는지를 새삼 깨닫게 해준 홀

륭한 저작이 바로 나카쓰카 아키라中塚明 교수1929~ , 이하 무례하나 나카쓰카로 통칭의『蹇蹇録の世界건건록의 세계』1992, みすず書房다.

나카쓰카는 묻는다.

메이지 일본이 ▲청일전쟁 당초에 격침된 영국 국적의 고승호에서 일본군이 구조한 사람은 세 명의 서양인 뿐이며 청국군은 전혀 구조되지 않았다는 사실 ▲1894년 11월의 여순 공격 때의 여순학살 사건중국에서는 이를 '여순대도살'이라 하고 피해자는 약 2만 명이다. 또 구미에서는 Port Arthur Massacre 또는 Port Arthur Atrocities라 한다, ▲전후의 대만 식민지 과정에서 1898년부터 1902년까지의 5년 동안 11,950명의 대만인을 살해한 사실, ▲러일전쟁 이후, 조선의 의병활동을 강력한 화력과 초토화 전술로 진압하고 1906년부터 1911년 사이에 17,777명을 살육한 사실, ▲1919년 4월, 조선의 3·1 독립운동이 한창일 때, 독립운동 참가자를 훈시를 빙자, 교회에 모으고 문을 잠근 뒤 사살하고 건물을 태워버린 제암리 사건의 사실 등등본서 284쪽 참조. … 이런 사건들이 과연 휴머니즘이며 '메이지 영광론'인지를.

이와 관련하여 참고로, 나카쓰카는 다른 저작『現代日本の歴史認識-その自覚せざる欠落を問う-현대일본의 역사인식-자각하지 못한 결핍을 묻는다』, 2007, 高文研에서 청일전쟁 당시를 기록한 참모본부구 일본 육군의 전쟁 지도指導·작전을 입안하고 지휘하는 정점에 있었던 기관의『日淸戰史일청전사』가 위조 내지 날조되었음을 세밀한 자료 검토를 통해 밝힌다특히 182~215쪽 참조.

나카쓰카는 "일본에서는 천황을 둘러싼 논의에서 일반적으로 천황과 침략전쟁·친황과 식민지지배·천황과 일본 인민 전제저 지배 문제는 짐짓 피해 다녔다"본서 142쪽고 한다. 뒤에서도 언급하겠지만 메이지 천황은 결코 평화주의자가 아니었다는 것이, 나카쓰카가 1960년대부터 약 반세기 동안 청일전쟁을 중심으로 일본근대사를 연구한 결과로 결론내린 정직한 고백이다.

* * *

　역자가 역사학도가 아니어서 기존 역사 연구 및 연구서에 대해 무지한 탓인지 모르겠으나, 이 책을 접하면서 과연 우리나라에 이처럼 철저하고 완벽한 고증을 거친 청일전쟁 관련, 특히 『蹇蹇錄건건록』과 관련한 역사 연구서가 있을까 하는 의문이 든 것도 사실이다. 이에 대해 역자가 지금까지 작은 대롱 구멍같은 좁은 식견으로 보고 난 뒤 조금이라도 알 수 있었던 범위에서 조명해 보자면, 일반적으로 청일전쟁은 1894년 7월 25일의 '풍도風島해전'이 그 시작이라고 알려져 있는데, 사실은 그 이틀 전인 7월 23일 새벽 일본군에 의한 '조선왕궁=경복궁점령사건'이 청일전쟁 개전의 결정적 의미를 갖고 있음을 분명히 한 재일 역사학자 박종근朴宗根의 『日淸戰爭と朝鮮청일전쟁과 조선』靑木書店, 1982이 청일전쟁 연구사상 처음이라고 지적한 나카쓰카의 견해에서 많이 배웠다. 박종근의 그 책도 역자의 『건건록』 이해에 많이 도움이 되었던 것도 사실이다.

　지금까지의 청일전쟁 관련 역사 연구서의 거의 대부분은 이른바 사실관계에 치중하여 두 가지의 시각으로 청일전쟁 연구에 접근했다고 한다. 하나는 일본 자본주의 발달사 논쟁에서 태어난 시각이고 다른 하나는 전쟁 교사의 시각이었다. 전자는 특히 일본 자본주의 발달사 연구의 지엽적 위치가 아닌 동아시아 각국 역사 전개의 도상에 접목시킴으로써 청일전쟁의 '국민전쟁사론'에 마침표를 찍은 셈이었고, 후자는 청일전쟁이 지니는 동아시아 현대사에의 계기적 성격을 강조하여 이 분야 연구자들의 시야를 넓혀주었다는 것이다박영재/박종근, 1989:3.

　그러나 나카쓰카의 이 책은 접근 방식부터 근본적으로 다르다. 비록 청일전쟁 그 자체에 대한 연구서는 아니나, 무쓰 무네미쓰陸奥宗光의 『건건록』을 분석하는 『건건록의 세계』라는 제명에서 알 수 있듯이 철저한 고증과 그때까지 발견되지 않았던 무쓰 무네미쓰의 서간 및 무쓰와 재조선 오토리大鳥 공사 등과의 전신 수발신 시간 기록들을 면밀히 검토하여 청일전쟁 자체가 의도되고 기획된 전쟁이었음을 증명했다. 뿐만 아니라 메이지 일본의 최정점이었던 메이지 천황의 실체를 밝혔다는 데 이 책의 의미가 있다.

나카쓰카는 이 책을 펴내기 전에, 청일전쟁 당시 일본 외무대신이었던 무쓰 무네미쓰가 청일전쟁 발발 과정과 삼국간섭까지의 전모를 기록한 『蹇蹇錄건건록』을, 『蹇蹇餘錄草稿綴건건여록초고철』과 외무성 제1, 2차 판본을 면밀히 대조 검토하고 교정하여 교주를 달고 해설을 추가하여 『新訂蹇蹇錄신정건건록』이하 '건건록'으로 통칭 제하로 1983년 이와나미岩波서점에서 출판했다역자는 나카쓰카의 이 노작의 2018년 제14쇄판을 작년에 완역했고 이를 논형에서 2021년 출판했다. 그런데 그 해설을 쓴 이후 나카쓰카는 무쓰 무네미쓰의 비서관이었던 나카타 다카노리中田敬義 가家에서 보관하고 있었던 무쓰 무네미쓰가 쓴 미발견 육필 편지를 극적인 과정을 거쳐 직접 보게 되었고, 무쓰의 『건건록』 탈고가 1895년 제야가 아닌 1896년이었음을 증명하면서 무쓰가 의도적으로 청일전쟁의 중요한 사실들을 은폐, 왜곡하고 있음을 밝혔다.

이 책이 중요한 것은 특히, 청일전쟁의 출발이 무쓰 외무대신이 기획하고 오토리 공사가 실행한 1894년 7월 23일의 일본군의 경복궁 무력점령이었음을 '건건록'의 교주 및 해설에 이어 더 분명히 했다는 점에서 의미가 있다.

* * *

역자의 '건건록' 역서 출판 이전에『건건록』이 두 번 번역 출간되었었다. 그러나 기존 역서에서는 결정적 오역 등의 오류가 적지 않았던 바, 그것을 바로 잡고 독자 편의를 위해 상세한 주를 달고 나카스카의 해설과 교주까지 완역한 것은 역자의 역서가 처음이 아니었나 생각한다.

역자는 '건건록' 번역 과정에서『건건록』에 대해 좀 더 깊고 넓게 그 내용을 알지 않으면 번역에 상당한 어려움이 있을 것 같다고 판단하고, '건건록' 번역 도중에 나카쓰카의『건건록의 세계』를 읽어 나갔다. 그 내용은 실로 역자의 뇌리를 흔들기에 충분했고 무쓰의『건건록』의 실체와 그 내용을 더 확실히 알게 되었다.

이『건건록의 세계』는 그 실체적 내용의 엄중함과 역사적 의미의 정직함이 돋보이는 저자의 연구 결과물임과 동시에, 청일전쟁의 역사적 진상을 알고자 하고 더 나아가 그 진상을 통해 사적 의미의 현대와 연결된 문제를 파사현정破邪顯正하려는 한일관계 역사 연구자들에게 필히 일독을 권하고 싶은 책이다. 원서 뒷표지의 책 소개 내용대로 "하나의 문헌 해석에서 일본이라는 근대국가의 역사적 성격이 드러나는 스릴 넘치는 책"이다.

이번에 번역한 나카쓰카의『건건록의 세계』는『건건록』간행 사정『신정건건록』의 해설 부분에 더하여, ▲청일전쟁 개전과 무쓰 무네미쓰, ▲이른바 '무쓰외교'의 역사적 의미와 그 실체, ▲메이지 천황과 무쓰의 관계, ▲청일전쟁과 메이지 천황, ▲태평양전쟁 전야의 무쓰 무네미쓰, ▲『건건록』저술 목적 및 의도를 추가하는 등 무쓰 무네미쓰와『건건록』에 관련한 모든 것을 총정리한 노작이다. 물론 출판 순서는『신정건건록』이 앞이고초판 발행 1983년『건건록의 세계』가 나중이지만1992년『건건록』번역 도중에

『건건록의 세계』를 먼저 읽은 것이 무쓰 무네미쓰에 대한 이해 증진과 번역에 많은 도움이 되었다.

나카쓰카는 1960년대 초반부터 일본 근대사에서 차지하는 조선 문제의 중요성을 인식하고, 『日清戦争の研究』1968, 『近代日本と朝鮮』1969, 『近代日本の朝鮮認識』1993, 『歴史の偽造をただす: 戦史から消された日本軍の「朝鮮王宮占領」』1997 등을 통해 근대 일본의 조선 침략사 연구 등 역사적 사실 규명에 진력하는 한편, 일본의 조선식민 지배에 대해 철저히 그 책임을 추궁해 온 이른바 일본의 양심적 역사학자다.

이 책에서 나카쓰카는 청일전쟁이, 그리고 명성황후 시해사건이 당시 청나라까지 차지하겠다는 야욕을 가진 일본의 메이지 천황과 일본정부 및 군부에 의해 계획되고 교묘한 정책으로 추진되었음을 역사적 자료로 증언한다. 그리고 그 중심에 『건건록』을 쓴 청일전쟁 당시의 일본 외무대신 무쓰 무네미쓰가 있었음을 증명한다. 그리고 이와 같은 제국주의적 행태가 '무쓰외교'의 리얼리즘이라 칭송되는 무쓰 무네미쓰의 민완했던 외교적 수완의 결과가 아니었음을 문제 삼는다. 저자의 말을 빌면, "'무쓰외교'의 '리얼리즘'은 도대체 무엇에 대한 '리얼리즘'인가. 재음미할 필요는 없는가. 그것은 주로 열강이 어떻게 움직이는가에 대해 신경을 곤두세운다는 것이었고, 조선과 중국 특히 조선에 대해 어느 정도 알고 있었던가"본서 235쪽라는 문제를 제기한다. 특히 막말 이래 일본은 열강에 대한 '자존자위'를 위해서는 조선과 만주를 일본의 세력 하에 두어야 한다는 주장이 유력했고, 그 연장선상에서 '무쓰외교'가 빛을 발했다는 것이다.

중언부언이나, 더 중요한 것은 메이지 천황이 결코 일본 국민들이 무의식적으로 숭배하는 것처럼 평화주의자가 아니었고, 청일전쟁 및 조선 침략에 적극적이었다는 사실을 밝혀낸 데 있다.

건건록의 세계

역자는 이 책의 한글 번역이 원서 간행 31년 만에 완성되었다는 데 의미가 있다고 결코 생각하지 않는다. 물론 완역 자체는 그 나름대로 어떤 조그만 의의가 있을 수 있겠다. 그러나 그 보다는, 번역을 마친 지금, 그 세월 동안 일부 전공 사학자들을 제외하고는 역자 역시 일반 인문학자들과 마찬가지로 우리의 근세사, 특히 구한말 삼국^{한·일·중}의 정치외교사 및 문화사에 대해 지나칠 정도로 관심이 없었다는 현실에 자괴감이 들었다. 그런 현상이 오늘날의 일부 왜곡된 역사 인식에 일조하지 않았나 하는 생각이 드는 것도 사실이다. 그동안 우리 한국 사회의 이른바 오피니언 리더들과 인문학계 및 소위 지식인층이 부끄러울 정도로 한국 근세의 역사와 특히 외교사에 관심이 없었고 무지했음을 역설적으로 보여주는 책이 바로 이『건건록의 세계』다.

　역자가 2년 여에 걸쳐『건건록』과 이번의『건건록의 세계』를 번역한 이유가 있다. 광복 이후 우리 사회가 너무도 이념의 틀에 매몰되어 역사를 왜곡하거나 역사에 무지하기 때문이고, 특히 팩트로서의 역사를 이념으로 분칠하여 후세에 가르쳐서는 안 된다고 생각했기 때문이다. 이래서는 안 되겠기에 적어도 역사를 사실대로 기록하고 그것을 있는 그대로 가르치고 의미화하는 작업이 필요하다는 생각에서였다.『건건록의 세계』는 청일전쟁의 모든 것을 기록했다는『건건록』의 왜곡과 숨김을 밝혀내어 역사 왜곡을 바로 잡을 것을 주장하는 가운데 그러한 것을 상징화할 수 있는 책이기 때문이다.

　역사의 평가에 국가주의, 민족주의 등등의 이념이 개입되는 순간, 그 역사는 왜곡되기 십상이다. 대표적으로 일본의 과거사 왜곡이 그렇고 우리 현대사에 대한 좌파 사학자들의 편향적 역사 해석이 그렇다. 지난 과거를 왜곡하고 그걸 지금의 진영주의 이념 안에 가두어버린 1970년대 이후 대한민국의 자생적 좌파의 잘못되고 왜곡된 이념으로써 한국 현대사에 대한 가늠자를 만들어 놓고 그로써만 재단하여 역사 해석을 세상에 내놓고 옳다고 강변하는 것은 역사에 대한 위선이고 죄악이다. 그 대표적인 사례가 초중등 역사 교과서의 심각한 좌편향적 서술이다. 그래서는 안 된다.

우리가 이 책에서 배울 점은 나카쓰카의 올바른 역사관이다. 제대로 된 역사관 없이 진영주의의 이기주의에 몰두해도 국가와 민족이 발전할 수 있다고 생각한다면 그것이야말로 환상이다. 인민 대중의 풍요로운 삶의 뿌리는 건전하고 올바른 역사관에 있고, 거기에서 싹이 움트고 가지로 자라고 열매를 맺기 때문이다.

* * *

번역 결과물에 대해 나카쓰카 아키라 선생의 한국어판 서문을 받아 게 재했으면 좋았으나 이제 아흔을 넘기신 선생의 건강 상태로 인해 부득이 역자 후기로 대신하게 되어 안타깝게 생각하며 이에 대해 독자의 양해를 구한다.

쓰다 보니 역자 후기라기보다는 서평에 가까운 글이 되고 말았다. 그러나 이 책을 한국 독자들에게 소개하게 된 것을 큰 영광으로 생각하며, 올바른 역사 인식과 올바른 역사관이 개인의 삶뿐만 아니라 사회의 이념 형성, 국가의 정책 방향 노정에 얼마나 많은 영향을 끼치는지를 재삼 느낀다.

역자의 자질 및 역부족에도 불구하고 흔쾌히 출판을 맡아주신 논형의 소재두 대표와 몇 번의 교정 과정을 거치면서 인내해준 논형 편집진에게는 감사하고 고맙다는 말밖에는 드릴 언사가 없다. 근세·근대 일본 사상을 번역하는 과정에서, 일본어 표현의 오묘함과 미세함을 온전한 한국어로 옮긴다는 것이 참으로 어려운 일임을 다시 한 번 깨닫게 해준 것이 이번 작업이었다. 하여 최선을 다했으나 일부 오역이 있을 수 있음을 솔직히 고백하며, 그로 인해 만약 전달이 잘못되었다면 그 책임은 오롯이 역자에게 있다. 독자 여러분의 질정을 기다린다.

무엇보다 이 지난한 작업을 옆에서 묵묵히 지켜봐 준 아내 정수에게 이 번역서를 드린다.

일본의 왜곡된 역사적 집단 지성을 큰 목소리로 꾸짖은 나카쓰카 아키라 선생의 건강 회복을 기원하며 역자후기에 갈음한다.

2022년 10월
성석동 우거에서
이용수

색인

건건록의 세계

건건록의 세계

『건건록蹇蹇録』의 세계

초판 1쇄 인쇄 2023년 1월 3일
초판 1쇄 발행 2023년 1월 10일

지은이 나카쓰카 아키라
옮긴이 이용수

펴낸곳 논형
펴낸이 소재두
등록번호 제2003-000019호
등록일자 2003년 3월 5일
주소 서울시 영등포구 당산로 29길 5-1 502호
전화 02-887-3561
팩스 02-887-6690

ISBN 978-89-6357-265-9 94910
값 25,000원